Biblioteca Darwin
Dirigida por Martí Domínguez

La fecundación de las orquídeas
Plantas carnívoras
Autobiografía
Las formas de las flores
La expresión de las emociones

La expresión de las emociones

En colaboración con la
Universidad Pública de Navarra / Nafarroako Unibertsitate Publikoa

upna
Universidad
Pública de Navarra
Nafarroako
Unibertsitate Publikoa

Charles Darwin

LA EXPRESIÓN DE LAS EMOCIONES

Prólogo de Jesús Mosterín
Introducción y traducción de Xavier Bellés

LAETOLI

Título original:
The Expression of the Emotions in Man and the Animals
John Murray
Londres, 1872 y 1890

1ª edición: noviembre 2009

Diseño de portada: Serafín Senosiáin
Fotografía de portada: agefotostock
Maquetación: Carlos Álvarez, www.estudiooberon.com

Monasterio de Yarte, 1, 8º
31011 Pamplona
www.laetoli.net

ISBN: 978-84-92422-17-3
Depósito legal: NA-3174-2009
Impreso por: GraphyCems
Polígono Industrial San Miguel
31132 Villatuerta, Navarra

Printed in the European Union

Prólogo
Jesús Mosterín

Las piedras caen, las plantas crecen, pero sólo los animales actúan. Los animales se comportan de modo distinto según las circunstancias externas y según los estados emocionales internos en los que se encuentran. Cualquier conocedor de los perros o los hombres, por ejemplo, se da cuenta de que a veces sienten celos, ternura o agresividad, curiosidad o aburrimiento, miedo o frustración, placer o dolor, tristeza o alegría.

A Charles Darwin, atento observador de la conducta animal, no le cabía la más mínima duda de que los animales tuviesen sentimientos y emociones y los expresaran de modo reconocible. En 1871, en su libro *The Descent of Man* [*El origen del hombre*], afirmó que "no hay diferencia fundamental entre el hombre y los mamíferos superiores en cuanto a sus facultades mentales", señalando que las diferencias son graduales y que, dentro de ese continuo, "hay un intervalo mucho mayor en potencia mental entre uno de los peces más primitivos, como la lamprea, y uno de los grandes simios que entre un simio y un hombre". Para Darwin, "es obvio que los animales inferiores, al igual que el hombre, sienten placer y dolor, felicidad y miseria. La felicidad nunca se exhibe tan claramente como cuando juegan juntos animales jóvenes, tales como los gatitos, los cachorros, los corderos, etc., al igual que nuestros propios hijos". Según Darwin, "el hecho de que los animales no humanos se excitan con las mismas emociones que nosotros está tan bien establecido" que no son necesarios muchos argumentos para defenderlo.

¿Qué son las emociones? ¿Por qué tenemos emociones los animales? Las emociones no son algo que pueda darse sin más por supuesto, como si no requiriera explicación alguna. Es sorprendente que haya emociones. Cuando al coche se le acaba la gasolina, se para, pero no sufre ni siente hambre. Nosotros sentimos hambre, lo que puede llegar a ser doloroso. Esta emoción o sentimiento necesita ser implantada o seleccionada por la evolución. Los animales sentimos emociones porque sentirlas orienta nuestra conducta en una dirección que incrementa nuestra eficacia biológica. Los individuos con trastornos emocionales están en desventaja.

Antonio Damasio es el neurólogo que ha estudiado con mayor finura la naturaleza y función de las emociones. Nuestro cerebro representa el mundo exterior mediante ciertos circuitos neurales que constituyen nuestras representaciones cognitivas; al mismo tiempo, nuestro cerebro representa también nuestro mundo interior (el estado interno de nuestro cuerpo) mediante otras pautas neurales que constituyen nuestras representaciones emocionales. Según su hipótesis, las emociones consisten primariamente en cambios en nuestro medio interno (músculos lisos, sistema nervioso, niveles de hormonas) que se producen como reacción a ciertos estímulos y que se reflejan en el cerebro mediante representaciones emocionales. Éstas pueden, a su vez, interactuar con la información perceptiva recibida del mundo exterior, que resulta así evaluada emocionalmente, predisponiéndonos a actuar en un sentido favorable a nuestra supervivencia y reproducción, por lo que todo este mecanismo habría sido seleccionado en el curso de la evolución. Cuando percibimos a un agresor, se desencadenan en nuestro cuerpo una serie de cambios físicos que nuestro cerebro siente como miedo, lo que le conduce a tomar la decisión probablemente acertada de huir en dirección contraria. Damasio distingue claramente entre *emoción* (cambio en el cuerpo como respuesta a un evento o estímulo externo) y *sentimiento* (reflejo subjetivo de ese cambio en el cerebro).

Las emociones no sólo tienen un reflejo subjetivo, los sentimientos, sino también una expresión corporal externa en forma de señales involuntarias perceptibles desde fuera que informan a los demás acerca de nuestro estado emocional (información que no es intencional sino objetiva, como la que el humo proporciona acerca del fuego). La expresión de las emociones de los animales de nuestra propia especie es fácilmente interpretable, pues estamos genéticamente preprogramados para reconocerla. La captación de las señales emocionales ajenas tienden a veces a inducir el contagio de las emociones expresadas. La risa de nuestro interlocutor nos contagia su alegría efervescente, los lloros y gemidos nos entristecen. El neurólogo Giacomo Rizzolatti ha descubierto las neuronas espejo, que se disparan tanto cuando hacemos ciertas cosas como cuando se las vemos hacer a otro. Es probable que las neuronas espejo nos ayuden a explicar la empatía, que nos permite ponernos imaginativamente en el lugar del otro, comprender sus emociones y eventualmente compadecerlo. La facilidad de empatía está relacionada con la distancia filogenética. Empatizamos fácilmente entre nosotros, bastante con los mamíferos como los perros, menos con las aves, muy poco con los peces y no digamos con los invertebrados.

Aunque en la época de Darwin no se sabía gran cosa acerca del cerebro, sí que era posible observar y estudiar la expresión de las emociones. De todos modos, la tarea de estudiar sistemáticamente la expresión de las emociones estaba sin hacer hasta que Darwin la llevó a cabo con gran interés y deleite por su parte. El resultado es el libro *The Expression of Emotions in Man and Animals* (1872), cuya traducción tiene ahora el lector entre sus manos.

En 1806 sir Charles Bell había escrito una obra insistiendo en la tesis del abismo entre el hombre y los demás animales, en la cual sostenía que sólo los seres humanos habían recibido del creador la capacidad de sentir emociones y expresarlas, como prueba de lo cual argüía que había músculos en la cara humana sin parangón en el reino animal. Darwin demostró todo lo contrario, apoyándose en las fotos proporcionadas por el médico francés Guillaume Duchenne, quien había realizado múltiples experimentos de estimulación eléctrica de los músculos de la cara en un paciente que no sentía el dolor, lo que permitía mantener sus contracciones musculares el tiempo necesario, relativamente largo, para la exposición de las placas fotográficas con la técnica entonces disponible. También encargó y analizó imágenes de otros fotógrafos, como el sueco Oscar Rejlander. Aparte de ser el pionero del uso de la fotografía en la bibliografía científica, Darwin era un observador meticuloso de las expresiones de los animales domésticos cercanos; además, recopilaba cuanta información podía sobre animales exóticos. Observó detalladamente las diversas maneras en que expresamos nuestras emociones los animales humanos y no humanos, teniendo en cuenta todo el repertorio de fruncimiento de entrecejos, movimiento de ojos, posición de orejas, apertura de boca, erizamiento de pelos, meneo de rabo, posturas corporales, sonidos (ronroneos, gemidos) y otros síntomas. Sus observaciones son todavía frescas y en gran parte correctas.

Los perros son lobos domesticados y sus emociones son parecidas a las lobunas. Las expresan mediante un amplio repertorio de señales sonoras, faciales, posturales y olfativas. Los lobos ladran para dar la alarma ante la presencia de extraños. Los perros, cuando detectan la presencia de desconocidos, se intranquilizan y nos avisan para que vayamos a ver lo que pasa. Nos avisan ladrando más alto y más continuamente de lo que nunca haría un lobo salvaje. Los lobos aúllan para reunir y coordinar la manada antes de emprender la cacería. Los miembros dispersos se acercan y todos entonan un coro de aullidos, que refuerza la cohesión social del grupo antes de pasar a la acción. Los perros solos o abandonados también aúllan a veces, convocando a su "manada" (sus dueños humanos), que no acude. Los perros gañen cuando se les hace daño y sus gañidos lastimeros son síntoma inequívoco de dolor. Cuando sienten agresividad mezclada con algo de miedo, gruñen con voz grave y amenazadora. Si la agresividad se incrementa, retraen los labios y enseñan los colmillos mientras siguen gruñendo. Los movimientos del rabo son también muy expresivos de su estado emocional. Cuando el perro tiene miedo, recoge el rabo y lo aprieta entre sus patas traseras, evitando así que sus glándulas anales difundan sus señas de identidad olorosas. Es el gesto de sumisión que adoptan los lobos cuando pasan junto a un individuo dominante. Cuando el perro se siente seguro y agresivo, levanta el rabo rígidamente. Cuando está contento, pero inseguro (cosa que con frecuencia ocurre en presencia de su dueño), lo menea suavemente de un lado a otro.

Darwin era un gran observador de la conducta y las expresiones emocionales de los perros, sobre todo de los suyos, Polly y Bob, con los que estaba encantado y a los que quería y estudiaba constantemente. Polly, que dormía en un cesto junto al fuego mientras Darwin escribía en su estudio, aprovechaba cualquier ocasión para lamerle constantemente las manos. Aparece representado en este libro como "el "pequeño perro que observa a un gato sobre la mesa". Bob aparece también en el libro para explicar el principio darwiniano de formación de unas expresiones emocionales secundarias a partir de otras por antítesis, como la expresión de sumisión del perro, que revierte los signos de la expresión de agresividad.

Las estructuras cerebrales que subyacen a las emociones son comunes a todos los mamíferos y a otros muchos craniados, a diferencia de nuestra corteza cerebral, que subyace a nuestro aparato cognitivo "superior" (capacidad lingüística, matemática, música, recursión en general), que es más peculiar. En cualquier caso, Darwin pensaba que la expresión de las emociones es universal en todos los seres humanos: todos tenemos emociones similares, las expresamos de modos semejantes y las reconocemos en los demás sin problemas. Aunque sus métodos de comprobación dejaban que desear, su hipótesis ha resultado ser correcta.

Los antropólogos culturales de mediados del siglo XX querían reducir todo a la cultura; los psicólogos conductistas, a reflejos condicionados u operantes. Unos y otros llegaron a pensar que no había nada congénito en la conducta humana y que cada tribu expresaba las emociones de un modo distinto, según la educación que hubiera recibido en la infancia. Esta hipótesis ha resultado insostenible ante la acumulación de pruebas en sentido contrario que han dado la razón a Darwin, quien siempre había defendido el carácter congénito y universal de la expresión de las emociones humanas. Naturalmente, los gestos convencionales, como las diversas formas de saludos y despedidas, son meramente culturales y diferentes en cada tribu.

El etólogo Irenäus Eibl-Eibesfeldt ha realizado muchas fotos y filmaciones de infantes de todo tipo de culturas e incluso de niños ciegos y sordos de nacimiento y ha comprobado que todos ellos expresan sus emociones mediantes sonrisas, lloros, fruncimientos de entrecejos y otros modos similares. También ha mostrado fotos de caras que expresan emociones de alegría, tristeza, rabia, miedo y sorpresa a gente de pueblos y tribus diversas, y todos ellos, sin preparación alguna, las han reconocido espontáneamente de modo correcto.

Desde luego, la gran fama e importancia de Darwin se debe sobre todo a que fue el primer biólogo que explicó en términos científicos la evolución de las especies, la adaptación de los organismos a su medio y la de los órganos a su función. Tal como hoy la entendemos, la evolución biológica se basa en tres factores fundamentales: la generación de variación, la reproducción con herencia de la variación y la selección natural (que induce adaptación y funcionalidad). Darwin no sabía cómo explicar el origen de la diversidad biológica. Él mismo escribió que "nuestra ignorancia de las leyes de la variación es profunda". Tampoco conocía los mecanismos de la herencia. En su biblioteca se conserva aún con las hojas sin abrir la separata que le había enviado Mendel con sus leyes de la herencia. La gloria de Darwin estriba en haber dado en el clavo con su teoría de la selección natural. La investigación posterior ha mostrado más allá de cualquier duda razonable que la explicación darwinista de la evolución era la correcta y que su competidora, la lamarckista (la herencia de los caracteres adquiridos), estaba equivocada. Por eso resulta paradójico que en algunos pasajes de la obra aquí presentada, Darwin parece más lamarckista que darwinista, asumiendo con la boca pequeña la herencia de los hábitos adquiridos. Menos mal que el triunfo de las ideas darwinistas ha sido tan completo que incluso nos permite corregir al propio Darwin.

Introducción
Darwin y las emociones
Xavier Bellés

En 1872 aparecía *La expresión de las emociones en el hombre y los animales*, uno de los libros más singulares de Charles Darwin. Habían transcurrido 13 años desde la publicación de *El origen de las especies* y un año desde *El origen del hombre*. Darwin había comenzado a recoger observaciones y bibliografía sobre la expresión de las emociones hacia 1830 con la idea de redactar un capítulo de *El origen del hombre*; sin embargo, el material acumulado fue tan extenso que decidió publicar un libro aparte. Lo de "libro singular" es apropiado pues en él se adentra en aspectos de la psicología humana y comparada, lo cual representa ya de por sí una peculiaridad en la extensa bibliografía eminentemente naturalista de Charles Darwin. Además, medianamente digeridos todavía los revolucionarios conceptos vertidos en *El origen de las especies*, *La expresión de las emociones* fue de nuevo un libro radical, y en algunos aspectos lo sigue siendo.

La intención de *La expresión de las emociones* era describir las principales acciones expresivas en el hombre y otros animales, principalmente en primates y animales domésticos (sobre todo en el perro, el gato y el caballo), y explicar el origen y desarrollo de esas acciones. Para ello estableció un programa de trabajo muy bien planeado, combinando estudios directos con información procedente de sus colaboradores. Así, el propio Darwin realizó numerosas observaciones en animales domésticos, en otros animales que podía ver en el Parque Zoológico de Londres y en seres humanos, incluidos sus propios hijos. Pero la mayoría de los datos procedieron de las respuestas a un cuestionario confeccionado por Darwin, que fue enviado a corresponsales cuidadosamente escogidos por su profesión (médicos, maestros, etc.) o por vivir en lugares exóticos y en contacto con culturas humanas muy especiales. El resultado de ese esfuerzo constituye un fascinante catálogo de expresiones ante las más diversas emociones, basado en seres humanos (niños, jóvenes y adultos de varias culturas, así como enfermos mentales) y otros animales.

Como en todas las obras de Darwin, destaca el rigor de su trabajo, tanto en lo que se refiere a las observaciones propias como a la selección y filtrado de los datos enviados por otros. En la biblioteca de la Universidad de Cambridge se conserva abundante documentación de los materiales utilizados por Darwin en sus obras, y en el caso de *La expresión de las emociones* se hallan cientos de ilustraciones sobre el tema, la mayor parte de las cuales fueron descartadas, en parte por las naturales limitaciones de espacio, pero también porque contenían errores o no eran suficientemente apropiadas. Si se comparan las que tuvo a mano con las que finalmente publicó, se advierte que realizó una laboriosa selección y acabó publicando las mejores (Ekman, 2006). La figura a muestra uno de los dibujos descartados, el esbozo de un perro con las notas críticas de Darwin indicando lo que está mal. *Obstinato rigore*, que decía Leonardo da Vinci:

Figura a

La comparación de los resultados permitió a Darwin identificar diversas expresiones faciales universales, lo cual apunta a un origen común y viene a apoyar la teoría de la evolución por selección natural, que es lo que pretendía. Por añadidura, dicha información y su interpretación evolucionista cuestionaba frontalmente las teorías racistas de la época que pretendían que los europeos procedían de un ancestro más avanzado que el de los "negros". Darwin lo manifiesta explícitamente al afirmar sin ambages "la unidad de la humanidad" (*the unity of mankind*), lo cual representa, sin quererlo, casi una nueva provocación para la época, no sólo para los creacionistas sino también para los evolucionistas que defendían ideas racistas.

Trece años después de la irrupción de *El origen de las especies* Darwin era un autor famoso, y la publicación de *La expresión de las emociones* constituyó un éxito editorial. Sin embargo, su influencia en la ciencia y la sociedad fue más limitada de lo esperable. Michael T. Ghiselin, uno de los mejores comentaristas de la influencia de la obra de Darwin (véase, por ejemplo, Ghiselin, 1969) ha comentado certeramente los motivos:

> Está claro que las razones por las que el libro *La expresión de las emociones* no fue bien comprendido en su tiempo se basan en el hecho de que históricamente era una vía muerta. Nadie tomó el tren de sus razonamientos y los desarrolló, a pesar de que el libro fue muy leído y se convirtió en objeto de diversas controversias... y sólo hay algunas pruebas de que ese trabajo esté empezando a ser apreciado.

En el mundo académico, la obra de Darwin tuvo cierta influencia inmediata en la investigación del comportamiento animal con enfoques psicológicos; en ella destacan las figuras de Conwy Lloyd Morgan y Edward L. Thorndike en EE UU y las subsiguientes escuelas americanas funcionalistas y conductistas y de teoría del aprendizaje. De hecho, las pruebas del interés de Darwin en la psicología son evidentes, y pueden verse bien reflejadas no sólo en *La expresión de las emociones* y *El origen del hombre* sino incluso en algún que otro artículo especializado, como el que publicó en la revista *Mind* (Darwin, 1877), donde describe las observaciones realizadas sobre su primer hijo, William Erasmus, nacido en 1839.

En este contexto vale la pena recordar que la pasión naturalista de Darwin era tan poderosa que le llevaba a hacer observaciones a menudo en su propia familia. Su esposa Emma se lo dijo en una ocasión: "Me escrutarás como si fuese un simio..." Cuando puso a punto *La expresión de las emociones*, Darwin releyó las notas sobre el comportamiento de sus hijos, y muchas de las observaciones sobre niños que incluyó en el libro se refieren a ellos, aunque a menudo no lo diga explícitamente. Por ejemplo, en el capítulo 8 refiere que "cuando se le preguntó a un niño de casi cuatro años qué significaba estar de buen humor, oí que respondía: 'Es reír, hablar y dar besos', y ese niño era su hijo Leonard. Sus hijos fueron siempre una fuente inagotable de observación y reflexión, y cabe recordar que tuvo diez, uno de ellos con síndrome de Down (Keynes, 2001). Por lo demás, en ocasiones se utiliza a sí mismo como modelo, como en el capítulo 3, cuando recuerda "haber visto una vez a un muchacho que acababa de alcanzar de un tiro en el ala su primera agachadiza, cómo temblaban sus manos de placer de tal modo que no pudo recargar su arma hasta pasado cierto tiempo". Ese muchacho es el propio Darwin: "¡Qué bien me acuerdo de cuando maté la primera agachadiza! Mi emoción fue tan grande que me resultó muy difícil recargar el arma debido al temblor de mis manos" (Darwin, 1958).

En cualquier caso, la influencia de *La expresión de las emociones* en el estudio moderno de la psicología y del comportamiento es muy clara, y a partir de la segunda mitad del siglo XX psicólogos y etólogos en particular redescubrieron y proclamaron a Darwin como precursor de ambas disciplinas. Las observaciones sobre el comportamiento en este libro de Darwin acerca de las emociones son obvias, de modo que se le puede muy bien calificar de etólogo *avant la lettre*, como lo reconocen más o menos explícitamente Niko Timbergen (en su libro *The Study of Instinct*, de 1951) y, sobre todo, Konrad Lorenz (en *Evolution and Modification of Behavior*, de 1965), hasta el punto de que este último lo califica como padre de la etología en el prólogo que escribió a la edición norteamericana de 1965 de *La expresión de las emociones*. En cuanto a su influencia en los estudios de expresión facial y en la búsqueda de expresiones universales, la literatura que la reconoce es abrumadora, en especial los trabajos de Paul Ekman y colaboradores (véase, por ejemplo, Ekman *et al.*, 2003 y Ekman, 2006), que siguen claramente la estela de Darwin.

Decía más atrás que la publicación de *La expresión de las emociones* fue un éxito editorial. Aunque Francis Darwin, tercer hijo de Charles, indica en el prefacio (de septiembre de 1889) de la segunda edición que la primera no se agotó en vida de su padre, lo cierto es que tuvo un éxito inmediato, como indica Julian Huxley (1965):

> El día de su publicación se vendieron 5.267 ejemplares, un notable tributo a la reputación de Darwin, a su habilidad para reunir e interpretar hechos relevantes y al extraordinario interés del libro, que constituye el primer intento serio de aplicar al tema los principios de la evolución.

Ello se explica no sólo por la fama ya consolidada del autor sino también por lo cercano del tema, susceptible de ser muy popular, y por cierta morbosidad. Seguramente es uno de los libros de Darwin más accesibles para el gran público, apto para que el autor utilice recursos literarios y narrativos, anécdotas y citas eruditas. Ésta es otra de las singularidades del libro, que permite asomarse a la erudición de Darwin en arte y literatura, por ejemplo. Una de las fuentes a las que recurrió fue la observación de las obras maestras de la pintura y escultura, aunque confiesa en la introducción que con escaso provecho, ya que

> en las obras de arte, la belleza es el principal objetivo, y los músculos faciales contraídos con fuerza destruyen esa belleza.

No obstante, Darwin usa referencias de esas fuentes, por ejemplo de la *Santa Cena* de Leonardo da Vinci, del *Descendimiento de la Cruz* de Fra Angelico o del conjunto escultórico del *Laocoonte*. En cuanto a literatura, se nota que le gustaba la lectura de Shakespeare, de quien elogia "su maravilloso conocimiento del alma humana", abundando las citas de sus obras (*Enrique VIII*, *Romeo y Julieta*, *Hamlet*, *Tito Andrónico*, *Cuento de invierno*, *Enrique VI*, etcétera). También se nutre de más literatura inglesa clásica (John Milton), de narrativa y poesía contemporáneas (Walter Scott, Charles Dickens, Samuel Taylor Coleridge, Alfred Tennyson) y de obras clásicas universales, desde la Biblia hasta la *Odisea* de Homero, la *Eneida* de Virgilio, las fábulas de Esopo o las comedias de Plauto. Acostumbrados a ver a Darwin como hombre de ciencia, enfrascado en sus observaciones, experimentos y lecturas de temas profundamente naturalísticos, es gratificante saber que había también un Darwin humanista al que le gustaba sumergirse en el mundo del arte, la fantasía y la belleza de factura humana. Un Darwin que se permite también alguna inofensiva picardía (cap. 4):

> Un ligero rubor realza, indudablemente, la belleza de una doncella; de ahí que las mujeres circasianas capaces de ruborizarse alcancen siempre un precio más alto en el serrallo del sultán que las mujeres menos capaces.

O alguna civilizada ironía, también en torno al sugerente tema del sonrojo (cap. 13):

> El Dr. Burgess considera que fue dispuesto así por el Creador "con el fin de que el alma pudiera tener la facultad soberana de exhibir en las mejillas las diversas emociones internas de los sentimientos morales". La creencia de que el sonrojo fue *especialmente* diseñado por el Creador se opone a la teoría general de la evolución que actualmente está tan ampliamente aceptada; de todos modos, no forma parte de mi cometido aquí argumentar acerca de un tema tan general. A quienes crean en un diseño, les resultará difícil explicar por qué la timidez es la causa más frecuente y eficaz del rubor, ya que hace sufrir a quien se sonroja e incomoda al espectador sin que sea de la me-

> nor utilidad para ninguno de los dos. Les resultará difícil también explicar por qué los negros y otras razas de piel oscura se sonrojan, dado que el cambio de color en su piel resulta apenas visible o no lo es en absoluto.

La consulta de las obras relacionadas con el tema en cuestión era obligada y resulta admirable lo minucioso del trabajo de documentación bibliográfica que forma parte de los estudios de Darwin sobre la expresión. Como he explicado en otro lugar, sus antecedentes se remontan, sorprendentemente, a las *Conférences* sobre la expresión de las emociones en el arte que Charles Le Brun, primer pintor de la corte de Louis XIV de Francia, impartió a finales del siglo XVII (véase Bellés, 2009). Aparte de las observaciones de Le Brun, que Darwin dice no le fueron de gran utilidad (aunque a lo largo de *La expresión de las emociones* recurre a ellas de vez en cuando), usó todas las fuentes pertinentes disponibles, comentando a una docena larga de autores, desde Petrus Camper y sus *Discursos sobre anatomía comparada,* de mediados del XVIII, hasta contemporáneos suyos como los psicólogos Herbert Spencer y Alexander Bain o el fisiólogo Charles Bell. También utilizó abundantemente los materiales del médico francés Guillaume Duchenne, quien analizó el papel de los músculos faciales en la configuración de las expresiones mediante la aplicación de corrientes eléctricas en el rostro. Su libro *Mécanisme de la Physionomie humaine* (1862) fue uno de los primeros que utilizó fotografías para ilustrar un libro de ciencia. A petición de Darwin, Duchenne le facilitó esas fotos y algunas fueron reproducidas en *La expresión de las emociones*, con lo cual el libro fue también pionero en el uso de la fotografía en trabajos científicos. Otra singularidad de este fascinante libro de Darwin.

Entre el material fotográfico de Duchenne se ha hecho famosa la fotografía de un anciano al que excitaron eléctricamente los músculos de la sonrisa, comparada con otra fotografía del mismo personaje riendo de forma natural. Las diferencias son sutiles pero sistemáticas: en la risa natural, que Paul Ekman denomina "sonrisa Duchenne" (Ekman *et al.*, 2003), no sólo se contrae la musculatura de la boca sino también la de los ojos (cuando nos reímos de verdad, nos reímos también con los ojos y se nos forman unas delatoras patas de gallo). En cambio, en la sonrisa "eléctrica" o la sonrisa simulada no se ponen tanto en acción los músculos en torno a los ojos (véase la figura b), lo cual permite diferenciar la sonrisa espontánea de la forzada, e identificar con bastante facilidad a los *sonreidores* sociales de los torpes aduladores.

Figura b

Por lo que se refiere a la presente traducción, ha sido realizada a partir de la segunda edición de 1890, vuelta a estampar por New York University Press en 1989. Dicha segunda edición fue revisada por Francis Darwin, quien añadió las notas manuscritas que su padre había escrito en su ejemplar del libro. Francis Darwin añadió también notas propias a pie de página, un tanto desiguales, que no han sido incluidas en la presente traducción. La edición de New York University Press orienta correctamente algunas fotografías, que habían sido impresas al revés en la segunda edición. Dicho aspecto fue también corregido en la edición norteamericana de 1998 editada por Paul Ekman, que incluye comentarios muy valiosos sobre la obra de Darwin.

Aparte de las ediciones en lengua inglesa mencionadas, he consultado las versiones españolas disponibles (véanse los datos bibliográficos de las aparecidas en España en Gomis y Josa, 2007).

La más antigua fue publicada en Valencia por la editorial de F. Sempere y Cía alrededor de 1903, traducida por Eusebio Heras. Se trata de una traducción a partir de la versión francesa de *La expresión de las emociones*, muy literaria, realizada por Samuel Pozzi y René Benoit y que publicó en Paris C. Reinwald et Cie en 1874. A diferencia de la edición francesa, la de Sempere suprime todas las fotografías y demás ilustraciones, notas al pie y citas literarias incluidas por Darwin, por lo que resulta una versión manifiestamente incompleta. Hacia 1920 dicha versión fue reimpresa por Editorial Prometeo, también de Valencia. En 1946 reapareció esa misma versión en Buenos Aires, bajo el sello de Editorial Intermundo, donde consta un tal J. Desar como traductor aunque el texto indica claramente que se trata de la vieja traducción de Eusebio Heras. Dicha traducción volvió a publicarse en 1967 en Buenos Aires en cinco volúmenes impresos por la Sociedad de Ediciones Mundiales. Como traductor aparece un tal Darío Deicé, aunque vuelve a tratarse nuevamente de la de Eusebio Heras con los consabidos maquillajes. Finalmente, en 1984, Alianza Editorial publicó en Madrid una versión completa en español, *La expresión de las emociones en los animales y en el hombre* (*sic*), traducida por Tomás R. Fernández Rodríguez a partir de la edición norteamericana de Appleton (Nueva York, 1873), que había sido reimpresa por The University of Chicago Press en 1965. Aunque Alianza la reimprimió en 1998, el libro está descatalogado y aparece muy raramente en librerías de lance.

En cuanto a precisiones técnicas sobre mi traducción, diré que he respetado estrictamente el texto de Darwin y solamente he corregido errores tipográficos obvios, como cierres de comillas que faltaban, errores de numeración en las notas al pie de página, indicaciones de figuras o alguna que otra falta trivial evidente. La nomenclatura latina de las especies se ha dejado como en el original, aunque algunos de esos nombres hayan experimentado cambios. Una sola excepción ha sido poner en minúscula un nombre específico (*Tapaya douglasii* en lugar de *Tapaya Douglasii*), de acuerdo con el código de nomenclatura zoológica vigente. Por supuesto, he dejado como están las interpretaciones de la época aunque después se haya demostrado que eran erróneas, como, por ejemplo, cuando en el primer capítulo se dice que los perros grandes derivan del lobo y los pequeños del chacal.

Todas las citas textuales de obras francesas estaban prácticamente en francés en el original, pero las he traducido al castellano para dar mayor agilidad a la lectura. Por el contrario, he dejado en latín, porque su efecto es más solemne, las dos citas de Virgilio extraídas de la *Eneida* a propósito de la expresión de terror. Una es: *Obstupui, steteruntque comæ, et vox faucibus haesit*, verso 774 del libro 2 que Manuel Machado (Virgilio, *Obras completas*, Garnier, París, sin fecha) traduce así: "Estremecido, se erizaron mis cabellos y mi voz expiró ahogada en mi garganta". Son las palabras pronunciadas por Eneas al tener la visión fantasmal de Creúsa tras la caída de Troya. La otra, *Huc illuc volvens oculos totumque pererrat*, es el verso 363 del libro 4, que M. Machado traduce: "Moviendo sus ojos extraviados, le miraba envolviéndole". Se refiere a Dido, quien se enfrenta a Eneas encolerizada por sus propósitos de partida [págs. 271 y 272].

Por lo que se refiere a las abundantes citas que Darwin extrae de las obras de Shakespeare, la versión española la he tomado de la traducción de Luis Astrana Marín (*Obras completas*, Aguilar, Madrid, 1941), que es un tanto florida y se permite algunas licencias pero que tiene gran fuerza expresiva, que es de lo que se trata aquí. Véase cómo la cita de *Hamlet* (II, 2) viene como anillo al dedo a la hora de hablar de la simulación de las emociones [pág. 336]:

> ¿No es tremendo que ese cómico,
> no más que en ficción pura, en sueño de pasión,
> pueda subyugar así su alma a su propio antojo,
> hasta el punto de que por la acción de ella palidezca su rostro,
> salten lágrimas de sus ojos, altere la angustia su semblante,
> se le corte la voz, y su naturaleza entera
> se adapte en su exterior a su pensamiento? ¡Y todo por nada!

Un apunte final sobre el estilo. Darwin escribe con claridad y elocuencia pero no quiere dar nada por sobreentendido, a sabiendas de que le van a escrutar con lupa lectores suspicaces e hipercríticos. Por tanto, aporta todos los ejemplos útiles que puede, que a menudo son muchos, y no se cansa de aclarar, puntualizar y especificar. Y todo ello a veces en una misma frase, que quizá incluya, además, alguna que otra digresión menor, frases que recuerdan a las *matrioshkas* rusas, muñecas encerradas en otras muñecas. Un estilo así puede resultar estimulante para el lector entregado pero se convierte en una tortura para el traductor responsable. En mi traducción he procurado apartarme lo menos posible de la letra de Darwin para dar una idea de ese estilo y sus ocasionales asperezas. Si el lector encuentra la sintaxis de algunos pasajes dura o entrecortada, que le achaque una parte de culpa a Darwin y el resto a mi impericia.

Institut de Biologia Evolutiva (CSIC-UPF)
Barcelona, abril de 2009

Bibliografía

Bellés, Xavier, "Les emocions classificades. Darwin i Le Brun", *Mètode*, 60, 2009, págs. 81-85 [hay trad. cast.: *Anuario Mètode 2009*, Valencia, 2009]

Darwin, Charles, "A biographical sketch of an infant", *Mind*, 2, 1877, págs. 286-294.

— *La expresión de las emociones en el hombre y en los animales*, F. Sempere y Cía, Valencia, s. f. (hacia 1903), 2 vols. [trad. de Eusebio Heras].

— *La expresión de las emociones en el hombre y en los animales*, Prometeo, Valencia, s. f. (hacia 1920), 2 vols. [trad. de Eusebio Heras].

— *La expresión de las emociones (en el hombre y en los animales)*, Editorial Intermundo, Buenos Aires, 1946 [como traductor consta J. Desar, aunque, en realidad, se trata de la traducción de Eusebio Heras de hacia 1903].

— *La expresión de las emociones en el hombre y en los animales*, Sociedad de Ediciones Mundiales, Buenos Aires, 1967, 5 vols. [como traductor consta Darío Deicé aunque, en realidad, se trata de la traducción de Eusebio Heras de hacia 1903].

— *La expresión de las emociones en los animales y en el hombre* [*sic*], Alianza Editorial, Madrid, 1984 [traducción y "consideraciones preliminares del traductor" de Tomás R. Fernández Rodríguez; hay reimpresión de 1998].

— *The Expression of Emotions in Man and Animals*, New York University Press, New York, 1989 [reimpresión de la 2ª edición, de 1890, editada por Francis Darwin].
— *The Expression of Emotions in Man and Animals*, Harper Collins, Londres, 1998 [3ª edición, editada por P. Ekman].
— *The Autobiography of Charles Darwin, 1809-1882, with the original omissions restored*, Harper Collins, Londres, 1958 [hay trad. cast.: *Autobiografía*, introducción de Martí Domínguez, traducción de José Luis Gil, Laetoli, Pamplona, 2009].
Ekman, P. , ed., *Darwin and facial expression. A Century of research in review,* Malor Books, Cambridge, Mass., 2006 [reimpresión de la edición de 1973 publicada por Academic Press].
— , Campos, J. J., R. J. Davidson y F. B. M. de Waal, eds., *Emotions inside out. 130 years alter Darwin's The expression of emotions in man and animals,* Annals of the New York Academy of Sciences, vol. 1.000, Nueva York, 2003.
Ghiselin, M., *The triumph of the Darwinian method*, University of California Press, Berkeley, 1969.
Gomis, A. y J. Josa, *Bibliografía crítica ilustrada de las obras de Darwin en España (1857-2005)*, Consejo Superior de Investigaciones Científicas, Madrid, 2007.
Huxley, J. y H. B. D. Kettlewell, *Charles Darwin and his World*, The Viking Press, Nueva York, 1965.
Keynes, R., *Annie's box: Charles Darwin, his daughter and human evolution*, Fourth Estate, Londres, 2001 [hay trad. cast.: *La caja de Annie: Charles Darwin, su hija y la evolución humana*, traducción de Victoria Laporta Gonzalo, Debate, Barcelona, 2003].

Figuras

a. Dibujo de un perro, procedente del archivo de materiales usados por Darwin para preparar *La expresión de las emociones*, conservado en la Biblioteca de la Universidad de Cambridge. Dicho dibujo fue finalmente descartado por Darwin por los errores que contiene, anotados por él mismo (véase Ekman, 2006).

b. Fotografias de Guillaume Duchenne reproducidas en *La expresión de las emociones*; muestran a un anciano a quien se le han excitado eléctricamente los músculos de la sonrisa (A) y al mismo personaje riendo de forma natural (B). En la sonrisa natural, o "sonrisa Duchenne", no sólo se contrae la musculatura de la boca sino también la de los ojos (véase Ekman *et al.*, 2003).

La expresión de las emociones

Introducción

Muchos libros se han escrito sobre la expresión pero aún se han escrito más sobre la fisionomía, es decir, sobre cómo reconocer el carácter a partir de características morfológicas estables. No me ocuparé aquí de este último tema. Las obras más antiguas [1] que he consultado me han sido de escasa o nula utilidad. Las famosas *Conférences* [2] del pintor Le Brun, publicadas en 1667, son el tratado clásico más conocido y contienen algunas buenas observaciones. Otro ensayo asimismo bastante antiguo, los *Discours* hechos públicos entre 1774 y 1782 por Camper [3], famoso anatomista holandés, difícilmente puede considerarse que contenga avances sustanciales sobre estos asuntos. En cambio, las obras que mencionaré a continuación merecen la más alta consideración.

Sir Charles Bell, tan ilustre por sus descubrimientos en el campo de la fisiología, publicó en 1806 la primera edición y en 1844 la tercera de su *The Anatomy and Philosophy of Expression* [4]. Puede decirse con toda justicia que no sólo puso los cimientos de la materia como rama científica sino que levantó una sólida estructura. Su obra es profundamente interesante en todos sus aspectos, incluye la descripción gráfica de las diversas emociones y está admirablemente ilustrada. Se admite, en general, que su mayor aportación consiste en haber mostrado la íntima relación existente entre los movimientos de la expresión y los de la respiración. Uno de los puntos más importantes, aunque pueda parecer insignificante a primera vista, es que los músculos que rodean los ojos se contraen involuntariamente cuando se hacen esfuerzos de expiración violentos con el fin de proteger esos delicados órganos. Este hecho, investigado a fondo a petición mía y con la mayor de las amabilidades por el profesor Donders de Utrecht, arroja mucha luz sobre algunas de las expresiones importantes del rostro humano, como veremos más adelante. Los méritos de la obra de sir C. Bell han sido infravalorados o bastante ignorados por algunos autores extranjeros, a la vez que totalmente admitidos por otros, por ejemplo por M. Lemoine[5], quien dice muy justamente: "El libro de Ch. Bell debería ser tenido en consideración por cualquiera que intente hacer hablar al rostro humano, tanto por los filósofos como por los artistas, ya que es uno de los mayores monumentos de la ciencia de las relaciones entre la física y la moral aunque se presente bajo una apariencia trivial y se sitúe en el campo de la estética".

Por las razones que se ofrecerán más adelante, sir C. Bell no intentó llevar sus ideas tan lejos como hubiese podido. No trata de explicar por qué diferentes músculos son puestos en acción bajo diferentes emociones; por ejemplo, por qué se elevan los extremos internos de las cejas y caen los extremos de la boca cuando una persona padece tristeza o ansiedad.

En 1807 M. Moreau realizó una edición de la *Physionomie* de Lavater[6], a la cual incorporó algunos de sus propios ensayos con descripciones excelentes de los movimientos de los músculos faciales, unidas a numerosas observaciones valiosas. Sin embargo, arroja poca luz sobre la filosofía del asunto. Por ejemplo, al hablar del acto de fruncir el ceño, es decir, de la contracción del músculo que los autores franceses denominan *sourcilier* (*Corrugator supercilii*), M. Moreau observa con razón que "esta acción de los supraciliares es uno de los síntomas más claros de la expresión de los sentimientos de tristeza o concentración". A continuación añade que esos músculos, dado su anclaje y posición, son adecuados "para comprimir, para concentrar los principales rasgos de la *cara*, como corresponde en este tipo de pasiones verdaderamente opresivas o profundas, en esas afectaciones en que el sentimiento parece llevar a que la organización se retraiga sobre sí misma, se contraiga, *se reduzca*, como para ofrecer menos asidero y superficie a impresiones temibles o inoportunas". Quienquiera que piense que este tipo de observaciones aporta alguna luz sobre el significado y origen de las diferentes expresiones, adopta un punto de vista muy diferente del que yo tengo sobre el tema.

En el párrafo superior hay quizá un ligero avance en la filosofía del asunto en cuestión respecto a lo alcanzado por el pintor Le Brun, quien dice en 1667 al describir la expresión de espanto: "La ceja bajada de un lado y elevada del otro muestra que la parte elevada parece querer acercarse al cerebro para confirmar el daño percibido por el alma, mientras que la parte bajada y que parece hinchada nos lleva a ese estado debido a los abundantes espíritus que vienen del cerebro, como para cubrir el alma y defenderla del mal que teme; la boca muy abierta muestra el sobrecogimiento del corazón por la sangre que se retira hacia él, lo cual obliga al mismo, al querer respirar, a hacer un esfuerzo que provoca que la boca se abra exageradamente, y que, al pasar por los órganos de la voz, forme un sonido que no es en absoluto articulado; y si los músculos y las venas parecen hinchados es simplemente por los espíritus enviados allá por el cerebro". He considerado que merecía la pena la cita textual como ejemplo de los sorprendentes absurdos que se han escrito sobre el tema.

The Physiology or Mechanism of Blushing, del Dr. Burgess, apareció en 1839 y me referiré a menudo a esta obra en el capítulo 13.

En 1862 el Dr. Duchenne publicó dos ediciones, en folio y octavo, de su obra *Mécanisme de la Physionomie humaine*, en la que analiza los movimientos de los músculos faciales mediante la electricidad y los ilustra con magníficas fotografías. Me ha permitido utilizar generosamente todas las que he deseado. Sus trabajos han sido poco o nada comentados por algunos compatriotas. Es posible que el Dr. Duchenne haya exagerado la importancia de la contracción de músculos concretos en la configuración de la expresión; dado que los músculos están íntimamente interconectados, como puede verse en los dibujos anatómicos de Henle[7] —a mi modo de ver, los mejores publicados hasta ahora—, resulta difícil creer que actúan separadamente. Sin embargo, está claro que el Dr. Duchenne comprendió esta y otras fuentes de error y, dado que, como es bien sabido, tuvo un enorme éxito al elucidar la fisiología de los músculos de la mano con la ayuda de la electricidad, es probable que esté en general en lo cierto en lo referente a los músculos de la cara. En mi opinión, el Dr. Duchenne ha hecho progresar considerablemente el tema gracias al tratamiento que aplicó. Nadie había estudiado tan minuciosamente la contracción de cada músculo por separado y las consiguientes arrugas producidas en la piel. Por lo demás, y ésa es una gran aportación, ha mostrado cuáles son los músculos cuyo control es independiente de la voluntad. Entra muy poco en consideraciones teóricas y raramente intenta explicar por qué se contraen ciertos músculos y no otros bajo la influencia de determinadas emociones.

Un distinguido anatomista francés, Pierre Gratiolet, impartió en la Sorbona una serie de conferencias sobre la expresión y sus apuntes fueron publicados después de su muerte (1865) bajo el título *De la Physionomie et des mouvements d'expression*. Se trata de una obra muy interesante repleta de observaciones valiosas. Su teoría es compleja y, si se pudiera resumir en una sola frase (pág. 65), sería la siguiente: "De todos los hechos que he evocado, resulta que los sentidos, la imaginación y el propio pensamiento, tan elevado y abstracto como queramos suponer, no pueden ejercitarse sin despertar un sentimiento correlativo, y que este sentimiento se traduce directa, simpática, simbólica o metafóricamente en todas las esferas de los órganos exteriores, los cuales lo expresan de acuerdo con su propia manera de actuar, como si cada uno de ellos hubiese sido afectado directamente".

Gratiolet parece no tomar en consideración los hábitos heredados, y en cierta medida los hábitos individuales, y por ello, a mi entender, no alcanza a dar una explicación correcta, o una explicación cualquiera, a muchos gestos y expresiones. Para ilustrar lo que denomina movimientos simbólicos citaré sus observaciones (pág. 37) tomadas de las explicaciones que da M. Chevreul sobre un jugador de billar: "Si una bola se desvía ligeramente de la dirección que el jugador pretende darle, ¿no le habéis visto cien veces empujarla con la mirada, con la cabeza e incluso con los hombros, como si esos movimientos puramente simbólicos pudiesen rectificar su trayectoria? Cuando a la bola le falta impulso, se producen movimientos igualmente significativos. Y en los jugadores noveles son a veces tan acusados que llegan a provocar sonrisas en los espectadores". A mi modo de ver, tales movimientos pueden atribuirse simplemente al hábito. Cuando un hombre ha deseado mover un objeto hacia un lado, siempre lo ha empujado hacia ese lado; y si deseaba moverlo hacia adelante, lo empujaba hacia adelante. Así pues, cuando un hombre ve que su bola discurre en la dirección equivocada, y desea intensamente que vaya en otra dirección, no puede evitar, a causa de un antiguo hábito, hacer movimientos inconscientes que han sido eficaces en otras ocasiones.

Como ejemplo de movimientos por simpatía, Gratiolet (pág. 212) ofrece el caso siguiente: "Un perro joven con las orejas tiesas, al que su amo muestra de lejos un alimento apetitoso, fija sus ojos con fruición en ese objeto y sigue todos sus movimientos; y mientras los ojos miran, las dos orejas se dirigen hacia adelante, como si el objeto pudiera ser oído". En lugar de hablar de simpatía entre ojos y orejas, me parece aquí más sencillo creer que, dado que los perros, durante muchas generaciones, han erguido las orejas para ver si percibían algún sonido mientras miraban atentamente un objeto e, inversamente, han mirado atentamente en dirección a un sonido que pueden haber oído, los movimientos de esos órganos han quedado asociados firmemente por el hábito continuado.

En 1859 el Dr. Piderit publicó un ensayo sobre la expresión que no he podido ver pero en el cual manifiesta que se adelantó a Gratiolet en muchos puntos de vista. En 1867 apareció su *Wissenschaftliches System der Mimik und Physiognomik* [*Sistema científico de mímica y fisionomía*]. Es casi imposible dar una idea adecuada de sus puntos de vista en unas pocas frases; quizá las dos que siguen expresan todo lo que se puede decir en resumen: "Los movimientos musculares de la expresión están relacionados en parte con objetos imaginarios y en parte con impresiones sensoriales imaginarias. En esta propuesta reside la clave para entender todos los movimientos musculares expresivos" (pág. 25). Otra frase: "Los movimientos expresivos se manifiestan principalmente en los numerosos y móviles músculos de la cara, en parte porque los nervios por los que entran en acción se originan en la vecindad inmediata del órgano de la mente pero en parte también porque esos músculos sirven de soporte a los órganos de los sentidos" (pág. 26). Si el Dr. Piderit hubiese estudiado los trabajos de sir C. Bell, probablemente no habría dicho (pág. 101) que una risa violenta provoca el fruncimiento del ceño porque participa de la naturaleza del dolor; o que en los niños las lágrimas irritan los ojos (pág. 103), por lo que excitan la contracción de los músculos que los circundan. Después me referiré a muchas observaciones interesantes dispersas a lo largo de este libro.

En varias obras que no viene al caso detallar pueden encontrarse exposiciones breves sobre la expresión. Sin embargo, Mr. Bain trata el tema con cierta extensión en dos de sus libros. Escribe lo siguiente[8]: "Contemplo lo que se denomina expresión como una parte o parcela del sentimiento. Creo que es una ley general de la mente que, junto al hecho del sentimiento introspectivo o consciencia, existe una acción difusora, de excitación, sobre los miembros corporales". En otro lugar añade: "Muchos hechos pueden agruparse bajo el principio siguiente: los estados de placer están vinculados a un aumento, y los estados de dolor a una mengua de algunas o todas las funciones vitales". Pero la mencionada ley de difusión de los sentimientos parece demasiado general para arrojar mucha luz sobre las expresiones especiales.

Mr. Herbert Spencer hace las observaciones siguientes al tratar de los sentimientos en su obra *Principles of Psychology* (1855): "El miedo se expresa con gritos cuando es intenso, con esfuerzos para ocultarse o escapar, con palpitaciones y temblores, y ésas son justamente las manifestaciones que acompañarían a una experiencia real del mal temido. Las pasiones destructivas se manifiestan en una tensión general del sistema muscular, en hacer crujir los dientes y sacar las uñas, en dilatar los ojos y las aletas de la nariz, en gruñir, y esas son manifestaciones menores que acompañan al acto de matar una presa. Creo que tenemos aquí la verdadera teoría de numerosas expresiones, pero el principal interés y dificultad del tema reside en hacer el seguimiento de los resultados maravillosamente complejos. Me parece que alguien (aunque no alcanzo a saber quién) propuso en el pasado un punto de vista muy similar, ya que sir C. Bell dice[9] que "se ha sostenido que los que denominamos signos externos de la pasión son sólo concomitantes de aquellos movimientos voluntarios que resultan estructuralmente necesarios". Mr. Spencer también ha publicado[10] un valioso ensayo sobre la fisiología de la risa, en el cual insiste en "la ley general por la cual cuando un sentimiento sobrepasa un determinado umbral se transforma normalmente en una acción corporal", y en que "un exceso de fuerza nerviosa no dirigida por algún motivo, primero se conducirá claramente por las rutas habituales pero después fluirá hacia las menos habituales". Creo que esa ley es de suma importancia para arrojar luz sobre nuestro tema[11].

Todos los autores que han escrito sobre la expresión, excepto Mr. Spencer —gran divulgador del principio de la evolución—, parecen estar firmemente convencidos de que las especies, incluido el hombre, por supuesto, han existido siempre tal como son ahora. Sir C. Bell, plenamente convencido de ello, sostiene que muchos de nuestros músculos faciales son "puros instrumentos de la expresión", o "un recurso especial" para este exclusivo propósito[12]. Pero el mero hecho de que los monos antropoides posean los mismos músculos faciales que nosotros[13] hace muy improbable que en nuestro caso esos músculos sirvan exclusivamente para la expresión, pues supongo que nadie se inclina a admitir que los monos han sido dotados con músculos especiales para producir sus muecas. Es muy probable que puedan asignarse usos realmente distintos independientes de la expresión a prácticamente todos los músculos faciales.

Es evidente que sir C. Bell deseaba trazar una distinción tan grande como fuese posible entre el hombre y los animales inferiores, y por tanto afirma que "en las criaturas inferiores no existe la expresión sino algo que puede denominarse, más o menos coloquialmente, actos volitivos o instintos necesarios". Además, sostiene que sus caras "parecen capaces de expresar principalmente rabia y miedo"[14]. Pero ni siquiera el hombre puede expresar amor y humildad mediante signos externos tan claramente como el perro, cuando baja las orejas, cuelga el befo, arquea el cuerpo y mueve la cola cuando ve a su querido amo. Tampoco pueden explicarse esos gestos del perro como actos volitivos o de instintos necesarios, del mismo modo que no explicaríamos así la vivacidad de los ojos y las mejillas sonrientes de un hombre que encuentra a un viejo amigo. Si sir C. Bell se hubiese preguntado acerca de la expresión del afecto en el perro, habría respondido sin dudarlo que ese animal había sido creado con unos instintos especiales que lo adaptaban a asociarse con el hombre, y que cualquier otra indagación al respecto resultaba superflua.

Aunque Gratiolet niega enfáticamente[15] que algún músculo haya sido creado únicamente para contribuir a la expresión, no parece que se le haya ocurrido pensar en el principio de la evolución. Al parecer, considera cada especie como una creación independiente. Y lo mismo ocurre con el resto de los autores que han tratado de la expresión. El Dr. Duchenne, por ejemplo, tras hablar de los movimientos de los miembros, se refiere a los que confieren expresión a la cara y observa que[16] "el creador no ha tenido que preocuparse aquí de las necesidades mecánicas; de acuerdo con su sabiduría o —que se me perdone esta manera de hablar— con una divina fantasía, ha podido poner en acción tal o cual músculo, uno solo o varios a la vez, cuando ha querido que los signos característicos de las pasiones, incluso los más fugaces, fueran escritos transitoriamente sobre la cara del hombre. Una vez creado este lenguaje de la fisionomía, y para hacerlo universal e inmutable, le ha bastado con dar a cada ser humano la facultad instintiva de expresar siempre sus sentimientos mediante la contracción de los mismos músculos".

Muchos autores consideran inexplicable todo el asunto de la expresión. Así, el ilustre fisiólogo Müller dice[17]: "Las características completamente diversas de la expresión en las diferentes pasiones muestran que se activan grupos completamente distintos de fibras de nervios faciales según sea el sentimiento excitado. Ignoramos totalmente a qué se debe".

No cabe duda de que si el hombre y los restantes animales son considerados creaciones independientes, nuestro deseo natural de investigar las causas de la expresión tan lejos como sea posible se verá impedido por una especie de barrera. Según esa doctrina, se puede tener una explicación igualmente buena para la totalidad de las cosas y para cada una en particular; y se ha demostrado que ello es tan pernicioso en el tema de la expresión como en cualquier otra rama de la historia natural. Difícilmente podrían entenderse algunas expresiones del género humano, como cuando se nos eriza el pelo bajo los efectos de un terror extremo o mostramos los dientes en una situación de rabia furiosa, si no es considerando que el hombre ha existido en unas condiciones inferiores, similares a los animales. La coincidencia de ciertas expresiones en especies distintas, aunque próximas, como los movimientos de los mismos músculos en la risa del hombre y de diversos monos, se hace algo más inteligible si creemos que descienden de un progenitor común. Quienes admiten que, en general, la estructura y comportamientos de todos los animales han evolucionado gradualmente, contemplarán el asunto global de la expresión bajo una luz nueva e interesante.

El estudio de la expresión es difícil, ya que los movimientos son a menudo extremadamente sutiles y de naturaleza transitoria. Puede que se perciba claramente una diferencia y que, sin embargo, resulte imposible —a mí al menos me ha sucedido— concretar en qué consiste. Cuando presenciamos una emoción profunda, nuestra empatía se excita tan fuertemente que nos olvidamos, o bien nos resulta imposible, hacer observaciones detalladas, y sobre ello dispongo de muchas pruebas curiosas. Nuestra imaginación es otra fuente de error aún más importante, ya que, dada la naturaleza de las circunstancias, si esperamos ver alguna expresión imaginaremos inmediatamente que la estamos viendo. A pesar de la gran experiencia del Dr. Duchenne, él mismo confiesa que durante algún tiempo creyó que bajo ciertas emociones se contraían una serie de músculos, mientras que últimamente se ha convencido de que el movimiento se reducía a sólo uno.

Con el fin de conseguir la mejor base posible y discernir, independientemente del sentir común, hasta qué punto los movimientos característicos y los gestos expresan realmente los estados de ánimo, he considerado que los métodos siguientes eran los más útiles. En primer lugar, la observación de los niños, pues muestran muchas emociones "con una fuerza extraordinaria", como señala sir C. Bell, mientras que en etapas posteriores de la vida nuestras expresiones "dejan de tener la fuente simple y pura de la que brotaban en la infancia"[18].

En segundo lugar se me ocurrió que debía estudiar a los enfermos mentales, pues son objeto de las pasiones más fuertes y las expresan de manera incontrolada. Como no podía hacer estos estudios por mí mismo, me dirigí al Dr. Maudsley, quien me presentó al Dr. J. Crichton Browne, responsable de un inmenso manicomio cercano a Wakefield, y que se había interesado por el asunto, según pude comprobar. Este excelente observador me ha enviado con amabilidad constante extensas notas y descripciones, incluidas valiosas sugerencias sobre numerosos puntos. Difícilmente puedo exagerar su valiosa ayuda. Asimismo, debo a la amabilidad de Mr. Patrick Nicol, del Hospital Psiquiátrico de Sussex, comentarios interesantes sobre dos o tres puntos.

En tercer lugar, y como ya hemos visto, el Dr. Duchenne ha galvanizado determinados músculos de la cara de un hombre mayor con una piel poco sensible, lo cual produjo diversas expresiones que fueron fotografiadas a gran tamaño. Tuve la feliz ocurrencia de mostrar varias de las mejores placas a más de 20 personas cultas de varias edades y de ambos sexos, sin facilitarles explicación alguna, preguntándoles en cada caso cuál era la emoción o el sentimiento que agitaba al anciano, y registré sus respuestas con las mismas palabras que utilizaron. Algunas de las expresiones fueron reconocidas inmediatamente por casi todos, aunque no las describieron exactamente en los mismos términos, y creo que pueden ser consideradas fiables, tal como especificaré más adelante. En cambio, sobre algunas otras se manifestaron las opiniones más dispares. Este ejercicio resultó también útil en otro sentido, al convencerme de la facilidad con que podemos ser confundidos por nuestra imaginación. Cuando miré por primera vez las fotografías del Dr. Duchenne, mientras leía al mismo tiempo el texto de las mismas, y supe qué era lo que pretendía, quedé impresionado y admirado por la exactitud de todo el conjunto, con sólo unas pocas excepciones. Sin embargo, si las hubiese examinado sin ninguna explicación, no cabe duda de que algunas me habrían dejado tan perplejo como dejaron a otras personas.

En cuarto lugar, había esperado obtener mucha ayuda de los grandes maestros de la pintura y la escultura, que son observadores certeros. Así pues, he examinado fotografías y grabados de muchas obras famosas. Sin embargo, salvo algunas excepciones, no me han sido de provecho. La razón es, sin duda, que el principal objetivo de las obras de arte es la belleza, y los músculos faciales contraídos con fuerza la destruyen [19]. La historia de la composición se narra con fuerza maravillosa y con realismo mediante recursos complementarios aplicados hábilmente.

En quinto lugar, me pareció muy importante dilucidar si, como se suele afirmar sin demasiadas pruebas, en las distintas razas humanas, especialmente en las que han tenido escasa relación con los europeos, predominan las mismas expresiones y gestos. En la medida en que los mismos rasgos y movimientos del cuerpo expresan emociones idénticas en las diversas y distintas razas humanas, podremos deducir con gran probabilidad que tales expresiones son verdaderas, es decir, innatas o instintivas. Las expresiones y gestos convencionales, adquiridos por el individuo en las primeras etapas de la vida, habrán diferido probablemente en las diferentes razas del mismo modo que lo han hecho las lenguas. Según esto, a principios de 1867 hice circular las siguientes preguntas impresas pidiendo que las respuestas se apoyasen en observaciones reales y no en recuerdos —a lo cual se atendió plenamente—. Estos cuestionarios los envié a lo largo de un período de tiempo considerablemente largo durante el cual dediqué mi atención a otros asuntos, y ahora me doy cuenta de que podrían haberse mejorado mucho. En algunos de los últimos ejemplares añadí a mano unas observaciones adicionales:

> 1) ¿El asombro se expresa con los ojos y la boca ampliamente abiertos y con las cejas levantadas?
>
> 2) ¿La vergüenza, si el color de la piel permite comprobarlo, provoca sonrojo? Especialmente, ¿hasta dónde llega el sonrojo en el cuerpo?

3) Cuando un hombre esta indignado o desafiante, ¿frunce el ceño, mantiene el cuerpo y la cabeza erguidos, cuadra los hombros y aprieta los puños?

4) Cuando piensa profundamente en algún tema o trata de entender un rompecabezas, ¿frunce el ceño o arruga la piel bajo los párpados?

5) Cuando está deprimido, ¿tiene los ángulos de la boca caídos y el extremo interior de las cejas levantado, gracias al músculo que los franceses denominan el "músculo de la pena"? En ese estado, las cejas se hacen ligeramente oblicuas, con una pequeña hinchazón en el extremo interior, y la frente está arrugada transversalmente en la parte media, pero no en toda su anchura, como sucede cuando las cejas se elevan por la sorpresa.

6) Cuando está de buen humor, ¿le brillan los ojos, tiene la piel un poco arrugada alrededor y debajo de ellos y muestra los ángulos de la boca ligeramente echados hacia atrás?

7) Cuando un hombre muestra desprecio o gruñe a otro, ¿tiene levantada la parte del labio superior que coincide con el canino o colmillo, por el lado que se enfrenta al hombre al que se dirige?

8) ¿Puede reconocerse una expresión tozuda u obstinada al manifestarse principalmente por mostrar la boca firmemente cerrada, las cejas bajas y el ceño ligeramente fruncido?

9) ¿Se expresa el desprecio proyectando los labios hacia afuera, levantando la nariz y espirando ligeramente?

10) ¿Se manifiesta el asco mostrando el labio inferior girado hacia afuera, el labio superior ligeramente elevado, con una espiración repentina, algo así como un vómito incipiente, o como si se escupiese algo de la boca?

11) ¿Se expresa el miedo extremo del mismo modo general que en los europeos?

12) ¿Alcanza la risa tal extremo que puede producir derramamiento de lágrimas?

13) Cuando un hombre desea indicar que no puede evitar algo que va a suceder, o que no puede hacer él mismo, ¿se en-

coge de hombros, vuelve los codos hacia adentro y extiende hacia adelante sus manos mostrando las palmas con las cejas levantadas?

14) Cuando los niños están malhumorados, ¿hacen pucheros o proyectan gran parte de los labios hacia fuera?

15) ¿Es posible reconocer expresiones de culpabilidad, envidia o celos, aunque no sé como pueden definirse en este momento?

16) ¿Se hace oscilar la cabeza verticalmente para afirmar y lateralmente para negar?

Las observaciones hechas sobre nativos que hayan tenido poco contacto con europeos serán, por supuesto, las más valiosas, aunque todas las realizadas sobre nativos serán para mí de gran interés. En comparación, las observaciones generales sobre la expresión son de escaso valor y la memoria es tan engañosa que ruego encarecidamente que no se fíen de ella. Serían de gran valor las descripciones detalladas del semblante bajo una determinada emoción o estado de ánimo, con información de las circunstancias bajo las cuales ha ocurrido.

He recibido 36 respuestas a estos cuestionarios de diferentes observadores, algunos de ellos misioneros o protectores de los nativos. Me siento profundamente agradecido a todos por las molestias que se han tomado y por la valiosa ayuda recibida gracias a ellos. A fin de no interrumpir las observaciones actuales, concretaré sus nombres, etc., al final de este capítulo. Las respuestas son sobre algunas de las razas más singulares y salvajes del ser humano. En muchas ocasiones se han registrado las circunstancias en las que se observó esa expresión y se ha descrito la propia expresión. En tales casos las respuestas pueden considerarse muy fiables. Cuando han sido simplemente si o no, las he considerado siempre con cautela. De la información recopilada se deduce que el mismo estado de ánimo se expresa con notable uniformidad en todo el mundo, y este hecho es en sí mismo una prueba de la estrecha similitud entre todas las razas del género humano en cuanto a estructura corporal y disposición mental.

En sexto y último lugar, he abordado tan detalladamente como he podido la expresión de varias pasiones en algunos de los animales más comunes; creo que es de importancia primordial, no sólo para decidir hasta qué punto ciertas expresiones son características de ciertos estados de ánimo en el hombre sino para aportar las bases más seguras para hacer generalizaciones acerca de las causas o el origen de los diversos movimientos de la expresión. Al observar animales no es tan fácil que nos afecte nuestra imaginación y podemos estar seguros de que sus expresiones no son producto de la convención.

Por las razones señaladas más arriba —a saber, la fugaz naturaleza de algunas expresiones (los cambios en las características son a menudo extremadamente leves); la simpatía que nos arrastra cuando contemplamos una emoción fuerte y que distrae nuestra atención; la imaginación que nos engaña, ya que conocemos de una manera vaga lo que podemos esperar, aunque ciertamente pocos sabemos cuáles son exactamente los cambios en el semblante; y, por último, nuestra gran familiaridad con el tema—, y debido a todas esas causas combinadas, la observación de la expresión no es en modo alguno fácil, como han podido comprobar pronto muchas personas a las que he pedido que observaran algunos detalles. De ahí que sea difícil determinar con certeza cuáles son los movimientos de los rasgos y del cuerpo que normalmente caracterizan ciertos estados de ánimo. Espero, sin embargo, que algunas dudas y dificultades se hayan desvanecido mediante la observación de los niños, los enfermos mentales, las diferentes razas humanas, las obras de arte y, en fin, los músculos faciales bajo la acción de la electricidad mostrados por el Dr. Duchenne.

Subsiste, no obstante, la dificultad mucho mayor de entender la causa u origen de las diferentes expresiones y de juzgar si es digna de confianza alguna explicación teórica. Por lo demás, sólo veo una manera de comprobar nuestras conclusiones, y es juzgar lo mejor que podamos, con ayuda de nuestra razón y sin ayuda de ninguna regla, cuál de dos o más explicaciones es la más satisfactoria o si ambas son insatisfactorias. Consiste en observar si el mismo principio por el que parece que podemos explicar una expresión es aplicable a otros casos relacionados y, especialmente, si los mismos principios generales pueden ser aplicados con resultados satisfactorios al hombre y los animales inferiores. Me inclino a pensar que este último método es el más útil de todos. La dificultad para juzgar sobre la veracidad de una explicación teórica, y comprobarla mediante una línea de investigación concreta, es el gran punto débil para el interés que este estudio puede suscitar, según todas las apariencias.

Por último, respecto a mis propias observaciones puedo decir que empezaron en el año 1838, y desde esa época hasta el día de hoy me he ocupado esporádicamente del tema. En la fecha mencionada me inclinaba ya a creer en el principio de la evolución, o de la derivación de las especies a partir de otras formas inferiores. En consecuencia, cuando leí el magnífico libro de sir C. Bell, y su punto de vista de que el hombre había sido creado con determinados músculos especialmente adaptados para expresar sus sentimientos, me pareció insatisfactorio. Parecía probable que el hábito de expresar nuestros sentimientos mediante determinados movimientos, aunque terminó por ser innato, debió de haber sido adquirido gradualmente de alguna manera. Pero la tarea de dilucidar cómo habían sido adquiridos tales hábitos era bastante desconcertante. Todo el asunto debía ser contemplado bajo un nuevo ángulo y cada expresión demandaba una explicación racional. Esta creencia me llevó a abordar el presente libro, aun cuando su ejecución haya resultado imperfecta.

Daré a continuación los nombres de los caballeros a quienes, como he dicho, estoy profundamente agradecido por la información respecto a las expresiones mostradas por varias razas humanas, y especificaré en cada caso algunas de las circunstancias bajo las que fueron hechas las observaciones. Gracias a la gran amabilidad y la poderosa influencia de Mr. Wilson, de Hayes Place, Kent, he recibido desde Australia no menos de 13 grupos de respuestas a mis preguntas. Se trata de una circunstancia particularmente afortunada, dado que los aborígenes australianos constituyen una de las razas humanas más diferentes. Como podrá comprobarse, las observaciones han sido realizadas principalmente en el sur, en las regiones más recónditas de la colonia de Victoria, aunque también se han recibido algunas excelentes respuestas del norte.

Mr. Dyson Lacey me ha proporcionado de manera muy detallada algunas observaciones valiosas realizadas varios cientos de millas en el interior de Queensland. Estoy muy en deuda con Mr. R. Brough Smyth, de Melbourne, por las observaciones hechas por él mismo y por enviarme algunas de las cartas siguientes: del reverendo Mr. Hagenauer, de Lake Wellington, un misionero de Gippsland, Victoria, que ha tenido mucho trato con los nativos; de Mr. Samuel Wilson, terrateniente residente en Lengerenong, Wimmera, Victoria; del reverendo George Taplin, superintendente del asentamiento industrial nativo de Port Macleay; de Mr. Archibald G. Lang, de Coranderik, Victoria, maestro en una escuela en la que se concentran aborígenes jóvenes y adultos reclutados a lo largo de toda la colonia; de Mr. H. B. Lane, de Belfast, Victoria, policía y encargado judicial, cuyas observaciones estoy seguro de que son altamente fidedignas; y de Mr. Templeton Bunnett, de Echuca, cuya estación se encuentra en los límites de la colonia de Victoria, por lo que ha podido observar a muchos aborígenes que han tenido poco trato con hombres blancos. Comparó sus observaciones con las realizadas por dos caballeros que residen desde hace tiempo en la vecindad. También de Mr. J. Bulmer, misionero en un remoto lugar de Gippsland, Victoria.

Estoy también en deuda con el distinguido botánico Dr. Ferdinand Müller, de Victoria, por algunas observaciones hechas por él y por enviarme otras realizadas por Mrs. Green, así como por algunas de las cartas precedentes.

Respecto a los maoríes de Nueva Zelanda, el reverendo J. W. Stuck ha respondido únicamente a algunas de mis preguntas pero las respuestas han sido notablemente completas, claras y precisas, e incluyen las circunstancias bajo las que se realizaron las observaciones.

El rajá Brooke me ha proporcionado alguna información sobre los dayaks de Borneo.

En cuanto a los malayos, he sido muy afortunado ya que Mr. F. Geach (que me fue presentado por Mr. Wallace) observó a muchos nativos que nunca habían tenido relación con hombres blancos mientras residió en el interior de Malaca como ingeniero de minas. Me escribió dos largas cartas con observaciones admirablemente detalladas sobre su expresión. Del mismo modo, estudió a los emigrantes chinos en el archipiélago malayo.

El conocido naturalista y cónsul de su Majestad, Mr. Swinhoe, también observó a petición mía a chinos en su país de origen, además de recabar datos de otras personas fiables.

En la India, Mr. H. Erskine estudió la expresión de los habitantes mientras residió en su destino oficial, en el distrito de Ahmednugur, en la región de Bombay, pero tuvo muchas dificultades para llegar a conclusiones sistemáticas dado que ocultan habitualmente sus emociones cuando se hallan en presencia de europeos. También obtuvo información para mí de Mr. West, juez de Canara, y consultó a algunos caballeros nativos inteligentes sobre determinados puntos. En Calcuta, Mr. J. Scott, conservador del Jardín Botánico, observó cuidadosamente a hombres de diversas tribus que habían sido empleados allí durante un tiempo considerable. Nadie me ha enviado detalles tan completos y valiosos. El hábito de la observación precisa, aquilatado por sus estudios botánicos, se ha puesto al servicio del asunto tratado aquí. Estoy muy en deuda con el reverendo S. O. Glenie, de Ceilán, por las respuestas a algunas de mis preguntas.

Por lo que se refiere a África, he tenido poca suerte en cuanto a los negros aunque Mr. Winwood Reade me ayudó todo lo que pudo. Habría sido relativamente fácil obtener información sobre los esclavos negros de América, pero como han estado mucho tiempo en contacto con hombres blancos esas observaciones habrían tenido escaso valor. En las zonas meridionales del continente, Mrs. Barber observó a los cafres y los fingos y me mandó respuestas precisas. Mr. J. P. Mantel Weale realizó también algunas observaciones sobre los nativos y me procuró un curioso documento, a saber, la opinión de Christian Gaika, hermano del jefe Sandilli, sobre las expresiones de sus compatriotas, escrito en inglés. En las regiones septentrionales de África, el capitán Speedy, que vivió mucho tiempo con los abisinios, contestó a mis preguntas en parte con ayuda de su memoria y en parte basándose en las observaciones hechas sobre el hijo del rey Teodoro, que estaba a su cargo. El profesor Asa Gray y su esposa observaron algunos aspectos de las expresiones de los nativos mientras ascendían por el Nilo.

Por lo que respecta al gran continente americano, Mr. Bridges, un catequista que vivía con los fueguinos, me contestó unas cuantas preguntas acerca de su expresión que le había enviado muchos años atrás. En la mitad norte del continente, el Dr. Rothrock observó las expresiones de las tribus salvajes atnah y espyox, del río Nasse, en la América noroccidental. Mr. Washington Matthews, cirujano adjunto en el ejército de EE UU, observó también con especial cuidado (después de haber visto mis cuestionarios impresos en el *Smithsonian Report*) algunas de las tribus más salvajes de la región occidental de EU UU, como los teton, grosventres, mandan y assiniboines; sus respuestas han demostrado ser de lo más valiosas.

Por último, además de estas fuentes de información específicas, he reunido unas cuantas pruebas descritas incidentalmente en libros de viajes.

Dado que voy a tener que referirme a los músculos del rostro humano, muy especialmente en la parte final de este libro, he confeccionado un diagrama (figura 1) copiado y reducido de la obra de sir C. Bell, y otros dos (figuras 2 y 3), con detalles más precisos, tomados del conocido *Handbuch der systematischen Anatomie des Menschen*, de Henle. Las mismas letras se refieren a los mismos músculos en las tres figuras, pero sólo se dan los nombres de los más importantes, a los cuales me voy a referir. Los músculos fa-

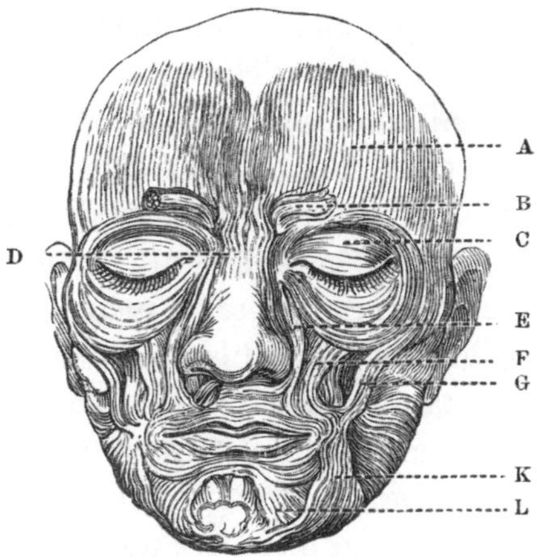

Figura 1. Diagrama de los músculos de la cara, según sir C. Bell.

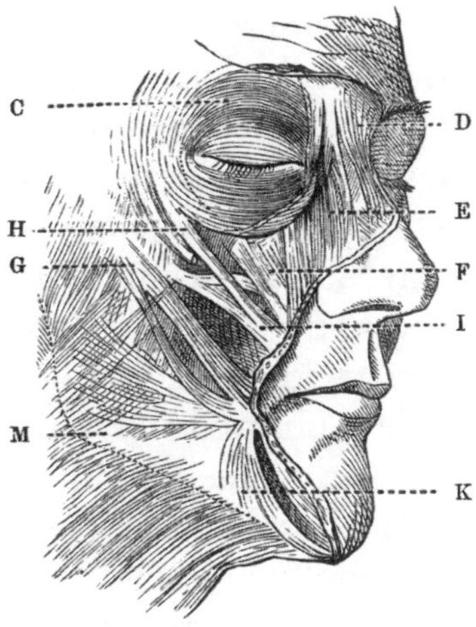

Figura 2. Diagrama de los músculos de la cara, según Henle.

A. *Occipito-frontalis* o músculo frontal
B. *Currugator supercilii* o músculo superciliar
C. *Orbicularis palpebrarum* o músculo orbicular de los ojos
D. *Pyramidalis nasi* o músculo piramidal de la nariz
E. *Levator labii superioris alæque nasi*
F. *Levator labii proprius*
G. Cigomático
H. Malar
I. Cigomático menor
K. *Triangularis oris* o *depressor anguli oris*
L. *Quadratus menti*
M. *Risorius*, parte del *platysma myoides*

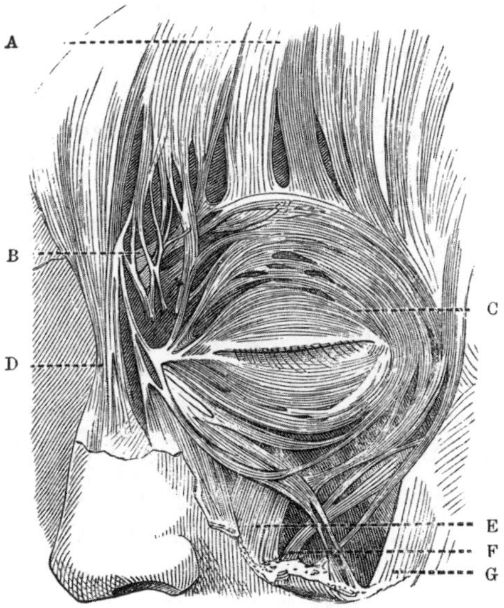

Figura 3. Diagrama de los músculos de la cara, según Henle.

ciales se entremezclan mucho, de modo que, por lo que me he informado, difícilmente aparecen en una disección del rostro tan nítidamente como se representan aquí. Algunos autores consideran que esos músculos están constituidos por 19 pares y un impar[20], mientras que otros alargan su número mucho más, llegando hasta 55, según Moreau. Según quienes han tratado el tema, son muy variables en su estructura y Moreau señala que apenas se asemejan en una muestra de media docena de individuos[21]. También son variables desde el punto de vista funcional. Así, la capacidad de poner al descubierto el diente canino en uno de los lados difiere en gran manera en las distintas personas. La capacidad de dilatar las aletas de la nariz es también notablemente variable, según el Dr. Piderit[22], y se podrían añadir otros casos.

Me complace finalmente expresar mi gratitud a Mr. Rejlander por las molestias que se ha tomado en fotografiar para mí diversos gestos y expresiones. También estoy en deuda con Mr. Kindermann, de Hamburgo, por haberme facilitado algunos excelentes negativos de niños llorando, y con el Dr. Wallich por un negativo encantador de una muchacha sonriendo. He expresado ya mi agradecimiento al Dr. Duchenne por haberme permitido generosamente utilizar algunas de sus fotografías de gran formato copiadas y reducidas. Todas estas fotografías han sido reproducidas por el procedimiento del heliotipo, que garantiza la fidelidad de la copia. Estas placas se indican con números romanos.

También estoy agradecido a Mr. T. W. Wood por las grandes molestias que se ha tomado al dibujar del natural las expresiones de varios animales. Un distinguido artista, Mr. Rivière, ha tenido la amabilidad de proporcionarme dos dibujos de perros, uno en actitud hostil y otro en actitud humilde y cariñosa. Mr. A. May me ha proporcionado también dos bocetos similares de perros. Mr. Cooper ha realizado con gran esmero las tareas de grabador. Algunas de las fotografías y dibujos, a saber, los de Mr. May y Mr. Wolf sobre *Cynopithecus*, fueron reproducidos previamente sobre madera mediante fotografía por Mr. Cooper, y después grabados: con este método se garantiza una fidelidad casi completa.

Capítulo 1
Principios generales de la expresión

Enunciado de los tres principios básicos. Primer principio. Las acciones útiles se convierten en habituales al asociarse a ciertos estados de ánimo y se realizan aunque no sean útiles en un caso particular. La fuerza del hábito. La herencia. Movimientos habituales asociados en el hombre. Acciones reflejas. El tránsito del hábito a las acciones reflejas. Movimientos habituales asociados en los animales inferiores. Observaciones finales.

Empezaré enunciando los tres principios que creo explican la mayor parte de las expresiones y gestos utilizados involuntariamente por el hombre y por los animales inferiores bajo la influencia de diversas emociones y sensaciones[1]. Cabe decir que he llegado a estos tres principios gracias a mis observaciones. Serán comentados de manera general en el capítulo presente y en los dos siguientes. Utilizaré hechos observados tanto en el hombre como en los animales inferiores, pero los de estos últimos son preferibles pues son menos engañosos. En los capítulos 4 y 5 describiré las expresiones específicas de algunos animales inferiores; y en los siguientes, las del hombre. De este modo, cualquiera podrá juzgar por sí mismo hasta qué punto los tres principios arrojan luz sobre los aspectos teóricos del tema tratado. Entiendo que hay tantas expresiones que pueden ser explicadas de ese modo que es probable que todas acaben por acogerse a estos principios u otros similares. No hace falta aclarar que los movimientos o cambios en cualquier parte del cuerpo —como el movimiento del rabo de un perro o la retracción de las orejas de un caballo, el encogimiento de hombros del hombre o la dilatación de los vasos capilares de la piel— pueden servir igual de bien para la expresión. Los tres principios son los siguientes:

1. *Principio de los hábitos útiles asociados.* Bajo ciertos estados de ánimo, determinadas acciones complejas son directa o indirectamente útiles para aliviar o satisfacer ciertas sensaciones, deseos, etc., y siempre que se produzca el mismo estado de ánimo, aunque sea débilmente, se tenderá a realizar los mismos movimientos, aunque no tengan la menor utilidad en esas circunstancias, debido a la fuerza del hábito y la asociación. Algunas acciones normalmente asociadas por el hábito a determinados estados de ánimo, pueden ser reprimidas parcialmente por la voluntad; en tales casos los músculos que dependen menos de la voluntad son los más propensos a actuar, causando movimientos que reconocemos como expresivos. En otros casos, el control de un movimiento habitual requiere otros movimientos sutiles, que también son expresivos.

2. *Principio de la antítesis.* Determinados estados de ánimo conducen a ciertas acciones habituales útiles, de acuerdo con nuestro primer principio. Ahora bien, cuando se produce un estado de ánimo opuesto, se da una tendencia imperiosa e involuntaria a realizar movimientos de una naturaleza contrapuesta, aunque no sean de utilidad; en algunos casos esos movimientos son muy expresivos.

3. *Principio de las acciones debidas a la constitución del sistema nervioso, de manera totalmente independiente de la voluntad y también, hasta cierto punto, del hábito.* Cuando el sensorio es excitado fuertemente, se genera un exceso de fuerza nerviosa que se transmite en determinadas direcciones dependiendo de las conexiones de las células nerviosas y, en parte también, del hábito, aunque puede suceder asimismo que se interrumpa el flujo de fuerza nerviosa. Así se producen efectos que reconocemos como expresivos. Para mayor brevedad, este tercer principio puede ser denominado como acción directa del sistema nervioso.

Respecto a nuestro primer principio debemos subrayar lo poderosa que es la fuerza del hábito. Con el tiempo, los movimientos más complejos y difíciles pueden ser realizados sin el más mínimo esfuerzo o consciencia. No se sabe a ciencia cierta cómo es tan eficaz el hábito para facilitar movimientos complejos, pero los fisiólogos admiten[2] que "la capacidad conductora de las fibras nerviosas se incrementa en paralelo a la frecuencia de su excitación". Ello es aplicable tanto a los nervios motores y sensoriales como a los implicados en actividades pensantes. Difícilmente se puede dudar de que se produce algún cambio físico en las células nerviosas o en los nervios utilizados habitualmente; de otro modo sería imposible entender cómo es hereditaria la tendencia a adquirir determinados movimientos. Comprobamos que es hereditaria cuando vemos determinados pasos de caballos, como el galope corto o la ambladura, que no les son naturales; en la manera de apuntar a la presa de los jóvenes pointer, y de mostrarla en los setter jóvenes; en el peculiar modo de volar de ciertas variedades de palomas, etc. En el género humano se dan casos análogos de herencia de habilidades o gestos inusuales, a los cuales nos referiremos luego. Para quienes admiten la evolución gradual de las especies, un ejemplo muy llamativo de la perfección con la que pueden transmitirse los movimientos coordinados más difíciles nos lo proporciona la esfinge colibrí (*Macroglossa*). Esta polilla, poco después de emerger del capullo (como puede deducirse por la pelusa de sus impolutas escamas), puede ser observada suspendida en el aire y con su larga y delgada espiritrompa tiesa e inserta en los diminutos orificios de las flores, y no creo que nadie la haya visto nunca aprender a realizar esa difícil tarea, que requiere una infalible puntería.

Cuando existe una tendencia instintiva o heredada a realizar una acción, o un gusto heredado por determinados tipos de comida, se requiere también en general cierto nivel de hábito por parte del individuo. Lo vemos en los pasos del caballo y, en cierta medida, en el modo de señalar la presa de los perros, aunque algunos cachorros lo hacen impecablemente ya la primera vez que salen, aunque asocien esa postura heredada a un olor equivocado o incluso a un estímulo visual. He oído decir que si a un ternero se le deja mamar de su madre una sola vez, resulta mucho más difícil criarlo después artificialmente[3]. Se sabe que las orugas que han sido alimentadas con las hojas de un tipo de árbol morirán de hambre antes de comer hojas de otro árbol, aunque éstas les proporcionen un alimento apropiado en condiciones naturales[4], y así podríamos mencionar muchos otros casos.

El poder de la asociación es reconocido por todo el mundo. Mr. Bain señala que "las acciones, sensaciones y estados de ánimo que se dan juntos o en rápida secuencia tienden a desarrollarse juntos o en coexistencia, de tal modo que cuando cualquiera de ellos se presenta ante la mente, los otros se hallan prestos a aparecer en forma de idea"[5]. Es tan importante para nuestros fines reconocer plenamente que las acciones se asocian a otras acciones que voy a ofrecer un buen número de ejemplos, en primer lugar relacionados con el ser humano, y después con los animales inferiores. Algunos de los ejemplos tienen un carácter trivial, pero son tan apropiados para nuestros fines como los hábitos más importantes. Todo el mundo sabe lo difícil, o incluso imposible, que es mover los miembros en direcciones opuestas, lo que nunca practicamos sin hacer repetidas pruebas. Se dan casos análogos con las sensaciones, como en el conocido experimento de hacer rodar una bola bajo las yemas de dos dedos cruzados y sentir claramente como si hubiese dos bolas. Al caer al suelo, todo el mundo se protege extendiendo los brazos, y, como ha señalado el profesor Alison, pocos logran evitar hacer lo mismo cuando se dejan caer en una cama blanda. Un hombre que sale de casa se pone los guantes de modo bastante inconsciente, y esta operación puede parecer muy sencilla; sin embargo, quienes hayan enseñado a un niño a ponérselos saben que no es así en absoluto.

Cuando nuestra mente está muy afectada, lo están también los movimientos de nuestro cuerpo, pero entonces hay otro principio que actúa junto al del hábito; se trata del excedente no dirigido de fuerza nerviosa. Norfolk dice refiriéndose al cardenal Wolsey:

> Su cerebro parece haber recibido alguna extraña conmoción:
> se muerde los labios y se estremece,

detiénese bruscamente, mira al suelo;
después pone su dedo en la sien;
de repente comienza a marchar a grandes pasos;
luego se detiene, golpeándose el pecho con fuerza,
y enseguida vuelve los ojos hacia la luna.
Le hemos visto tomar las posturas más extrañas.
(*Enrique VIII*, III, 2)

Cuando un hombre corriente se siente perplejo, se rasca a menudo la cabeza y creo que actúa así por hábito, como si experimentase una sensación corporal algo incómoda, como un picor en la cabeza al que es particularmente propenso y que mitiga de ese modo. Otro se restriega los ojos cuando está perplejo, o tose un poco cuando está avergonzado, actuando en cada caso como si experimentara una sensación algo incómoda en los ojos o la tráquea[6].

Debido al uso continuo de los ojos, estos órganos son especialmente propensos a actuar en asociación bajo varios estados de ánimo, aunque no haya claramente nada que mirar. Como señala Gratiolet, un hombre que rechaza con vehemencia una propuesta cerrará casi con toda certeza los ojos y girará la cara; pero si la acepta, sacudirá afirmativamente la cabeza y abrirá los ojos de par en par. En este último caso, el hombre actúa como si viese claramente el asunto, y en el primero como si no lo viese o no quisiese verlo. Me he dado cuenta de que las personas que describen una visión horrible, cierran casi siempre momentánea y fuertemente los ojos o sacuden la cabeza, como para no ver o desembarazarse de algo desagradable. Yo mismo me he descubierto cerrando los ojos fuertemente al pensar en la oscuridad en un espectáculo horrible. Al mirar de repente un objeto cualquiera o al mirar alrededor, todo el mundo levanta las cejas de modo que los ojos pueden abrirse rápidamente de par en par; y Duchenne señala[7] que una persona que esté intentando recordar alguna cosa levanta a menudo las cejas como si fuese a verla. Un caballero hindú refirió a Mr. Erskine que sus compatriotas hacían exactamente lo mismo. Observé a una joven dama que intentaba recordar con insistencia el nombre de un pintor y primero miró hacia una esquina del techo, y después a la esquina opuesta arqueando la ceja de ese costado, aunque allí, naturalmente, no había nada que ver.

En muchos de los casos mencionados podemos entender que los movimientos asociados fueron adquiridos por el hábito, pero en algunos individuos ciertos gestos extraños han surgido en asociación con determinados estados de ánimo debido a causas absolutamente inexplicables y son indudablemente hereditarios. En otro lugar ofrecí ya un ejemplo procedente de mis propias observaciones de un gesto extraordinario y complejo asociado con sensaciones placenteras, que fue transmitido de un padre a su hija, así como de otros hechos similares[8]. En este libro ofreceré otro curioso ejemplo de un raro movimiento hereditario asociado al deseo de obtener un objeto.

Existen otras acciones que normalmente son realizadas bajo ciertas circunstancias, independientemente del hábito, y que parecen debidas a la imitación o algún tipo de simpatía. Así, podemos ver a personas que están cortando algo con unas tijeras mover las mandíbulas a una con el movimiento de las tijeras. Cuando están aprendiendo a escribir, los niños mueven la lengua de un lado a otro de manera grotesca conforme mueven los dedos. Un caballero de toda mi confianza me asegura que cuando a un cantante le raspa ligeramente la voz de repente en medio del público, muchos de los presentes empiezan a carraspear; aquí el papel lo desempeña el hábito, pues en circunstancias similares solemos aclararnos la voz. También me han dicho que en competiciones de salto, cuando el deportista ejecuta el salto, muchos espectadores, por lo general muchachos y hombres adultos, mueven los pies, aunque aquí vuelve a intervenir, probablemente, el hábito, pues es muy dudoso que las mujeres actuen de ese modo.

Acciones reflejas

Las acciones reflejas, en el sentido estricto de la palabra, son debidas a la excitación de un nervio periférico, el cual transmite su influencia a determinadas células nerviosas, la cuales, a su vez, ponen en acción determinados músculos o glándulas; todo ello puede tener lugar sin sensación o consciencia alguna por nuestra parte, aunque se den a menudo. Dado que muchas acciones reflejas son muy expresivas, este asunto debe ser tratado con alguna extensión. Veremos también que algunas se acercan gradualmente al tipo de acciones que han surgido por hábito[9], y difícilmente pueden distinguirse de ellas. Toser y estornudar nos resultan ejemplos familiares de acciones reflejas. En los niños, el primer acto respiratorio es frecuentemente un estornudo, a pesar de requerir el movimiento coordinado de numerosos músculos. La respiración es parcialmente voluntaria, pero principalmente refleja, y se lleva a cabo de la manera mejor y más natural, sin la intervención de la voluntad. Gran número de movimientos complejos son reflejos. Un buen ejemplo que podemos ofrecer es el caso frecuentemente mencionado de la rana decapitada, que naturalmente no puede sentir ni realizar ningún movimiento conscientemente. Sin embargo, si se deposita una gota de ácido en la superficie inferior del muslo de una rana en ese estado, se limpiará la gota con la superficie superior del pie de la misma pata. Si le cortamos esa pata, no podrá actuar. "Después de algunos intentos infructuosos, sin embargo, deja de hacer lo que hacía, parece inquieta, como si buscase otro método —dice Pflüger—y al final utiliza el pie de la otra pata y consigue limpiarse el ácido. Merece la pena señalar que nose trata de meras contracciones musculares, sino de unas contracciones combinadas y armonizadas en una secuencia apropiada para alcanzar un fin específico. Son acciones que a todos nos parecen guiadas por la inteligencia e instigadas por la voluntad en un animal, pero cuyo órgano reconocido de la inteligencia y la voluntad ha sido eliminado"[10].

Vemos la diferencia entre movimientos reflejos y voluntarios en niños muy pequeños que, según me informa sir Henry Holland, no son capaces de realizar determinados actos análogos, en cierto modo, a los de estornudar y toser, como el de sonarse la nariz (es decir, comprimir la nariz y expulsar violentamente el aire a través de los orificios) y el de aclarar sus gargantas y eliminar mucosidades. Deben aprender a realizar esos actos, que nosotros, cuando somos algo mayores, realizamos casi tan fácilmente como si fuesen acciones reflejas. Sin embargo, el estornudo y la tos pueden ser controlados por la voluntad solo parcialmente o nada en absoluto, mientras que aclararnos la garganta y sonarnos la nariz son actos sometidos completamente a nuestro control.

Cuando notamos la presencia de una partícula irritante en nuestros orificios nasales o en la tráquea —es decir, cuando son excitados los mismos nervios sensoriales que actúan en el caso del estornudo y la tos—, podemos expulsar voluntariamente la partícula dirigiendo con fuerza aire a través de esos conductos; pero no podemos hacerlo con la misma fuerza, rapidez y precisión con que lo hacemos cuando se trata de un acto reflejo. En un acto reflejo, las células y los nervios sensoriales excitan la células y los nervios motores aparentemente sin ninguna pérdida de energía, comunicando en primer lugar con los hemisferios cerebrales, la sede de nuestra consciencia y volición. En todos los casos parece existir un profundo antagonismo entre unos mismos movimientos según estén dirigidos por la voluntad o por un estímulo reflejo, en cuanto a la fuerza con que son realizados y la facilidad con que son provocados. Como afirma Claude Bernard: "La influencia del cerebro tiende a entorpecer los movimientos reflejos, a limitar su fuerza y su extensión"[11].

El deseo consciente de realizar una acción refleja impide o interrumpe a veces su realización, aunque hayan sido estimulados los nervios sensores apropiados. Hace muchos años hice, por ejemplo, una pequeña apuesta con una docena de jóvenes asegurándoles que no podrían estornudar tras tomar rapé, aunque todos sostuvieron que lo harían sin lugar a dudas. De acuerdo con la apuesta, todos tomaron una pizca de rapé, pero como deseaban tanto estornudar ninguno lo logró, aunque sus ojos estaban húmedos de lágrimas, y todos sin excepción tuvieron que pagarme lo apostado. Sir H. Holland señala[12] que si prestamos atención al acto de tragar, esa atención obstaculizará los movimientos adecuados; ése es, probablemente, el motivo, al menos en parte, de que muchas personas tengan dificultades para tragar una píldora.

Otro ejemplo familiar de acción refleja es el acto de cerrar involuntariamente los párpados cuando se toca la superficie de un ojo. Cuando se sopla a la cara, se produce un movimiento parecido de parpadeo; pero esta acción es habitual y no estrictamente refleja, ya que el estímulo es conducido a través de la mente y no por la excitación de un nervio periférico. Por lo general, el cuerpo entero y la cabeza se echan de repente hacia atrás de forma simultánea. Sin embargo, esos movimientos pueden prevenirse si nuestra imaginación no considera inminente el peligro, pero no basta con que nuestra razón diga que no lo hay. Puedo mencionar un hecho sin importancia que ilustrará este punto y que me divirtió en su momento. En cierta ocasión puse la cara pegada al grueso cristal del terrario de una víbora *Bitis* en el Parque Zoológico con el firme propósito de no retirarla si la serpiente me atacaba, pero tan pronto como lanzó un bufido mi resolución se volatilizó y di un salto hacia atrás con una rapidez sorprendente. Mi voluntad y mi razón quedaron inermes al imaginar un peligro que nunca había experimentado.

La violencia de un sobresalto parece depender en parte de la viveza de la imaginación y en parte del estado del sistema nervioso, ya sea el habitual o el de ese momento. Quien se fije en el sobresalto de su caballo cuando está cansado y cuando está descansado percibirá una perfecta gradación desde la mera ojeada a algún objeto inesperado, con la duda momentánea sobre si es peligroso o no, hasta un salto tan súbito y violento que es probable que el animal nunca hubiese podido conseguirlo tan rápidamente de manera voluntaria. El sistema nervioso de un caballo descansado y bien alimentado envía las instrucciones al sistema motor con tanta rapidez que no tiene tiempo de considerar si el peligro es real o no. Tras un sobresalto violento, cuando está excitado y la sangre fluye libremente a través de su cerebro, es muy capaz de sobresaltarse de nuevo; esto ocurre también con los niños pequeños, según he podido observar yo mismo.

En personas adultas, un sobresalto motivado por un ruido repentino va acompañado de un parpadeo [13], aunque el estímulo es conducido a través de los nervios auditivos. Sin embargo, he observado que, a pesar de que mis hijos se sobresaltaban ante sonidos repentinos cuando tenían unos quince días, no solían cerrar los ojos, y me inclino a pensar que no los cerraban nunca. El sobresalto de un niño mayor se parece vagamente a sujetar alguna cosa para impedir que caiga. Cuando uno de mis hijos tenía 114 días de edad, agité una caja de cartón vacía ante sus ojos y no hizo el más leve gesto, pero cuando puse algunos dulces en la caja y repetí la operación haciendo ruido, el niño cerró y abrió los ojos violentamente en cada ocasión y se asustó un poco. Resultaba obviamente imposible que un niño bien atendido pudiera haber aprendido por experiencia que un sonido ruidoso frente a sus ojos indicase un peligro para él. Pero tal experiencia puede haberse conseguido lentamente a una edad mayor durante una larga serie de generaciones, y por lo que sabemos de la herencia no es en absoluto improbable que un hábito se transmita a la descendencia a una edad más precoz que a la que fue adquirida por los padres.

Según las observaciones anteriores, parece probable que algunas acciones que en un principio se efectuaban conscientemente se hayan convertido en acciones reflejas mediante el hábito y la asociación. Ahora son hereditarias y se hallan tan sólidamente fijadas que se realizan incluso cuando no hace la menor falta [14] en las situaciones en que se dan las mismas causas que suscitaban originalmente aquellas acciones, cuando se realizaban voluntariamente. En tales casos, las células y los nervios sensoriales excitan las células motoras, sin comunicarse primero con las células de las que depende nuestra consciencia y voluntad. Es probable que el estornudo y la tos fueran adquiridos originalmente por el hábito de expulsar con la mayor violencia posible cualquier partícula irritante de los conductos de aire sensibles. Por lo que se refiere al tiempo requerido, ha habido más del necesario para que esos hábitos se conviertan en acciones innatas o actos reflejos, dado que son comunes a todos o casi todos los cuadrúpedos superiores, por lo que deben haberse adquirido por vez primera en una época remota. No pretendo saber por qué la acción de aclararse la garganta no es un acto reflejo y debe ser aprendido por nuestros hijos, pero sí que podemos comprender por qué debe ser aprendido el hecho de sonarse la nariz con un pañuelo.

Es difícilmente creíble que, cuando se limpia una gota de ácido u otro objeto de sus ancas, los movimientos de una rana decapitada, tan bien coordinados para un propósito concreto, no hayan sido realizados en un principio voluntariamente y se hayan convertido en movimientos fáciles gracias a un hábito continuado, de modo que al final se realicen inconsciente o independientemente de los hemisferios cerebrales.

Parece probable, una vez más, que el sobresalto fue adquirido inicialmente por el hábito de saltar fuera del peligro lo más rápidamente posible cuando uno cualquiera de nuestros sentidos nos avisase del mismo. Según hemos visto, el sobresalto se acompaña del parpadeo como para proteger los ojos, los órganos corporales más frágiles y sensibles, y creo que también es acompañado por una inspiración súbita y forzada que es la preparación natural para cualquier esfuerzo violento. Pero cuando un hombre o un caballo se sobresaltan, el corazón les late con fuerza contra las costillas, y aquí sí podemos decir realmente que tenemos un órgano que nunca ha estado bajo el control de la voluntad y participa en los movimientos reflejos generales del cuerpo. De todos modos, volveré a este punto en un próximo capítulo.

La contracción del iris, cuando se estimula la retina con una luz brillante, constituye otro ejemplo de movimiento que no parece probable que se realizara voluntariamente al principio y se fijara después por hábito, dado que no sabemos de ningún animal cuyo iris esté sometido al control consciente de la voluntad. En tales casos deberá hallarse alguna explicación que no sea la del hábito. La diseminación de una fuerza nerviosa desde células nerviosas fuertemente excitadas a otras conectadas, como en el caso del estornudo causado por el efecto de una luz brillante sobre la retina, puede ayudarnos a entender cómo se originan algunas acciones reflejas. La diseminación de una fuerza nerviosa de ese tipo, si causa un movimiento tendente a disminuir la irritación original, como es el caso de la contracción del iris, que impide que incida demasiada luz sobre la retina, podría haberse convertido en una ventaja y haberse modificado para ese propósito concreto.

También vale la pena comentar que las acciones reflejas están sujetas muy probablemente a pequeñas variaciones, como lo están todas las estructuras corporales y todos los instintos, y que cualquier variación que fuese beneficiosa o lo bastante importante tendería a ser preservada y heredada. Así pues, cuando sirven ya a un propósito, las acciones reflejas podrían modificarse después independientemente de la voluntad o del hábito para servir a una finalidad distinta. Tales casos serían paralelos a lo que ocurre, según todos los datos, con muchos instintos. Algunos instintos se han desarrollado simplemente mediante hábitos utilizados durante largo tiempo y han acabado siendo heredados; otros mucho más complejos se han desarrollado gracias a la preservación de variaciones de hábitos preexistentes, es decir, gracias a la selección natural.

Aunque soy consciente de que lo he hecho de manera aún muy imperfecta, he analizado ya con bastante amplitud la adquisición de las acciones reflejas, pues se manifiestan a menudo en conexión con movimientos expresivos de nuestras emociones, y ha sido conveniente mostrar que algunas al menos podrían haberse adquirido inicialmente gracias a la voluntad, para satisfacer un deseo o para liberarse de una sensación desagradable.

Los movimientos habituales asociados en animales inferiores

En el caso del ser humano he ofrecido ya algunos ejemplos de movimientos asociados a varios estados de ánimo o corporales que en el momento actual carecen de finalidad, pero que la tenían originalmente y que todavía se usan en determinadas circunstancias. Dado que este tema es muy importante para nosotros, ofreceré aquí un número considerable de hechos análogos pero referidos a animales, aunque muchos de ellos sean triviales. Mi objetivo es mostrar que determinados movimientos se realizaban originalmente para una finalidad concreta y que, en circunstancias parecidas, son realizados de forma pertinaz por el hábito, aunque ya no tengan la menor utilidad. En muchos de los casos que veremos podemos deducir que la tendencia es heredada por el hecho de que tales acciones son realizadas de la misma manera por todos los individuos, jóvenes y viejos, de la misma especie. También veremos que son suscitados por las más diversas asociaciones, a menudo tortuosas y a veces erróneas.

Cuando los perros quieren dormir sobre una alfombra o en una superficie dura, dan vueltas y más vueltas normalmente y escarban el suelo con sus patas anteriores de forma absurda, como si intentaran aplanar la hierba y formar un hueco, como hacían sin duda sus parientes salvajes cuando vivían en las praderas o los bosques. En los parques zoológicos, los chacales, fénecs y otros animales similares hacen lo mismo en sus lechos de paja, pero es una circunstancia muy curiosa que, después de haber hecho observaciones durante meses, los cuidadores no hayan visto ese comportamiento en los lobos. Según observó un amigo mío, un perro medio estúpido —y un animal así puede ser particularmente propenso a practicar un hábito sin sentido—, daba 13 vueltas completas sobre una alfombra antes de echarse a dormir.

Muchos animales carnívoros bajan la cabeza y se agachan cuando se arrastran acechando a su presa y se preparan para correr o abalanzarse sobre ella; al parecer, lo hacen en parte para mantenerse ocultos, y en parte para prepararse para la carrera, y en una variante exagerada ese hábito se ha convertido en hereditario en nuestros perros pointer y setter. Ahora bien, en multitud de ocasiones he observado que, cuando dos perros que no se conocen se encuentran en una calle abierta, el que ve primero al otro, aunque sea a una distancia de cien o doscientos metros, baja siempre la cabeza tras el primer vistazo, se agacha normalmente un poco o incluso se echa al suelo, es decir, adopta la actitud de ocultarse y prepararse para la carrera aunque la calle sea muy abierta y la distancia grande. Además, cuando los perros, sean del tipo que sean, vigilan a su presa y se acercan lentamente a ella, mantienen frecuentemente una de sus patas anteriores doblada y suspendida durante largo tiempo, preparada para dar cautelosamente el próximo paso. Ello es especialmente característico del pointer, pero debido al hábito todos los perros se comportan del mismo modo cuando se despierta su atención (figura 4). He visto a un perro al pie de un alto muro escuchar atentamente un sonido producido al otro lado del mismo con una pata doblada y suspendida, aunque en ese caso no debería haber motivo para realizar una aproximación cautelosa.

Figura 4. Perro pequeño vigilando a un gato sobre una mesa. Dibujado a partir de una fotografía realizada por Mr. Rejlander.

Después de defecar, los perros escarban casi siempre el suelo hacia atrás con las cuatro patas, incluso aunque se hallen sobre un pavimento de pura piedra, como si tuviesen el propósito de cubrir sus excrementos con tierra, casi del mismo modo como actúan los gatos. En los parques zoológicos, los lobos y chacales se comportan exactamente de la misma manera aunque, según me aseguran sus cuidadores, ni lobos ni chacales ni zorros tapan los excrementos cuando actúan de ese modo, exactamente igual que los perros. Por consiguiente, si interpretamos correctamente el significado del hábito gatuno que acabamos de describir, tendremos pocas dudas de que se trata del residuo inútil de un movimiento habitual realizado por un remoto antecesor del grupo de los perros, que tenía un propósito concreto y ha sido conservado a lo largo de un prodigioso espacio de tiempo. El acto de enterrar comida sobrante es un hábito muy diferente.

Los perros y chacales[15] disfrutan hurgando con el hocico y restregando el lomo en la carroña. El olor les parece delicioso, aunque los perros (al menos los bien alimentados) no comen carroña. Mr. Bartlett ha observado lobos a instancia mía y les ha ofrecido carroña, pero nunca les ha visto hurgar en ella. He oído, y creo que es cierto, que los perros grandes, probablemente descendientes de los lobos, no hurgan en la carroña como lo hacen los perros más pequeños, que probablemente descienden de los chacales. Cuando en una ocasión ofrecí una galleta integral a un terrier mío que no tenía hambre —y me han llegado ejemplos similares—, primero la mordió y la sacudió como si se tratase de una rata u otra presa, después la husmeó detenidamente como si fuese un pedazo de carroña, y finalmente se la comió. Parece como si tuviese que conferir un sabor imaginario a un bocado insípido; para ello, los perros actúan siguiendo sus hábitos, como si la galleta fuese un animal vivo u oliese a carroña, aunque sabe mejor que nosotros que no es así. He visto a ese mismo terrier actuar de la misma manera tras matar un pajarillo o un ratón.

Los perros se rascan con un rápido movimiento de una de sus patas traseras, y cuando se les frota el lomo con un palo el hábito es tan fuerte que no pueden por menos que rascar rápidamente el aire o el suelo de un modo inútil y grotesco. El terrier al que acabo de aludir, cuando es frotado de ese modo con un palo, muestra de vez en cuando su placer con otro movimiento habitual, a saber, lamer el aire como si fuese mi mano.

Los caballos se rascan mordisqueando aquellas partes de su cuerpo que pueden alcanzar con los dientes, pero lo más común es que un caballo muestre a otro dónde quiere ser rascado, y entonces se mordisquean entre sí. Un amigo a quien llamé la atención sobre este asunto observó que, cuando frota el cuello de su caballo, el animal proyecta la cabeza hacia adelante, muestra los dientes y mueve las mandíbulas, exactamente como si mordisquease el cuello de otro caballo, ya que nunca podría mordisquear su propio cuello. Si se le hacen muchas cosquillas a un caballo, como cuando se le cepilla con una rascadera, su deseo de morder es tan intolerablemente intenso que hace castañear los dientes, al tiempo que muerde a su cuidador —aunque sin pretender dañarle—. Simultáneamente, y debido al hábito, baja considerablemente las orejas a modo de protección contra mordeduras, como si estuviese peleándose con otro caballo.

Cuando un caballo desea dar un paseo hace lo que más se asemeja a caminar, es decir, patear el suelo. Ahora bien, cuando un caballo se halla en el establo a punto de recibir la comida y ansioso por tener su grano, patea el pavimento o el lecho de paja. Dos de mis caballos se comportan de este modo cuando ven u oyen que se les da grano a sus vecinos. Aquí nos hallamos ante un caso que podríamos calificar de verdadera expresión, dado que golpear el suelo es reconocido universalmente como signo de impaciencia.

Los gatos cubren con tierra sus dos clases de desechos, y mi abuelo [16] vio a un gatito echar cenizas sobre una cucharada de agua vertida sobre el hogar; en ese caso una acción instintiva o habitual fue suscitada falsamente no por un acto anterior o un olor sino por la vista. Es bien sabido que a los gatos no les gusta mojarse las patas, debido probablemente a haber habitado originalmente en los territorios secos de Egipto, de modo que cuando se les mojan las patas se las sacuden enérgicamente. Mi hija echó algo de agua en un vaso cerca de la cabeza de un gato y éste sacudió sus patas de la manera habitual; nos hallamos pues ante un movimiento habitual suscitado falsamente por la asociación con un sonido, y no por el sentido del tacto.

Gatitos, perritos, cerditos y probablemente muchos otros animales presionan las glándulas mamarias de sus madres con sus patas anteriores alternadamente para provocar una secreción de leche más fluida. Ahora bien, entre los gatos jóvenes, e incluso viejos, de la raza común y de la persa (diferentes específicamente, según algunos naturalistas), es muy frecuente que, mientras se hallan confortablemente echados al calor de una alfombrilla u otra superficie blanda, la golpeen suave y alternadamente con las patas anteriores, con los dedos bien separados y las uñas ligeramente extendidas, exactamente como cuando maman de la madre. El hecho de que muy a menudo sujetan simultáneamente un pedazo de la alfombrilla con la boca y la chupan, generalmente cerrando los ojos y ronroneando de gusto, muestra claramente que se trata del mismo movimiento. Normalmente este curioso movimiento es suscitado sólo en asociación con la sensación de una superficie blanda y cálida, pero yo he observado a un viejo gato golpear el aire con sus patas de la misma manera cuando disfrutaba al rascarle el lomo, de modo que la acción casi ha terminado por ser una expresión de la sensación de placer.

Tras referirme al acto de mamar, quisiera añadir que este complejo movimiento, así como la proyección hacia adelante y alternada de las patas anteriores, son acciones reflejas ya que son realizadas igualmente si se coloca un dedo mojado de leche en la boca de un cachorro al que se ha extirpado la parte frontal del cerebro [17]. En Francia se ha comprobado recientemente que la acción de mamar es suscitada solamente por el sentido del olfato; de modo que si destruimos los nervios olfativos de un cachorro, nunca mamará. De manera similar, la maravillosa capacidad que tiene un polluelo de picar pequeñas partículas de comida poco después de haber salido del huevo parece haberse iniciado originalmente gracias al sentido del oído, ya que un buen observador constató que en polluelos nacidos bajo calor artificial "se les enseñaba a picar la comida haciendo un ruido con la uña sobre un tablero, imitando el que hace la gallina madre" [18]. Daré solamente un ejemplo más de movimiento habitual y sin finalidad. El tarro blanco (*Tadorna*) come sobre la arena dejada al descubierto por la marea, y cuando descubre un orificio de gusanos marinos "empieza a patear el suelo, danzando por encima del agujero", lo que provoca que los gusanos salgan a la superficie. Ahora bien, Mr. Saint John dice que cuando su tarro blanco domesticado "viene a pedir comida, patea el suelo de manera rápida e impaciente" [19]. Esa puede considerarse, pues, su manera de expresar el hambre. Mr. Bartlett me informa de que el flamenco y el kagu (*Rhinochetos juvatus*) golpean el suelo con sus patas de la misma curiosa manera cuando están ansiosos por comer. También el martín pescador, cuando captura un pez, lo golpea siempre hasta que muere; y en el parque zoológico golpea siempre la carne cruda con la que a veces se le alimenta antes de devorarla.

Creo que he mostrado suficientemente la realidad de nuestro primer principio, es decir, que cuando una sensación, deseo, disgusto, etc., ha derivado en algún movimiento voluntario a lo largo de una extensa serie de generaciones, se produce una tendencia a que se suscite seguramente un movimiento similar siempre que se experimente la misma sensación u otra análoga o asociada, etc., aunque ésta sea muy débil y a pesar de que ese movimiento no sea en ese caso de la menor utilidad. Tales movimientos habituales son a menudo o generalmente hereditarios, por lo que difieren muy poco de las acciones reflejas. Al tratar las expresiones específicas del ser humano vistas en la última parte de nuestro primer principio, tal y como han sido explicadas al inicio de este capítulo, vemos que encajan bien; es decir, que cuando los movimientos asociados por el hábito con determinados estados de ánimo son parcialmente reprimidos por la voluntad, los músculos estrictamente involuntarios, así como aquellos que están bajo menor control específico de la voluntad, todavía pueden actuar y su acción es a menudo muy expresiva. Por el contrario, cuando la voluntad se halla debilitada transitoria o permanentemente, los músculos voluntarios fallan antes que los involuntarios. Como observa sir C. Bell[20], es un hecho familiar entre los patólogos que "cuando se produce debilidad por culpa de una afección cerebral, la influencia es mayor en aquellos músculos que en condiciones normales están más bajo el gobierno de la voluntad". En próximos capítulos consideraré también otra proposición incluida en nuestro primer principio, a saber, que la prueba de un movimiento habitual requiere a veces otros movimientos menores, y que estos últimos sirven como medios de expresión.

Capítulo 2
Principios generales de la expresión (continuación)

El principio de la antítesis. Ejemplos en el perro y el gato. Origen del principio. Signos convencionales. El principio de la antítesis no ha surgido de acciones opuestas realizadas conscientemente bajo impulsos opuestos.

Consideraremos ahora el segundo principio, el de la antítesis. Como hemos visto en el capítulo anterior, determinados estados de ánimo conducen a ciertos movimientos habituales que eran originalmente de utilidad y aún lo pueden ser. Veremos que, cuando se induce un estado de ánimo diametralmente opuesto, se produce una tendencia fuerte e involuntaria a realizar movimientos de naturaleza diametralmente opuesta, aunque éstos no hayan sido nunca de la menor utilidad. Cuando tratemos de las expresiones específicas del hombre, aportaremos algunos ejemplos sorprendentes de antítesis, pero como en estos casos somos particularmente propensos a confundir gestos y expresiones convencionales o artificiales con las innatas y universales, que son las únicas que merecen la categoría de verdaderas expresiones, en el presente capítulo me limitaré casi por completo a los animales inferiores.

Cuando un perro se aproxima a otro perro o a un hombre, ambos desconocidos, con una intención feroz u hostil, camina erguido y muy tenso con la cabeza ligeramente alzada o no muy baja, la cola en disposición erecta y rígida, el pelo erizado especialmente en el cuello y el lomo, las orejas aguzadas echadas hacia adelante y los ojos mirando fijamente (véanse las figuras 5 y 7). Estos ges-

Figura 5. Perro aproximándose con intenciones hostiles a otro perro. Por Mr. Rivière.

Figura 6. El mismo perro en un estado de ánimo sumiso y afectuoso. Por Mr. Rivière.

Figura 7. Perro pastor híbrido en la misma actitud que el de la figura 5. Por Mr. A May.

tos, como se explicará más adelante, derivan de la intención del perro de atacar a su enemigo, de modo que resultan comprensibles en gran medida. Conforme se prepara para saltar sobre su enemigo con un gruñido feroz, descubre los dientes caninos mientras mantiene las orejas echadas hacia atrás y pegadas a la cabeza. No obstante, estas últimas acciones no incumben a nuestros propósitos actuales. Supongamos ahora que el perro descubre de repente que el hombre a quien se estaba aproximando no es un desconocido sino su amo, y observaremos cómo cambia su actitud de forma radical e instantánea. En lugar de caminar erguido, el cuerpo se echa hacia abajo e incluso llega a agazaparse deshaciéndose en movimientos sinuosos; en lugar de mantenerse tiesa y alzada, la cola se mantiene baja y se menea de un lado y otro; el pelo pasa inmediatamente a tener un aspecto liso, las orejas bajan y se echan hacia atrás pero sin pegarse a la cabeza, y el hocico cuelga fláccido. Como las orejas se echan hacia atrás, los parpados se alargan y los ojos ya no aparecen redondos y con mirada fija (véanse las figuras 6 y 8). Hay que añadir que, en esas circunstancias, el animal se halla en un estado de excitación causado por la alegría; se

Figura 8. El mismo perro de la figura 7 acariciando a su amo. Por Mr. A May.

genera un exceso de fuerza nerviosa que deberá conducir naturalmente a algún tipo de actividad. Ninguno de los movimientos que acabamos de describir, y que expresan afecto de manera tan nítida, es de la menor utilidad directa para el animal. Tal como yo lo veo, sólo se explican por estar en completa oposición o antítesis respecto a las actitudes y movimientos que —por causas comprensibles— adopta un perro cuando pretende pelearse y que, en consecuencia, son expresiones de furia. Pido al lector que observe los cuatro dibujos que se acompañan y que se han añadido para evocar de forma más intensa el aspecto de un perro bajo esos dos estados de ánimo. Sin embargo, no es nada fácil representar el afecto en un perro mientras acaricia a su amo y menea la cola, dado que la esencia de la expresión reside en los movimientos sinuosos continuos.

Vayamos ahora al gato. Cuando este animal es amenazado por un perro, arquea el lomo de forma sorprendente, eriza el pelo, abre la boca y bufa, pero no nos interesa ahora esa actitud bien conocida, que expresa terror combinado con furia; nos interesa solamente la expresión de rabia. No se observa a menudo pero puede darse cuando dos gatos están peleándose entre sí, y yo la he visto claramente en un gato salvaje mientras era molestado por un muchacho. La actitud es casi exactamente la misma que la de un tigre que gruñe cuando se le molesta mientras está con su comida, como todo el mundo habrá visto en el zoológico. El animal se pone en cuclillas con el cuerpo extendido, y la cola, toda ella o solamente la extremidad, golpea o se balancea de un lado a otro. El pelo no está erizado en absoluto. Hasta aquí, la actitud y los movimientos son casi los mismos que cuando el animal está presto para abalanzarse sobre su presa y se halla, sin duda, en un estado de ánimo feroz. Pero cuando se prepara para la pelea se observa la siguiente diferencia: las orejas están estrechamente apretadas hacia atrás, la boca está parcialmente abierta mostrando los dientes, las patas anteriores se hallan a veces extendidas y con las uñas al descubierto, y el animal profiere en ocasiones feroces gruñidos (véanse las figuras 9 y 10). Todas o casi todas esas acciones derivan naturalmente —según se explicará a continuación— de la manera e intención con que el gato ataca a su enemigo.

Veamos ahora al gato en un estado de ánimo exactamente opuesto, cuando se siente afectuoso y acaricia a su amo, y observemos lo opuesta que es su actitud en casi todos los detalles. Ahora se mantiene erguido con el lomo ligeramente arqueado, lo que hace que el pelo parezca alborotado pero no erizado; la cola, en lugar de estar extendida balanceándose de un lado a otro, se mantiene tiesa y dirigida perpendicularmente hacia arriba; las orejas se muestran erectas y puntiagudas, la boca está cerrada, y se frota contra su amo con un ronroneo en lugar de un gruñido. Continuemos la observación viendo lo diferente que es la actitud general de un gato afectuoso respecto a la de un perro, cuando acaricia a su amo con el cuerpo agachado y en movimiento sinuoso, la cola baja y oscilante y las orejas caídas. Este contraste en las actitudes y movimien-

Figura 9. Gato en actitud feroz preparado para pelear. Dibujo del natural de Mr. Wood.

Figura 10. Gato en un estado de ánimo afectuoso. Por Mr. Wood.

tos de estos dos animales carnívoros, bajo el mismo contexto de ánimo placentero y afectuoso, sólo puede explicarse, a mi modo de ver, porque los movimientos se producen en completa antítesis respecto a los que adoptan de forma natural cuando esos animales se hallan en un estado de ánimo feroz y se preparan para una pelea o para atrapar una presa.

Estos casos del perro y el gato nos proporcionan todos los argumentos para creer que tanto los gestos de hostilidad como de afecto son innatos o hereditarios, ya que son casi exactamente iguales en las diferentes razas de la misma especie y en todos los individuos de la misma raza, sean jóvenes o viejos.

Ahora daré otro ejemplo de antítesis en la expresión. Hace algún tiempo tenía un perro grande, el cual, como cualquier otro perro, disfrutaba saliendo a pasear. Mostraba su contento trotando solemnemente delante de mí, con pasos altos, la cabeza muy alzada, las orejas medianamente erectas y la cola levantada, aunque no rígida. No lejos de mi casa hay un camino que se bifurca a la derecha y se dirige al invernadero, que acostumbraba visitar a menudo durante unos momentos para ver mis experimentos con plantas. Esto resultaba siempre muy decepcionante para el perro, que no sabía si seguiríamos con el paseo, y el cambio de expresión instantáneo y radical que le sobrevenía tan pronto como mi cuerpo torcía por ese camino —y a veces lo hacía así para experimentar— era verdaderamente risible. Todos los miembros de la familia reconocían ese aspecto de abatimiento, que fue bautizado como *cara de invernadero*. Consistía en bajar la cabeza muy acusadamente, con el cuerpo un poco hundido e inmóvil, y las orejas y la cola repentinamente caídas, sin que esta última se menease en absoluto. Con las orejas caídas y sus grandes mandíbulas, los ojos adoptaban una apariencia muy cambiada, y me daba la impresión de que tenían un aspecto menos brillante. Su apariencia era de decaimiento lastimoso y desesperanzado y, como he dicho, resultaba risible ya que la causa era trivial. Cada detalle de su actitud era completamente opuesto a la alegría y el elegante porte mostrado anteriormente; a mi modo de ver, esto sólo puede explicarse mediante el principio de la antítesis. Si el cambio no hubiese sido tan instantáneo, lo atribuiría al abatimiento anímico que, como en el caso del hombre, afecta al sistema nervioso y a la circulación y, por consiguiente, al tono de todo el sistema muscular, y ésa debe haber sido en parte su causa.

Consideremos ahora cómo ha surgido el principio de la antítesis en el caso de la expresión. En los animales sociales, la capacidad de comunicación entre los miembros de una misma comunidad, así como con otras especies, con el sexo opuesto y entre jóvenes y viejos es de la mayor importancia. Generalmente se produce mediante la voz, pero también es cierto que los gestos y las expresiones son mutuamente explicables hasta cierto punto. El ser humano no sólo utiliza gritos inarticulados, gestos y expresiones sino que ha inventado el lenguaje articulado, si es que la palabra *inventado* puede ser aplicada realmente a un proceso que ha sido completado tras pasos innumerables y de un modo semiconsciente. Cualquiera que haya observado monos no dudará de que entienden los gestos y expresiones de los de su especie y en gran medida, como afirma Rengger[1], los del hombre. Un animal adopta casi siempre un aspecto terrible cuando va a atacar a otro o cuando está atemorizado por otro, con el pelo erizado, aumentando así el volumen aparente del cuerpo, mostrando los dientes, blandiendo los cuernos o profiriendo sonidos feroces.

Dado que la capacidad de comunicación es ciertamente muy útil para muchos animales, no resulta improbable *a priori* la suposición de que gestos de carácter opuesto a aquellos con los que se expresaban determinados sentimientos pudieran inicialmente haber sido utilizados deliberadamente bajo la influencia de un estado de sentimientos opuesto. El hecho de que los gestos sean ahora innatos no constituiría una objeción válida a la suposición de que inicialmente fueron intencionados, ya que si se hubiesen practicado durante muchas generaciones al final se habrían convertido probablemente en hereditarios. Sin embargo, y como veremos inmediatamente, es más que dudoso que alguno de los casos que caen bajo nuestro concepto de antítesis haya podido originarse de ese modo.

El principio de oposición o antítesis juega un papel parcial en el caso de los signos convencionales que no son innatos, como los que utilizan los sordomudos y los salvajes. A los monjes cistercienses no les está permitido hablar, pero como no pueden evitar mantener algún tipo de comunicación inventaron un lenguaje de gestos en el que parece haberse utilizado el principio de oposición [2]. El Dr. Scott, de la Institución de Sordomudos de Exeter, me ha escrito que "los opuestos son muy utilizados en la enseñanza de los sordomudos, los cuales tienen un agudo sentido para los mismos". Sin embargo, me ha sorprendido el escaso número de ejemplos incontrovertibles que pueden aducirse. Ello se debe en parte a que todos los signos tienen normalmente algún origen natural, y en parte a que los sordomudos y los salvajes tienden a comprimir sus signos todo lo posible en aras de la rapidez [3]. De ahí que la fuente de origen sea muy dudosa o se haya perdido por completo, como es igualmente el caso del lenguaje articulado.

Por lo demás, el origen del significado de muchos signos que se hallan en mutua oposición ha sido diferente, al parecer, en uno y otro caso. Esto parece encajar bien con los signos utilizados por los sordomudos para el caso de la luz y la oscuridad, la fuerza y la debilidad, etc. En un capítulo próximo intentaré demostrar que los gestos opuestos de afirmación y negación, es decir, el cabeceo vertical y la sacudida lateral de la cabeza, han tenido probablemente unos orígenes naturales. El balanceo de la mano a derecha e izquierda, que se usa como negación por algunos salvajes, puede haber sido inventado por imitación de la sacudida de la cabeza; pero resulta difícil saber si el movimiento opuesto de oscilar la mano en línea recta desde la cabeza, utilizado como afirmación, ha surgido mediante la antítesis o de otra manera distinta.

Si volvemos ahora a los gestos innatos o comunes a todos los individuos de la misma especie, y que caen bajo el concepto de antítesis, es extremadamente difícil saber si alguno de ellos fue inventado deliberadamente y realizado conscientemente. En el género humano, el mejor ejemplo de un gesto que se halla en oposición directa a otros movimientos, adoptado de forma natural en un estado de animo opuesto, es el de encogerse de hombros. Ello expresa impotencia o disculpa: algo que no puede hacerse o no puede evitarse. Este gesto se usa a veces de forma consciente y voluntaria, pero es extremadamente improbable que en sus inicios fuese inventado de forma deliberada y después fijado por el hábito, ya que no sólo los niños pequeños encogen a veces los hombros bajo los estados de ánimo mencionados sino que el movimiento se acompaña, como mostraré en un próximo capítulo, con varios movimientos subordinados que ni un hombre entre mil sería capaz de notar si no prestase una atención especial al asunto.

A los perros puede resultarles útil, cuando se acercan a otro perro desconocido, mostrar mediante sus movimientos que son amistosos y no desean pelear. Cuando dos perros jóvenes se hallan jugando, se gruñen y se muerden los hocicos y las patas, es obvio que ambos entienden sus gestos y maneras mutuos. Realmente parece existir cierto grado de conocimiento instintivo en cachorros de perro y gato al no usar demasiado abiertamente sus pequeños y aguzados dientes o sus garras durante el juego, aunque a veces sucede y se termina con aullidos; de lo contrario, a menudo se herirían mutuamente los ojos. Cuando mi terrier me muerde la mano jugando, casi siempre lo hace refunfuñando, y si muerde demasiado fuerte y yo le digo "suave, suave", sigue mordiéndome pero me responde con algunos meneos de cola, que parecen querer decir: "no te preocupes, sólo estamos jugando". Aunque los perros expresen así, o deseen hacerlo, a otros perros y al hombre, que se hallan en un estado de ánimo amistoso, es increíble que puedan haber pensado alguna vez de forma deliberada en echar hacia atrás las orejas y bajarlas en lugar de mantenerlas erectas, en alzar y bajar la cola en lugar de mantenerla rígida y erguida, etc., por el hecho de creer que esos movimientos están en directa oposición a los adoptados bajo un estado de ánimo opuesto y feroz.

Volviendo al gato, o más bien a algún primitivo antecesor del gato, ¿podemos creer que cuando al sentirse afectuoso arqueó por primera vez el lomo, levantó la cola perpendicularmente al cuerpo y aguzó las orejas, el animal deseaba conscientemente mostrarnos que su estado de ánimo era diametralmente opuesto al que mostraba cuando se disponía a pelear o a saltar sobre su presa, adoptando una actitud de rastreo, haciendo oscilar la cola a un lado y otro y bajando las orejas? Considero aún menos creíble que mi perro adopte de manera voluntaria esa actitud de abatimiento y esa *cara de invernadero*, que forma un contraste tan marcado respecto a la actitud cordial y a su porte anterior. No puedo imaginar que el perro sabía que yo entendería su expresión y que podría de ese modo enternecer mi corazón y hacerme suspender la visita al invernadero.

Así pues, en el desarrollo de los movimientos que estamos tratando en este apartado debe haber intervenido algún otro principio diferente de la voluntad y la consciencia. Ese principio parece ser que cada movimiento que hemos realizado voluntariamente durante nuestras vidas ha requerido de la acción de determinados músculos; y cuando hemos realizado un movimiento diametralmente opuesto, se ha puesto en marcha un grupo de músculos opuesto, como sucede al girar a derecha o izquierda, o al empujar un objeto alejándolo o al arrastrarlo hacia nosotros, o al levantar o bajar un peso. Nuestras intenciones y movimientos se asocian mutuamente de forma tan fuerte que si deseamos con vehemencia que un objeto se mueva en una dirección cualquiera, difícilmente podremos evitar mover el cuerpo en esa misma dirección, aunque sabemos perfectamente que ello no tendrá ninguna influencia. En la Introducción he dado un buen ejemplo de este hecho: los grotescos movimientos de un joven y ansioso jugador de billar mientras mira la trayectoria de su bola. Si un hombre o un niño excitado le dice en voz alta a otra persona que se marche, generalmente mueve la mano como si le empujase, aunque el ofensor puede que no esté cerca, y aunque no haya la menor necesidad de explicar con un gesto lo que se quiere decir. Por el contrario, si deseamos ansiosamente que alguien se acerque mucho a nosotros, actuamos como si tirásemos de él hacia nosotros, y así podríamos mencionar numerosos ejemplos.

Dado que la realización de los movimientos ordinarios de carácter opuesto, bajo impulsos de la voluntad opuestos, se ha convertido en habitual en nosotros y en los animales inferiores, cuando acciones de un tipo determinado han acabado firmemente asociadas con una sensación o emoción, parece natural que las acciones de tipo diametralmente opuesto, aunque no tengan utilidad, sean realizadas inconscientemente gracias al hábito y a la asociación, bajo la influencia de una sensación o emoción diametralmente opuesta. Sobre la base de este único principio puedo entender cómo se han originado los gestos y expresiones que caen bajo el concepto de antítesis tratado aquí. Si realmente son útiles al ser humano o a cualquier otro animal, apoyando a los gritos articulados o al lenguaje, es de suponer que se utilizarán y que el hábito resultará reforzado. Pero sean o no útiles como medio de comunicación, si razonamos por analogía, veremos que la tendencia a realizar movimientos opuestos bajo sensaciones o emociones opuestas se convertirá en hereditaria mediante una larga práctica, y es indudable que algunos movimientos expresivos debidos al principio de antítesis son hereditarios.

Capítulo 3
Principios generales de la expresión (conclusión)

El principio de la acción directa de la excitación del sistema nervioso sobre el cuerpo independientemente de la voluntad y, en parte, del hábito. Cambio de color del pelo. Temblor de los músculos. Modificaciones en las secreciones. Transpiración. Expresión de dolor extremo. De la rabia, gran alegría y terror. Contraste entre las emociones que causan movimientos expresivos y las que no los causan. Estados de ánimo excitantes y depresivos. Resumen.

Vayamos ahora a nuestro tercer principio, a saber, que determinadas acciones que reconocemos como expresivas de ciertos estados de ánimo son el resultado directo de la constitución del sistema nervioso, y que en un principio fueron independientes de la voluntad y, en buena medida, del hábito. Cuando el sensorio es excitado fuertemente se genera un exceso de fuerza nerviosa, la cual se transmite en determinadas direcciones dependiendo de las conexiones entre las células nerviosas y, si interviene el sistema muscular, de la naturaleza de los movimientos que se han practicado habitualmente; aunque, al parecer, también puede interrumpirse el suministro de fuerza nerviosa. Cada movimiento que hacemos está determinado, por supuesto, por la constitución del sistema nervioso, pero las acciones realizadas bajo el dictado de la voluntad o gracias al hábito o mediante el principio de la antítesis serán excluidas aquí siempre que sea posible. El tema que tratamos ahora es muy abstruso pero, dada su importancia, debe ser debatido con cierta extensión. Además, siempre es aconsejable percatarse claramente de lo que ignoramos.

Aunque raro y anormal, el caso más llamativo que puede aducirse acerca de la influencia directa del sistema nervioso sobre el cuerpo, cuando aquél es afectado seriamente, es el cambio de color del pelo que se ha observado en sujetos que han experimentado un terror o un dolor extremos. Un ejemplo real que ha sido documentado es el caso de un hombre conducido al patíbulo en la India, en el que el cambio de color ocurrió tan rápidamente que fue perceptible a simple vista[1].

Otro buen ejemplo es el temblor de los músculos, común en el hombre y en muchos o casi todos los animales inferiores. El temblor no es sólo de utilidad, sino que a menudo puede resultar un estorbo; y no puede haberse adquirido originalmente mediante la voluntad y haberse convertido después en algo habitual asociado a alguna emoción. Una eminente autoridad me ha asegurado que los niños pequeños no tiemblan sino que experimentan convulsiones cuando se hallan en las mismas circunstancias que provocarían temblores en un adulto. En los diferentes individuos, los temblores son suscitados a niveles muy distintos y por las causas más diversas: por frío en la superficie corporal, antes de un acceso de fiebre aunque la temperatura del cuerpo esté entonces por encima de la normal; en casos de envenenamiento de la sangre, en el *delirium tremens* y otras enfermedades; por debilidad general en los ancianos o por estar agotados tras una fatiga excesiva; localmente, a causa de heridas graves como quemaduras, y de una manera especial por la introducción de un catéter. De todas las emociones, el miedo es claramente la que más induce temblores con mayor frecuencia, pero también lo hacen a veces el enojo o la alegría intensas. Recuerdo haber visto una vez a un muchacho que acababa de cazar su primera agachadiza de un tiro en el ala, y cómo temblaban sus manos de placer de tal modo que no pudo recargar su arma hasta pasado cierto tiempo; y he oído hablar de un caso completamente similar de un salvaje australiano a quien le habían prestado una arma de fuego. La buena música llega a provocar, debido a las vagas emociones que suscita, un escalofrío descendente en la espalda de algunas personas. Las causas físicas y las emociones que provocaron los temblores descritos parecen tener muy poco en común, y sir J. Paget, con quien estoy en deuda por haberme facilitado algunos casos mencionados, me informa de que el tema es muy complejo. Dado que el temblor está causado a veces por la ira, mucho antes de que llegue el agotamiento, y puesto que en ocasiones va acompañado de una gran alegría, parecería como si una excitación fuerte del sistema nervioso interrumpiese el flujo constante de fuerza nerviosa a los músculos[2].

El modo por el cual las secreciones del conducto alimentario y de determinadas glándulas (como el hígado, los riñones o las mamas) son afectadas por las emociones fuertes es otro excelente ejemplo de la acción directa del sensorio sobre esos órganos, independientemente de la voluntad o cualquier hábito útil asociado. Por lo que se refiere a las partes afectadas y al nivel de afectación, existen grandes diferencias en las distintas personas.

El corazón, que se mantiene latiendo ininterrumpidamente noche y día de forma tan sorprendente, es extremadamente sensible a los estímulos externos. El gran fisiólogo Claude Bernard[3] ha mostrado cómo la menor excitación de un nervio sensitivo repercute en el corazón, incluso tocando el nervio tan ligeramente de modo que no se produzca ni el más pequeño dolor en el animal sometido al experimento. De ahí que, cuando la mente se halla fuertemente excitada, podemos esperar que afecte al corazón de forma instantánea y directa, lo cual es universalmente reconocido y sentido. Claude Bernard repite también insistentemente, y ello merece especial atención, que cuando el corazón se ve afectado repercute en el cerebro, y que el estado del cerebro repercute, a su vez, en el corazón a través del nervio neumogástrico. Así pues, bajo un estado de excitación cualquiera se producen numerosas interacciones mutuas entre esos dos órganos, los más importantes del cuerpo.

El sistema vasomotor, que regula el diámetro de las arterias más pequeñas, está activado directamente por el sensorio, como comprobamos cuando un hombre se sonroja de vergüenza; pero en este último caso la comprobada transmisión de fuerza nerviosa a los vasos faciales creo que puede ser explicada en parte y con un argumento curioso mediante el hábito. Podremos también arrojar alguna luz, aunque muy poca, sobre el fenómeno del erizamiento del cabello por efecto del terror y de la ira. La secreción de lágrimas depende sin duda de la conexión de determinadas células nerviosas. Sin embargo, aquí podremos desvelar de nuevo algunas pistas por las cuales el flujo de fuerza nerviosa a través de los canales adecuados se ha convertido en habitual bajo el efecto de ciertas emociones.

Para mostrarnos, aunque sea vagamente, de qué manera tan compleja se combina el principio de la acción directa del sistema nervioso sobre el cuerpo con el principio de los movimientos útiles habitualmente asociados, nos serán muy útiles unas breves consideraciones sobre los síntomas externos de algunas de las sensaciones y emociones más fuertes.

Cuando los animales sufren un dolor extremadamente intenso responden generalmente con contorsiones terribles, y los que habitualmente utilizan sonidos profieren gritos o quejidos agudos. Casi todos los músculos del cuerpo se ponen en intensa actividad. El hombre puede apretar la boca con fuerza, aunque es más frecuente que los labios estén retraídos, con los dientes apretados o rechinando al unísono. Hablando del infierno se utiliza la expresión "crujir de dientes", y yo mismo he oído claramente rechinar las muelas de una vaca mientras sufría un dolor agudo por habérsele inflamado los intestinos. La hembra de hipopótamo del parque zoológico sufrió enormemente cuando parió su cría; caminaba sin cesar o se revolcaba a ambos lados, abriendo y cerrando sus mandíbulas y haciendo castañetear los dientes[4]. En el caso del ser humano, los ojos se abren desmesuradamente como espantados por el horror o las cejas se contraen con fuerza. El sudor baña el cuerpo y cae goteando por la cara. La circulación y la respiración resultan muy afectadas, por lo que las aletas de la nariz están generalmente dilatadas y a menudo palpitantes, o bien la respiración se corta hasta que la sangre se agolpa en la cara congestionada. Si el dolor es extremadamente severo y prolongado, todos estos síntomas cambian y sigue una postración aguda, acompañada de desfallecimientos y convulsiones.

Cuando un nervio sensitivo es irritado transmite alguna influencia a la célula nerviosa de donde procede, la cual transmite a su vez su influencia, primeramente a su célula nerviosa correspondiente en el lado opuesto del cuerpo y después hacia arriba y abajo a lo largo de la espina dorsal a otras células nerviosas, en mayor o menor medida de acuerdo con la intensidad de la excitación. Así pues, al final todo el sistema nervioso se ve afectado [5]. Esa transmisión involuntaria de la fuerza nerviosa puede estar acompañada de consciencia o no estarlo. No se sabe por qué la irritación de una célula nerviosa genera o libera fuerza nerviosa, pero parece que ésa es la conclusión a que han llegado todos los grandes fisiólogos, como Müller, Virchow, Bernard, etcétera [6]. Como señala Mr. Herbert Spencer, "puede considerarse una verdad incuestionable que, en cualquier momento, la cantidad existente de fuerza nerviosa liberada, que de manera inescrutable produce en nosotros el estado que denominamos *sentimiento*, debe autoexpandirse en alguna dirección, debe generar una manifestación equivalente de fuerza en alguna parte", de modo que cuando el sistema cerebroespinal es intensamente excitado y se libera fuerza nerviosa en exceso, puede manifestarse en sensaciones intensas, actividad pensante, movimientos violentos o aumento de la actividad glandular [7]. Mr. Spencer sostiene, además, que "un exceso de fuerza nerviosa, que por algún motivo no está dirigido, tomará claramente las rutas más habituales, y si ésas no resultan suficientes fluirá por rutas no habituales". Por consiguiente, los músculos faciales y respiratorios, los más utilizados, serán los más proclives a ser los primeros en entrar en acción, después lo harán los de las extremidades superiores, más tarde los de las inferiores y al final los de todo el cuerpo [8].

Una emoción puede ser muy fuerte pero tendrá escasa tendencia a producir movimientos de ningún tipo si no ha conducido normalmente a acciones voluntarias para su alivio o satisfacción. Y si se desencadena algún movimiento, su naturaleza estará determinada en buena medida por los que han sido realizados a menudo voluntariamente para una finalidad concreta y bajo la misma emoción. Un dolor fuerte empuja a los animales, y los ha empujado durante innumerables generaciones, a realizar los esfuerzos más diversos para escapar de la causa del sufrimiento. Incluso cuando sufrimos una herida en una extremidad u otra parte separada del cuerpo, tenemos tendencia a sacudirla, como si así expulsásemos la causa, aunque es algo obviamente imposible. Así es como se ha establecido el hábito de activar con la máxima fuerza todos los músculos siempre que experimentamos un gran sufrimiento. Como los músculos del tórax y los órganos vocales son los utilizados habitualmente, serán los más proclives a actuar, lo que conducirá a proferir gritos y alaridos fuertes y agudos. Pero la ventaja derivada de esas agudas protestas se ha producido probablemente por la importante causa siguiente. Dado que los cachorros de muchos animales llaman muy fuerte a sus padres para que les ayuden cuando se hallan en aprietos o en peligro, así lo harán también los miembros de la misma comunidad para ayudarse mutuamente.

Otro principio, el de la convicción íntima de que el poder o capacidad del sistema nervioso es limitado, debe de haber fortalecido, aunque a un nivel más secundario, la tendencia a actuar violentamente en una situación de extremo sufrimiento. Un hombre no puede pensar profundamente y ejercer a un tiempo su máxima fuerza muscular. Tal como observó Hipócrates hace mucho tiempo, si se tienen dos dolores al mismo tiempo, el más severo mitiga el otro. Parece ser que los mártires, en el éxtasis de su fervor religioso, eran a menudo insensibles a las más horribles torturas. Cuando los marineros son azotados, sujetan a veces un trozo de correa entre los dientes para morderlo con todas sus fuerzas y aguantar así el dolor. Las mujeres parturientas propician que sus músculos se contraigan al máximo con el fin de aliviar el sufrimiento.

Vemos, pues, que la radiación no dirigida de la fuerza nerviosa desde las células nerviosas primeramente afectadas (el hábito constante de luchar para escapar de la causa del sufrimiento) y la conciencia de que el ejercicio voluntario de los músculos alivia el dolor, han concurrido probablemente de forma conjunta para producir los movimientos más violentos, casi convulsivos, en caso de sufrimiento extremo; y tales movimientos, incluidos los de los órganos vocales, son reconocidos universalmente como altamente expresivos de esa condición.

Dado que un ligero toque de un nervio sensitivo repercute de manera directa en el corazón, un dolor agudo repercutirá igualmente sobre ese órgano pero con mucha más fuerza. Sin embargo, no debemos olvidar, incluso en ese caso, los efectos indirectos del hábito sobre el corazón, como veremos cuando consideremos los síntomas de la ira.

Cuando un hombre sufre un dolor extremadamente agudo, el sudor suele gotearle por la cara. Un veterinario me ha asegurado que lo ha visto gotear por el vientre o la parte interna de las ancas de los caballos o por el cuerpo de las reses en situaciones de gran sufrimiento, y lo ha observado cuando no estaban sometidos a ningún tipo de esfuerzo que pudiera explicar esa transpiración. Todo el cuerpo de la hipopótamo hembra a la que hemos aludido hace poco estaba cubierto por una transpiración rojiza mientras paría su cría. Sucede lo mismo con el miedo cerval. El mismo veterinario ha visto a menudo caballos que sudaban por esa causa, como Mr. Bartlett con el hipopótamo. En el hombre es un síntoma bien conocido. La causa de que se produzca transpiración en esos casos es bastante oscura, pero algunos fisiólogos creen que está conectada con una disminución de la capacidad de circulación capilar; a propósito de ello sabemos que el sistema vasomotor, que regula la circulación capilar, está muy influenciado por la mente. Por lo que se refiere a los movimientos de determinados músculos de la cara en circunstancias de gran sufrimiento, los examinaremos con mayor detalle cuando tratemos de las expresiones especiales en el hombre y en los animales inferiores.

Volvamos ahora a los característicos síntomas de la ira o la rabia. Bajo esa poderosa emoción, el corazón se acelera considerablemente[9] o puede resultar muy alterado. La cara enrojece o se vuelve de un color púrpura al no poder retornar la sangre, o a veces adquiere una palidez mortal. La respiración es trabajosa, el pecho jadea y las aletas de la nariz palpitan, todo el cuerpo tiembla a menudo, la voz cambia. Los dientes rechinan o se mantienen apretados, y el sistema muscular suele estar estimulado hasta un nivel violento, casi frenético. Sin embargo, los gestos de un hombre en ese estado difieren normalmente de los esfuerzos inútiles y contorsiones de alguien sometido al sufrimiento de un dolor extremo, ya que representan más o menos nítidamente el acto de golpear o pelear con un enemigo.

Todos esos síntomas de rabia son provocados probablemente en gran medida, o quizá totalmente, por la acción directa del sensorio excitado. De hecho, todo tipo de animales, y antes de ellos sus antepasados, han ejercido sus máximas capacidades para luchar y defenderse cuando han sido atacados o amenazados por un enemigo. Si un animal no actúa de ese modo o no tiene intención o deseo de atacar a su enemigo, no puede decirse en puridad que esté rabioso. Junto con la rabia debe haber adquirido un hábito hereditario de esfuerzo muscular que afectará directa o indirectamente a varios órganos, casi de la misma manera como lo hace un gran sufrimiento corporal.

El corazón se verá afectado asimismo de forma directa, sin duda, aunque también es muy probable que se vea afectado mediante el hábito, sobre todo al no hallarse sometido al control de la voluntad. Sabemos que cualquier gran esfuerzo que hagamos voluntariamente afectará al corazón, tanto por causas mecánicas como por otras que no requieren ser consideradas aquí, y ya se mostró en el primer capítulo que la fuerza nerviosa fluye fácilmente a través de los canales utilizados habitualmente: los nervios de los movimientos voluntarios o involuntarios y los nervios sensitivos. Así, hasta un esfuerzo moderado tenderá a actuar en el corazón; y en función del principio de asociación, del cual ya se han dado muchos ejemplos, podemos estar casi seguros de que cualquier sensación de emoción, como un gran dolor o rabia, que habitualmente conduce a una intensa actividad muscular, influirá inmediatamente sobre el flujo de la fuerza nerviosa que va al corazón, aunque puede que en ese momento no haya esfuerzo muscular.

Como ya he comentado, el corazón será el órgano afectado más rápidamente por las asociaciones habituales, dado que no está bajo el control de la voluntad. Un hombre moderadamente enfadado, o incluso encolerizado, puede gobernar los movimientos de su cuerpo pero no puede impedir que su corazón palpite a gran velocidad. El tórax oscilará quizá un poco, y las aletas de la nariz vibraran ligeramente, ya que los movimientos de la respiración son sólo parcialmente voluntarios. De la misma manera, aquellos músculos de la cara más independientes de la voluntad pueden traslucir a veces una emoción ligera y transitoria. Del mismo modo, como las glándulas son totalmente independientes de la voluntad, un hombre afectado por una gran tristeza puede controlar sus gestos pero no puede impedir siempre que las lágrimas asomen a sus ojos. Si se dispone una suculenta comida ante un hombre hambriento, quizá no demuestre su hambre mediante gesto alguno pero es seguro que no podrá controlar la secreción de saliva.

Bajo un estado de gran alegría o intenso placer, se produce una fuerte tendencia a efectuar varios movimientos sin finalidad alguna y emitir sonidos de diversa índole. Lo comprobamos en nuestros niños pequeños, en su risa ruidosa, sus palmadas y sus saltos de alegría; lo vemos también en los brincos y ladridos de un perro cuando va a salir de paseo con su amo, así como en las cabriolas de un caballo cuando se le conduce al aire libre. La alegría acelera la circulación y ello estimula el cerebro, cuya reacción, a su vez, afecta a todo el cuerpo. Los movimientos sin propósito descritos más arriba y el incremento de la actividad del corazón pueden atribuirse en muy buena medida al estado excitado del sensorio [10] y, como insiste en decir Mr. Spencer, al sobreflujo de la fuerza nerviosa que se produce como consecuencia indirecta. Es interesante mencionar que lo que provoca los movimientos extravagantes y sin sentido, así como a la emisión de ruidos diversos, no es tanto el disfrute real de un placer sino su expectativa. Lo observamos en nuestros hijos cuando esperan un gran placer o un regalo, y también en los perros después de haber estado saltando atentos a un plato de comida: cuando llega el momento de comer no demuestran ningún signo externo de satisfacción, ni siquiera menean el rabo. Ahora bien, en los animales más diversos, la obtención de casi todos los placeres, excepto el del calor y el descanso, se halla asociada, y ello ha sido así durante largo tiempo, a movimientos activos, como sucede en la caza, la búsqueda de comida o el cortejo. Además, el mero ejercicio de los músculos tras un largo descanso o un confinamiento constituye un placer de por sí, como lo comprobamos en nosotros mismos o en el comportamiento de animales jóvenes. Así pues, aunque sólo fuese en virtud de este último principio, podríamos quizá esperar, por el contrario, que un placer intenso fuese capaz de manifestarse en forma de movimientos musculares.

En todos o casi todos los animales, incluidas las aves, el terror causa temblor corporal. La piel se vuelve pálida, aparece el sudor y se eriza el pelo. Aumenta la secreción del conducto alimentario y de los riñones, que se vacían involuntariamente al relajarse los músculos del esfínter, como se sabe que ocurre en el hombre y como yo he comprobado en reses, perros, gatos y monos. La respiración se acelera y el corazón late con rapidez, salvaje y violentamente, aunque es dudoso que bombee la sangre con más eficacia por el cuerpo, ya que la superficie del mismo parece exangüe y la fuerza muscular no tarda en decaer. En un caballo asustado he podido sentir con tal nitidez a través de la silla los latidos de su corazón que podría haberlos contado. Las facultades mentales se hallan notablemente alteradas, no tarda en sobrevenir una profunda postración e incluso el desvanecimiento. Se ha observado cómo un canario aterrorizado no solamente temblaba y se le emblanquecía la zona de la base del pico, sino que llegó a desvanecerse [11]; y yo mismo cacé en una habitación un petirrojo que sufrió un desvanecimiento tan profundo que creí que había muerto.

Muchos de esos síntomas son seguramente el resultado directo del estado alterado del sensorio, independientemente del hábito, pero resulta dudoso que ello pueda proporcionar una explicación completa. Cuando un animal se asusta, se queda casi siempre quieto por un momento con el fin de obtener sensaciones y asegurarse de cuál es el origen del peligro, y a veces también para no ser detectado. Pero ese estado va seguido de una huida precipitada, sin ahorrar esfuerzos, como cuando pelea, y el animal continúa huyendo mientras dura el peligro, hasta que la profunda postración, el decaímiento de la circulación y la respiración, el temblor de toda la musculatura y el sudor profuso de todo el cuerpo le impiden seguir huyendo. De ahí que no parezca improbable que el principio del hábito asociado pueda explicar en parte, o al menos ayude a entender, algunos de los signos característicos del terror extremo que acabo de mencionar.

Si partimos de que el principio del hábito asociado ha representado un importante papel como causa de movimientos expresivos de las fuertes emociones y sensaciones precedentes, creo que podemos pasar a considerar, en primer lugar, algunas otras emociones fuertes cuyo alivio o satisfacción no requieren normalmente ningún movimiento voluntario; y en segundo lugar, el contraste existente entre la naturaleza de los estados de ánimo comúnmente denominados excitados y deprimidos.

No hay emoción más fuerte que el amor maternal, pero una madre puede sentir el amor más profundo por su hijo indefenso y, sin embargo, no mostrar ningún signo exterior de ello; o manifestarlo solamente por ligeras caricias, con una suave sonrisa y ojos de ternura. Pero dejen que alguien dañe deliberadamente al hijo, y ¡observen qué cambio! Vean cómo la madre adopta una actitud amenazadora, cómo centellean sus ojos y se le enrojece el rostro, cómo se le levanta el pecho, se le dilatan las aletas de la nariz y le late el corazón. Es la ira, y no el amor maternal, lo que ha entrado naturalmente en acción. El amor entre sexos opuestos es muy diferente del amor maternal, y cuando los amantes se reúnen, sabemos que sus corazones laten más deprisa, su respiración se acelera y sus caras se sonrojan, dado que este tipo de amor no es inactivo, como lo es el de una madre por su hijo.

Un hombre puede tener su corazón atrapado por los odios más oscuros o por la sospecha, o estar corroído por la envidia o los celos, pero como esos sentimientos no conducen inmediatamente a la acción, y como normalmente permanecen durante algún tiempo, no se muestran con ningún signo externo, excepto que un hombre en ese estado no tiene un aspecto jovial y no está de buen humor. Si esos sentimientos se manifiestan en acciones abiertas, entra en juego la ira, cuyos signos se muestran con claridad. Los pintores difícilmente pueden retratar la sospecha, los celos, la envidia, etc., si no es con la ayuda de accesorios que explican la historia; y los poetas utilizan expresiones tan ambiguas y caprichosas como "celos de ojos verdes". Spenser describe la desconfianza como "sucia, malcarada y torva, mirando bajo sus cejas todavía de soslayo", etc. Shakespeare habla de la envidia como "enjuta bajo su asquerosa envoltura", y en otro lugar dice que "ninguna negra envidia cavará mi tumba", y también: "por encima del pálido poder amenazador de la envidia".

Las emociones y las sensaciones han sido clasificadas a menudo como excitantes o depresivas. Puede decirse que un hombre o un animal están excitados cuando todos los órganos del cuerpo y de la mente (los que corresponden a los movimientos voluntarios e involuntarios —a la percepción, la sensación, el pensamiento, etc.—) realizan sus funciones más rápidamente y con más energía de lo habitual; en una situación contraria, están deprimidos. La ira y la alegría se hallan entre las primeras emociones excitantes y conducen de manera natural, más especialmente la primera, a movimientos de gran energía que actúan sobre el corazón y éste, a su vez, sobre el cerebro. Como prueba del carácter excitante de la ira, un médico me indicó en una ocasión que, cuando un hombre está completamente agotado, inventa a veces ofensas imaginarias y se apasiona inconscientemente con el fin de revigorizarse, y desde que tuve conocimiento de esta observación he comprobado en algunas ocasiones que es totalmente cierta.

Otros estados de ánimo parecen excitantes a primera vista pero enseguida se convierten en depresivos hasta un nivel extremo. Cuando una madre pierde de repente a su hijo, se pone a veces frenética de pena y debe considerarse que se halla en un estado excitado; camina arriba y abajo sin ton ni son, se arranca los cabellos o se rasga las vestiduras y se retuerce las manos. Esta última acción se debe, quizá, al principio de antítesis y puede revelar un íntimo sentimiento de impotencia, de que nada puede hacerse. Los otros movimientos violentos y desaforados pueden explicarse en parte por el alivio experimentado por el esfuerzo muscular, y en parte por el exceso indirecto de fuerza nerviosa procedente del sensorio excitado. Ante la pérdida repentina de una persona amada, uno de los pensamientos primeros y más normales que nos vienen a la mente es que podría haberse hecho algo más para salvar a quien se fue. Una excelente observadora [12], al describir el comportamiento de una muchacha ante la súbita muerte de su padre, decía que cuando ésta se hallaba cerca de la casa, retorciéndose las manos como una criatura demente, decía que "era culpa suya", "nunca debí haberle dejado", "si sólo me hubiera quedado sentada junto a él", etc. Con tales ideas intensamente presentes en la mente, y según el principio del hábito asociado, debería surgir una fuerte tendencia a ejecutar una acción muy enérgica de cualquier tipo.

Tan pronto como la persona que está sufriendo es plenamente consciente de que nada puede hacerse, el dolor frenético es sustituido por la desesperanza y por un profundo pesar. Se queda sentada e inmóvil o meciéndose adelante y atrás, la circulación languidece, la respiración resulta casi imperceptible y profiere profundos suspiros. Todo ello actúa sobre el cerebro y se produce la postración, se colapsan los músculos y caen los párpados. Como los hábitos asociados no inducen a la acción a la persona que sufre, sus amigos la obligan al ejercicio voluntario para evitar que se deje llevar por el silencio y la pasividad de la tristeza. El ejercicio estimula el corazón y éste actúa sobre el cerebro, ayudando a la mente a soportar la pesada carga.

El dolor, si es grave, produce enseguida una profunda depresión o postración, pero en un principio es estimulante y provoca la acción, como vemos cuando azotamos a un caballo o cuando en otros países infligen terribles torturas a los exhaustos bueyes de carga para incitarlas a realizar esfuerzos renovados. Vemos de nuevo que el miedo es la más deprimente de todas las emociones, y que no tarda en producir una indefensión y postración profundas, como si fuese una consecuencia o estuviese asociado a los intentos más violentos y prolongados de escapar del peligro, aunque ninguno de ellos haya sido llevado a cabo en realidad. Sin embargo, hasta un miedo extremo suele actuar en un primer momento como un poderoso estimulante. Un hombre o un animal movidos a la desesperación por el terror parecen dotados de una fuerza sorprendente y resultan manifiesta y sumamente peligrosos.

En resumidas cuentas, podemos concluir que el principio de la acción directa del sensorio sobre el cuerpo debido a la constitución del sistema nervioso, e independientemente de la voluntad, ha tenido una gran influencia a la hora de determinar muchas expresiones. El temblor de los músculos, la sudoración de la piel, la modificación de las secreciones del conducto alimentario y de las glándulas bajo diversas emociones y sensaciones aportan buenos ejemplos de ello. Pero las acciones de este tipo están combinadas casi siempre con otras, lo cual encaja con nuestro primer principio, es decir, que las acciones que han sido de utilidad directa o indirecta en determinados estados de ánimo (para satisfacer o aliviar ciertas sensaciones, deseos, etc.), son ejecutadas todavía en circunstancias similares por mero hábito, aunque no sean de utilidad. Tenemos combinaciones de este tipo, al menos en parte, en los gestos frenéticos de la ira, en el retorcimiento a causa de un dolor extremo y, quizá, en el incremento de actividad del corazón y de los órganos respiratorios. Aunque esas y otras emociones o sensaciones se manifiestan de un modo muy débil, se mantiene la tendencia a realizarlas debido a la fuerza del hábito asociado practicado durante largo tiempo; las acciones menos controladas por la voluntad serán las retenidas durante más largo tiempo. Igualmente, nuestro segundo principio, el de la antítesis, también ha desempeñado en ocasiones cierta función.

Para terminar, y como confío que comprobaremos a lo largo de este libro, son tantos los movimientos expresivos que pueden ser explicados merced a los tres principios que acabo de tratar que podemos esperar que todos los movimientos podrán ser explicados mediante ellos u otros principios similares. Sin embargo, a menudo es imposible decidir en cada caso particular cuánto peso podemos otorgar a uno de nuestros principios y cuánto a otro, por lo que muchos aspectos de la teoría de la expresión permanecen inexplicados.

Capítulo 4
Los medios de expresión en los animales

La emisión de sonidos. Sonidos vocales. Sonidos producidos de otro modo. Erizamiento de apéndices dérmicos, pelos, plumas, etc., bajo las emociones de rabia y terror. Retracción de las orejas como preparación para la pelea y como expresión de rabia. Elevación de las orejas y de la cabeza como signo de atención.

En este capítulo y en el próximo describiré, con el detalle apropiado para ilustrar el tema, los movimientos expresivos que se producen en algunos animales muy conocidos bajo diferentes estados de ánimo. Pero antes de considerarlos en el orden debido, ahorraré muchas repeticiones inútiles tratando aquí ciertos medios de expresión comunes a muchos de ellos.

Emisión de sonidos

En muchos tipos de animales, incluido el hombre, los órganos vocales son sumamente eficaces como medios de expresión. En el capítulo anterior hemos visto que cuando el sensorio es excitado fuertemente, los músculos del cuerpo entran en acción de manera violenta y, en consecuencia, se profieren sonidos agudos, aunque se trate de un animal silencioso y los sonidos no sean de utilidad alguna. Creo que las liebres y los conejos, por ejemplo, nunca utilizan sus órganos vocales si no están experimentando un sufrimiento extremo, como cuando un cazador mata a una liebre herida o una comadreja caza a un conejo. Las reses y los caballos sufren el dolor agudo en silencio, pero cuando es excesivo, y especialmente cuando va acompañado por el terror, profieren sonidos agudos de miedo. En las grandes distancias de la pampa he reconocido a menudo el bramido de muerte de las reses agonizantes tras ser atrapadas por un lazo y desjarretadas. Se dice que cuando los caballos son atacados por lobos profieren unos peculiares y agudos alaridos de angustia.

Las contracciones involuntarias y sin objetivo alguno de los músculos del pecho y la glotis, excitados como se describe más arriba, pueden haber dado lugar inicialmente a la emisión de sonidos vocales. Pero la voz es usada con gran frecuencia por muchos animales para varios fines, y el hábito parece haber jugado una parte importante en su uso bajo otras circunstancias. Creo que los naturalistas han señalado con sobrada razón que los animales sociales, que utilizan habitualmente sus órganos vocales como medio de intercomunicación, los usan también en otras circunstancias de forma más espontánea que otros animales. Pero existen notables excepciones a esta regla, como es el caso del conejo. También el principio de asociación, tan poderoso y extendido, ha jugado igualmente su papel. Según este principio, se deduce que la voz, aunque inicialmente se usó como ayuda útil bajo ciertas circunstancias (de placer, dolor, ira, etc.), se utiliza comúnmente cuando son excitadas las mismas sensaciones o emociones, aunque sea bajo circunstancias diferentes o se exciten en un grado menor.

Los individuos de ambos sexos de muchos animales se llaman incesantemente entre sí en época de celo, y en no pocos casos el macho se esfuerza por seducir o atraer a la hembra. Esas circunstancias parecen haber sido realmente las causantes del uso primitivo de la voz y de su desarrollo, tal como intenté demostrar en *El origen del hombre*. Así pues, el uso de los órganos vocales ha estado asociado a la anticipación de un intenso placer en aquellos animales capaces de sentir. Los animales que viven en sociedades se llaman a menudo entre sí cuando están separados, y es evidente que experimentan un gran gozo cuando vuelven a reunirse. Lo observamos en el caballo, cuando vuelve el compañero al que había estado llamando a relinchos. Las madres no dejan de llamar a sus hijos extraviados, por ejemplo en el caso de las vacas y los terneros, y las crías de muchos animales llaman a sus madres. Cuando se dispersa un rebaño de ovejas, las hembras balan incesantemente por sus corderillos y es evidente el gozo mutuo que experimentan cuando vuelven a encontrarse. ¡Ay del hombre que se entromete con las crías de los mamíferos más grandes y fieros si los padres oyen la llamada de angustia de las crías! La rabia conduce a la actividad violenta de todos los músculos, incluidos los de la voz. Así pues, cuando algunos animales están furiosos, intentan provocar terror en sus enemigos con la fuerza y aspereza de su voz, como es el caso del bramido del león o el gruñido del perro. Deduzco que su objetivo es infundir terror, ya que, al mismo tiempo, el león eriza las crines y el perro todo el pelo del lomo, con lo cual se exhiben todo lo grandes y terribles que pueden mostrarse. Los machos rivales tratan de destacar y se retan entre ellos mediante la voz, lo cual conduce a enfrentamientos mortales. Así pues, el uso de la voz puede haberse asociado a la emoción de la rabia, independientemente de lo que la produzca. De manera semejante a la rabia, también hemos visto que el dolor intenso provoca violentos alaridos, y que el hecho de gritar produce cierto alivio en sí mismo, de ahí que el uso de la voz haya acabado asociándose a sufrimientos de todo tipo.

Por qué son diferentes los sonidos que se emiten según las diferentes emociones y sensaciones es un tema muy oscuro. Tampoco se cumple siempre la norma de que existan diferencias claras. Por ejemplo, los ladridos de enfado y alegría del perro no difieren mucho entre sí, aunque puedan llegar a distinguirse. No es probable que podamos dar una explicación precisa de la causa o el origen de cada sonido específico bajo diferentes estados de ánimo. Sabemos que determinados animales, una vez domesticados, han adquirido el hábito de proferir sonidos que no les eran naturales[1]. Así, los perros domésticos, e incluso los chacales domesticados, han aprendido a ladrar, aunque eso no sea propio de ninguna especie de su grupo, exceptuando a *Canis latrans*, de América del Norte, del cual se dice que ladra. Asimismo, algunas razas domésticas de palomas han aprendido a arrullar de una manera nueva y peculiar.

En su interesante tratado sobre música, Mr. Herbert Spencer[2] ha estudiado el tono de la voz humana bajo el efecto de diferentes emociones. En él muestra claramente que la voz puede alterarse mucho bajo diferentes circunstancias tanto en intensidad como en sus características, es decir, en su resonancia y *timbre*, en altura e intervalos de la escala. No se puede oír a un orador elocuente, a un predicador, a un hombre que llama airadamente a otro o a alguien que expresa su extrañeza sin sorprenderse de lo acertadas que resultan las observaciones de Mr. Spencer. Es curioso en qué momento tan temprano de la vida se hace expresiva la modulación de la voz. En uno de mis hijos observé perfectamente como a los dos años manifestaba sus interjecciones de aprobación modulando ligeramente la voz con gran énfasis, mientras que expresaba su rechazo de manera tajante mediante un gemido especial. Mr. Spencer muestra también que el discurso emotivo está muy relacionado con la música vocal en todos los aspectos que acabo de relacionar y, por consiguiente, con la música instrumental, e intenta explicar las características de ambas desde bases fisiológicas, a saber, desde "la ley general de que un sentimiento es un estímulo de la actividad muscular". Puede admitirse que la voz se ve afectada según esa ley, pero la explicación me parece demasiado vaga y general (excepto en lo que se refiere a la intensidad) como para permitir explicar las grandes diferencias existentes entre el habla normal y el habla emotiva o el canto.

Estas observaciones encajan cuando pensamos que las diferentes características de la voz se originaron al hablar bajo los efectos de la excitación producida por sentimientos fuertes, y que esas características se han transferido después a la música vocal. También cuando suponemos, como yo defiendo, que el hábito de producir sonidos musicales se desarrolló inicialmente como parte del cortejo en los primitivos antepasados del hombre, llegándose así a asociar con las emociones más fuertes de que eran capaces, es decir, el amor ardiente, la rivalidad y el triunfo. Todo el mundo está familiarizado con el hecho de que determinados animales emiten sonidos musicales, ya que los oímos cotidianamente en el canto de los pájaros. Aún es más notable el hecho de que un mono antropomorfo, una especie de gibón, produzca una octava completa de sones musicales ascendiendo y descendiendo en dicha escala por semitonos. Así pues, "puede decirse que ese mono es el único mamífero no humano que canta"[3]. A partir de este hecho, y por analogía con otros animales, deduzco que los antepasados del hombre usaron tal vez tonos musicales antes de alcanzar la facultad del lenguaje articulado, y que, consiguientemente, siempre que utiliza la voz bajo los efectos de una emoción fuerte tiende a adoptar un sonido musical por el principio de asociación. En algunos animales inferiores podemos percibir claramente que los machos se sirven de la voz para agradar a las hembras y que ellos mismos gozan con sus propias emisiones vocales, aunque por el momento no podemos explicar por qué se emiten esos sonidos concretos y por qué producen placer.

Parece razonablemente claro que la altura de la voz guarda alguna relación con determinados estados de ánimo. Una persona que se queja suavemente de un mal trato o de un sufrimiento leve habla casi siempre en tono alto. Cuando un perro está un poco impaciente suele emitir a través de la nariz un sonido sibilante que interpretamos enseguida como lastimero[4], pero ¡qué difícil resulta saber si ese sonido es propiamente lastimero o nos lo parece así a nosotros en esa situación particular porque hemos aprendido lo que significa por la experiencia! Rengger[5] sostiene que un mono que tenía en Paraguay (*Cebus azaræ*) expresaba su perplejidad emitiendo un sonido mitad silbido mitad refunfuño. El enfado o la impaciencia los expresaba repitiendo el sonido *hu hu* con voz más alta y gruñendo, y el terror o la pena con fuertes alaridos. En el género humano, por otro lado, tanto los gemidos profundos como los chillidos muy agudos expresan igualmente un dolor extremo. La risa puede ser fuerte o débil, y tal y como dijo Haller[6] hace ya mucho tiempo, en el hombre adulto los sonidos comparten más el carácter de las vocales O y A (en la pronunciación alemana), mientras que en los niños y las mujeres participan de las características de la E y la I. Tal y como ha mostrado Helmholtz, los sonidos de esas dos últimas vocales tienen una tonalidad más alta que las dos primeras, aunque ambos tonos de risa expresen igualmente alegría o gozo.

Considerando el modo mediante el cual las emisiones vocales expresan una emoción, nos vemos inmediatamente inclinados a pensar en las causas de lo que se ha dado en llamar "expresión" en música. Sobre este punto, Mr. Litchfield, que ha estado estudiando esta cuestión de la música durante largo tiempo, ha tenido la amabilidad de enviarme las siguientes observaciones: "La cuestión, es decir, cuál es la esencia de la 'expresión' musical, implica una serie de puntos oscuros que, hasta donde se me alcanza, son aún enigmas por resolver. Hasta cierto punto, sin embargo, cualquier ley que pueda aplicarse a la expresión de las emociones mediante sonidos simples debe poderse aplicar al canto, que es un modo de expresión más desarrollado y puede considerarse como el tipo primario de toda música. Buena parte del efecto emocional de un canto depende del carácter de la acción mediante la cual se producen los sonidos. Por ejemplo, en canciones que expresan gran vehemencia o pasión, el efecto depende fundamentalmente casi siempre de la interpretación enérgica de uno o dos pasajes característicos que demandan gran esfuerzo vocal; y se observa con frecuencia que una canción de este tipo no alcanza el efecto esperado cuando la voz que la canta posee potencia y registro suficientes como para ejecutar sin gran esfuerzo los pasajes característicos. Ése es, sin duda, el secreto de la pérdida de efecto que se produce a menudo por la trasposición de un canto desde una tonalidad a otra. Según esto, el efecto no parece depender meramente de los sonidos reales, sino también, en parte, de la naturaleza de la acción que está produciendo los sonidos. Es obvio realmente que siempre que sentimos que la 'expresión' de un canto se debe a su rapidez o lentitud de movimiento, suavidad de la cadencia, sonoridad y demás, estamos interpretando de hecho las acciones musculares que producen el sonido, de la misma manera que interpretamos las acciones musculares en general. Pero ello deja sin explicar el efecto más sutil y más específico que denominamos la expresión *musical* del canto, el gozo que produce su melodía, o incluso los sones separados que la constituyen. Ése es un efecto que no se puede definir con palabras, un efecto que, hasta donde yo sé, nadie ha sido capaz de analizar, y que la ingeniosa especulación de Mr. Herbert Spencer sobre el origen de la música deja más bien sin explicar, pues es evidente que el efecto *melódico* de una serie de sonidos no depende en absoluto de que sea fuerte o suave o de su tonalidad *absoluta*. Una tonada es siempre la misma, ya sea ejecutada muy fuerte o muy suave, por un niño o por un hombre, en una flauta o en un trombón. El efecto puramente musical de cualquier sonido depende de su lugar en lo que técnicamente se llama la 'escala', el mismo sonido producirá unos efectos absolutamente diferentes en el oído según sea escuchado en conexión con una u otra serie de sonidos".

"Todos los efectos característicos esenciales que se resumen en la denominación 'expresión musical' dependen de esa *relativa* asociación de sonidos. Pero la cauda de que determinadas asociaciones de sonidos tengan tales y cuales efectos es un problema que sigue sin haberse resuelto. De un modo u otro, esos efectos deben estar relacionados con las conocidas relaciones aritméticas entre los niveles de vibración de los sonidos que conforman una escala musical. Y es posible, aunque esto es una mera sugerencia, que la mayor o menor facilidad mecánica por la cual el aparato vibrátil de la laringe pasa de un estado de vibración a otro haya podido ser la causa primaria del mayor o menor placer producido por varias secuencias de sonidos".

Pero, dejando a un lado esas complejas cuestiones y ciñéndonos a los sonidos simples, podemos ver al menos algunas razones para explicar la asociación de determinados tipos de sonido con determinados estados de ánimo. Un alarido, por ejemplo, proferido como llamada de auxilio por un animal joven o por uno de los miembros de una comunidad será naturalmente fuerte, prolongado y alto, como para ser oído de lejos. Helmholtz ha mostrado[7] que, debido a la forma de la cavidad interna del oído humano y a su consiguiente poder de resonancia, las notas altas producen una impresión particularmente fuerte. Cuando un animal macho emite sonidos con el fin de agradar a las hembras, utilizará naturalmente aquellos que son dulces a los oídos de la especie, y, al parecer, los mismos sonidos suelen agradar a una gran variedad de animales siempre que tengan un sistema nervioso similar, según percibimos nosotros mismos en el canto de los pájaros e incluso en el croar de algunas ranas arborícolas, que nos resultan placenteros. Por el contrario, los sonidos producidos para infundir terror a un enemigo serán lógicamente ásperos o desagradables.

Es dudoso que el principio de antítesis haya desempeñado alguna función en los sonidos, como quizá podría esperarse. Los sonidos intermitentes de risa abierta o entre dientes producidos por el hombre y por varias clases de monos cuando están alegres son diametralmente diferentes de los alaridos prolongados que profieren esos animales cuando están angustiados. El profundo gruñido de satisfacción emitido por un cerdo cuando está gozando con su comida es muy diferente de sus ásperos alaridos de dolor o terror. Sin embargo, por lo que respecta al perro, según he señalado, el ladrido de enfado y el de alegría son sonidos no opuestos entre sí de ninguna manera, como ocurre también en otros casos.

Aún hay otro punto oscuro, es decir, si los sonidos producidos bajo diferentes estados de ánimo determinan las características de la boca, o si las características bucales están determinadas por otras causas y han sido modificadas por los sonidos. Cuando los niños pequeños lloran, abren la boca de par en par, lo cual se debe sin duda a que es necesario para expeler el sonido a todo volumen; pero entonces la boca adopta, por diferentes causas, una forma casi cuadrangular dependiendo, como veremos a continuación, de la firme clausura de los parpados y de la consiguiente elevación del labio superior. No estoy en condiciones de decir hasta qué punto la forma cuadrada de la boca modifica el sonido del llanto o del grito, pero sabemos, por las investigaciones de Helmholtz y otros autores, que la forma de la cavidad de la boca y los labios determina la naturaleza y el tono de los sonidos vocales producidos.

En un capítulo posterior mostraré también que el sentimiento de desprecio o asco induce, por causas comprensibles, a resoplar por la boca o las aletas de la nariz, lo cual produce sonidos como *puf* o *psche*. Cuando alguien se asusta o se asombra repentinamente, se produce un impulso inmediato, también por razones comprensibles, a prepararse para un esfuerzo prolongado de abrir la boca de par en par, como para realizar una profunda y rápida inspiración. Cuando se efectúa la siguiente expiración completa, la boca se halla ligeramente cerrada, y los labios se proyectan hacia adelante por razones que trataré a continuación. Según Helmholtz, si se emiten sonidos vocales, esa forma de la boca produce el sonido de la vocal *O*. Desde luego, inmediatamente después de haber asistido a un espectáculo sorprendente, se escuchará el sonido profundo de una *¡Oh!* prolongada proferido por la muchedumbre. Si, junto a la sorpresa, se siente dolor, se producirá un impulso a contraer todos los músculos del cuerpo, incluyendo los faciales, y los labios se retraerán hacia atrás; ello quizá provoque que el sonido pase a ser más fuerte y adopte el carácter de un *¡Ah!* o *¡Aj!* Dado que el miedo provoca temblor en todos los músculos del cuerpo, la voz se vuelve naturalmente temblorosa y ronca al mismo tiempo debido a la sequedad de la boca, pues las glándulas salivales dejan de funcionar. No podemos explicar por qué la risa del hombre y la risa entre dientes de los monos son un sonido reiterado con rapidez. Durante la emisión de esos sonidos, la boca se alarga transversalmente por las comisuras y se proyecta hacia atrás y hacia arriba; en un próximo capítulo intentaré dar una explicación a este hecho. Sin embargo, todo el asunto de las diferencias de sonidos producidos bajo diferentes estados de ánimo resulta tan oscuro que el hecho de que haya conseguido arrojar apenas alguna luz sobre él y haya hecho algunas observaciones tiene escasa relevancia.

Todos los sonidos comentados hasta ahora dependen de los órganos respiratorios, pero los sonidos producidos por medios totalmente diferentes son igualmente expresivos. Los conejos patean sonoramente el suelo como señal para sus compañeros, y si un hombre sabe hacer eso correctamente en una tarde tranquila, podrá oír cómo le responden los conejos de los alrededores. Esos animales y algunos otros patean también el suelo cuando están enfadados. Cuando los puercoespines están enfadados, sacuden las púas y hacen vibrar la cola; uno de ellos se comportó de ese modo cuando se introdujo una serpiente en su jaula. Las púas de la cola

Figura 11. Púas productoras de sonido de la cola del puercoespín.

son muy diferentes de las del cuerpo: son cortas, huecas y finas como las plumas de ganso, con el borde truncado transversalmente, de modo que están abiertas y se hallan sostenidas por pedúnculos largos, finos y elásticos (véase figura 11). Ahora bien, cuando los puercoespines sacuden la cola rápidamente, esas púas huecas se golpean unas a otras y producen, según he oído yo mismo en compañía de Mr. Bartlett, un peculiar sonido continuo. Creo que podemos entender por qué los puercoespines han sido provistos, gracias a una modificación de sus espinas protectoras, de este instrumento especial productor de sonido. Son animales nocturnos, y si olfatean u oyen merodear a un depredador, es muy ventajoso para ellos advertir en la oscuridad a su enemigo de que están provistos de peligrosas espinas. Así pueden evitar ser atacados. Puedo añadir que son tan conscientes del poder de sus armas que cuando están furiosos cargan retrocediendo con las espinas erectas, aunque algo inclinadas hacia atrás.

Durante el cortejo, muchas aves producen los sonidos más diversos por medio de plumas especialmente adaptadas para ello.

Cuando las cigüeñas están excitadas, producen con el pico un fuerte ruido repiqueteando. Algunas serpientes emiten ruidos chirriantes o casi susurrantes. Muchos insectos estridulan haciendo raspar entre sí determinadas partes de su duro integumento. Esa estridulación sirve a veces como reclamo sexual o llamada, pero se utiliza igualmente para expresar diferentes emociones[8]. Cualquiera que haya prestado atención a las abejas conoce los cambios que se producen en sus zumbidos cuando están enfadadas, lo cual sirve de advertencia de que nos hallamos en peligro de ser picados. He puntualizado estas observaciones porque algunos autores han puesto mucho énfasis en los órganos vocales y respiratorios por el hecho de haberse adaptado especialmente para la expresión, pero merecía mostrar que hay sonidos producidos de otro modo que pueden servir también para el mismo fin.

Erizamiento de los apéndices dérmicos

Es difícil pensar en un movimiento expresivo más general que el erizamiento involuntario del pelo, las plumas u otros apéndices dérmicos, ya que es corriente en tres de las grandes clases de vertebrados. Dichos apéndices se erizan bajo la excitación debida a la rabia o el terror, muy especialmente cuando esas emociones aparecen combinadas o en una secuencia rápida. La acción hace que el animal parezca más grande y temible frente a sus enemigos o rivales, y generalmente va acompañada de varios movimientos voluntarios adaptados al mismo propósito y de la emisión de sonido salvajes. Mr. Bartlett, quien posee una gran experiencia en toda clase de animales, no duda de ello, pero otra cosa es saber si la capacidad de erizar los apéndices dérmicos fue adquirida originalmente para este objetivo concreto.

En primer lugar, aportaré una cantidad considerable de datos que muestran lo general que es esta acción en mamíferos, aves y reptiles, y reservaré lo que tengo que decir sobre este asunto en el caso del hombre para un capítulo próximo. Siguiendo mis indicaciones, Mr. Sutton, inteligente conservador del Parque Zoológico, observó cuidadosamente chimpancés y orangutanes, y afirma que su pelo se eriza cuando se les asusta de repente, hay tormenta o se les enfada o importuna. He visto como se le erizaba todo el pelo a un chimpancé alarmado por la visión de un sucio descargador de carbón; el animal dio algunos pasos hacia delante como si fuese a atacar al carbonero, sin tener ninguna intención real de hacerlo pero con la esperanza, como señaló el conservador, de infundirle miedo. Mr. Ford[9] describe un gorila furioso que exhibía la cresta de pelo "erizada y proyectándose hacia adelante, las aletas de la nariz dilatadas y el labio superior caído, profiriendo al mismo tiempo su característico alarido, que parecía hecho para aterrorizar a sus antagonistas". También he visto cómo el babuino de Anubis, cuando se le hace enfadar, eriza el pelo de todo el lomo, desde el cuello hasta las ijadas, pero no lo hace en la rabadilla u otras partes del cuerpo. Coloqué una serpiente disecada en la jaula de los monos e instantáneamente se les erizó el pelo a varias de las especies encerradas en ella, especialmente en la cola, como pude observar en particular en *Cercopithecus nictitans*. Brehm afirma[10] que *Midas œdipus* (perteneciente al grupo americano) eriza las crines cuando es excitado a fin, dice Brehm, de parecer lo más terrorífico posible.

En los Carnivora, el erizamiento del pelo parece ser casi universal y está acompañado casi siempre de movimientos amenazadores, exhibición de los dientes y emisión de gruñidos feroces. En los Herpestes he observado el pelo de punta en prácticamente todo el cuerpo, incluida la cola, y en la hiena y Proteles la cresta dorsal se eriza de manera muy evidente. El león furioso eriza la melena. El erizamiento del pelo en el cuello y el lomo del perro, y en el caso del gato en todo el cuerpo, aunque especialmente en la cola resulta familiar para cualquiera. En el gato, parece ocurrir sólo bajo la sensación de miedo, mientras que en el perro se da en situaciones de rabia y miedo, pero no (según he observado yo mismo) cuando se trata de un miedo servil, como cuando un perro es azotado por un cuidador cruel. Sin embargo, si el perro se revuelve, como sucede a veces, se le eriza el pelo. He notado a menudo que el pelo del perro es particularmente propenso a erizarse si está medio enfadado y medio atemorizado, como cuando entrevé algún objeto que no distingue bien en la oscuridad.

Un cirujano veterinario me ha asegurado que ha visto a menudo el pelo erizado en caballos y reses que habían sido operados por él y a los que iba a operar de nuevo. Cuando, en cierta ocasión, mostré una serpiente disecada a un pecarí, el pelo se le erizó de forma asombrosa por todo el lomo, y ello sucede también con el jabalí cuando se enfurece. Según la descripción de un alce que corneó a un hombre hasta matarlo en Estados Unidos, el animal comenzó blandiendo sus astas, bramando de furor y pateando el suelo; "al final, pudo verse como el pelo se le erizó y se le puso de punta", y entonces se impulsó hacia adelante para atacar[11]. El pelo también se eriza en la cabra y, según he oído decir a Mr. Blyth, en algunos antílopes de la India. Por mi parte, lo he observado en el oso hormiguero peludo y en el agutí, un roedor. Una hembra de murciélago[12] que criaba a su prole en cautividad "erizaba el vello del lomo y mordía con mala intención cualquier dedo intruso" cuando alguien miraba en el terrario.

Las aves pertenecientes a los órdenes principales hinchan el plumaje cuando están enfadadas o atemorizadas. Todo el mundo habrá visto cómo dos gallos, incluso cuando son jóvenes, se preparan para la pelea erizando el plumaje del cuello, y no porque esas plumas sirvan como medio de defensa, pues los cuidadores de gallos de pelea saben muy bien que es mejor recortarlas. El macho del combatiente (*Machetes pugnax*) eriza de igual modo el collar de plumas cuando pelea. Cuando un perro se aproxima a una gallina corriente con sus pollos, la gallina extiende las alas, eleva la cola, hincha todo su plumaje y se lanza sobre el intruso mostrando la mayor ferocidad posible. La cola no siempre se mantiene en la misma posición; a veces se sitúa tan erecta que las plumas centrales alcanzan casi a tocar el dorso, como puede verse en el dibujo adjunto (figura 12). Cuando los cisnes se enfurecen elevan de igual forma las alas y la cola y erizan las plumas. Abren el pico y nadan con movimientos rápidos hacia adelante contra cualquiera que se aproxime demasiado al borde del agua (figura 13). Se dice que las aves

Figura 12. Gallina alejando a un perro de sus pollos. Dibujado del natural por Mr. Wood.

tropicales[13], cuando son perturbadas en el nido, no lo abandonan sino que "simplemente erizan las plumas y chillan". Cuando alguien se aproxima a la lechuza común, "hincha instantáneamente el plumaje, extiende las alas y la cola, y sisea y castañetea con las mandíbulas con fuerza y rapidez"[14]. Otras clases de rapaces nocturnas hacen lo mismo. Según me informa Mr. Jenner Weir, los gavilanes hinchan también el plumaje y extienden las alas y la cola en circunstancias similares. Algunos tipos de loros erizan las plumas, y yo mismo he visto esa acción en el casuario cuando se enfada ante la presencia de un oso hormiguero. En el nido, los cucos jóvenes elevan las plumas, abren la boca de par en par y adoptan la actitud más atemorizadora posible.

Según he oído decir a Mr. Weir, las aves pequeñas, como pinzones, verderones y cerrojillos, hinchan todo el plumaje o solo el del cuello cuando están enfadadas, o bien extienden las alas y las plumas de la cola. Con el plumaje en esas condiciones, se abalan-

Figura 13. Cisne alejando a un intruso. Dibujado del natural por Mr. Wood.

zan unos sobre otros con el pico abierto y gestos amenazadores. A partir de su larga experiencia, Mr. Weir concluye que el erizamiento de las plumas es causado más por el enfado que por el miedo, y aporta el ejemplo de un jilguero híbrido de carácter muy irascible, el cual, cuando un criado se aproximaba demasiado, adoptaba inmediatamente la forma de una bola de plumas hinchadas. Mr. Weir considera que, en general, cuando están atemorizadas las aves, comprimen apretadamente todas sus plumas, por lo que disminuyen de tamaño de manera sorprendente. Tan pronto como se recuperan del miedo o la sorpresa, lo primero que hacen es sacudirse y expandir las plumas. Los mejores ejemplos de esa compresión de las plumas y de la aparente disminución del tamaño del cuerpo a causa del miedo detectadas por Mr. Weir los ofrecen la codorniz y el periquito de la pradera[15]. El hábito de esas aves es comprensible, ya que cuando están en peligro acostumbran a acurrucarse en el suelo o a posarse inmóviles en una rama para evitar ser detectadas.

En las aves, aunque el enfado puede ser la causa principal y más corriente de la erección de las plumas, es probable que sientan al menos algo de temor cuando los cucos jóvenes son descubiertos en el nido o cuando la gallina con sus polluelos ve que se aproxima un perro. Según me comunica Mr. Tegetmeier, la erección de las plumas de la cabeza en los gallos de pelea se ha considerado siempre en las galleras un síntoma de cobardía.

Cuando los machos de algunos lagartos luchan juntos durante el cortejo, expanden los sacos del cuello y levantan las crestas dorsales [16]. Sin embargo, el Dr. Gunther no cree que puedan levantar por separado cada una de las espinas o escamas.

Vemos, pues, que la capacidad para erizar los apéndices dérmicos bajo la influencia del enfado y el temor en las dos clases superiores de vertebrados y en algunos reptiles es general. Como sabemos por los interesantes descubrimientos de Kölliker, el movimiento se produce gracias a la contracción de unos músculos involuntarios lisos y diminutos [17], denominados a menudo *arrectores pili*, que se hallan conectados con la cápsula o bulbo de cada pelo, pluma, etc. Cuando esos músculos se contraen, los pelos se erizan instantáneamente, como podemos ver en el perro, y aparecen al mismo tiempo ligeramente fuera de la raíz, aunque vuelven a abatirse enseguida. La gran cantidad de diminutos músculos repartidos por todo el cuerpo de un cuadrúpedo peludo es verdaderamente sorprendente. Sin embargo, en algunos casos, como el de la cabeza humana, la musculatura estriada y los músculos voluntarios del *panniculus carnosus* subyacente participan en el erizamiento del pelo. El erizo pone de punta sus espinas gracias a la actividad de estos últimos músculos. Según las investigaciones de Leydig [18] y otros estudiosos, las fibras estriadas se extienden, al parecer, desde el *panniculus* hasta algunos de los pelos más largos, como las *vibrissæ* de determinados cuadrúpedos. Los *arrectores pili* se contraen no sólo bajo las emociones que he mencionado sino también por la aplicación de frío en la superficie. Recuerdo que mis mulas y perros, traídos de territorios más bajos y cálidos, tras pasar una noche en la fría cordillera tenían erizado todo el pelo del cuerpo como si estuviesen sometidos a un intenso terror. Vemos que nos sucede lo mismo cuando se nos pone la piel de gallina durante el enfriamiento que sucede a un acceso de fiebre. Mr. Lister ha comprobado [19] también que el cosquilleo de una parte próxima de la piel provoca el erizamiento y elevación del pelo.

Según estos datos, está claro que el erizamiento de los apéndices dérmicos es una acción refleja, independiente de la voluntad; y que cuando ocurre bajo la influencia de la furia o el miedo, esa acción debe ser contemplada no como una capacidad adquirida para tener alguna ventaja sino, en gran medida, como un producto de la excitación del sensorio que produce los mismos resultados. El resultado puede compararse, aunque sea incidentalmente, con la profusa sudoración provocada por un dolor extremo o por el terror. Sin embargo, resulta notable que el menor signo de excitación baste a menudo para causar el erizamiento del cabello, como cuando los perros hacen como si peleasen durante el juego. Asimismo, en un gran número de animales pertenecientes a las clases más dispares he visto que el erizamiento del cabello o de las plumas se acompaña casi siempre de varios movimientos voluntarios —en posturas amenazadoras, abriendo la boca, exhibiendo los dientes, extendiendo las alas y la cola en las aves o profiriendo sonidos agrios—; la finalidad de esos movimientos involuntarios es evidente. Así pues, es difícilmente creíble que el erizamiento coordinado de los apéndices dérmicos, que hace parecer al animal más grande y terrible frente a sus enemigos o contrincantes, sea considerado globalmente como el resultado incidental e inútil de la perturbación del sensorio. Sería tan increíble como creer que la erección de las espinas del erizo o de las púas del puercoespín o de las plumas ornamentales de muchas aves durante el cortejo son acciones sin finalidad alguna.

En este punto topamos con una dificultad importante. ¿Cómo puede haberse coordinado la contracción de la musculatura lisa e involuntaria de los *arrectores pili* con los músculos voluntarios para la misma finalidad concreta? Si pudiésemos considerar que los *arrectores* han sido originalmente músculos voluntarios, y que han perdido la estriación y se han vuelto involuntarios, el asunto sería relativamente sencillo. Sin embargo, no tengo constancia de que haya evidencia alguna que apoye esa posibilidad, aunque la transición inversa no debería representar una gran dificultad, dado que los músculos voluntarios son lisos en el embrión de los animales superiores y en las larvas de algunos crustáceos. Además, según Leydig[20], en las capas más interiores de la piel de las aves adultas la red muscular se halla en una situación de transición, ya que las fibras exhiben sólo indicios de estriación transversal.

Sin embargo, hay otra posible explicación. Podemos admitir que originalmente los *arrectores pili* eran accionados, aunque fuese ligeramente, de forma directa bajo la influencia del enfado y el terror al perturbarse el sistema nervioso, y ése es sin duda el caso en el ejemplo de la piel de gallina que se produce tras un acceso de fiebre. Los animales han sido excitados repetidamente por el enfado y el terror durante muchas generaciones, y en consecuencia, los efectos directos del sistema nervioso perturbado sobre los apéndices dérmicos se habrán incrementado casi con certeza por el hábito y la tendencia de la fuerza nerviosa a pasar eficazmente a través de los canales usuales. En un capítulo posterior veremos que este punto de vista de la fuerza del hábito se confirma plenamente, al mostrar que el pelo de los dementes se ve afectado de forma extraordinaria debido a los accesos repetidos de cólera y terror. En los animales, la capacidad de erizamiento debe de haberse reforzado o incrementado al haber visto a menudo que el pelo o el plumaje de los machos rivales furiosos se erizaba, lo que aumentaba el volumen de su cuerpo. En ese caso, parece posible que pudieran haber deseado parecer ellos mismos más grandes y terribles frente a sus enemigos, adoptando deliberadamente una actitud amenazadora y profiriendo gritos terroríficos; con el tiempo, esas actitudes y esos gritos se habrían hecho instintivos por hábito. De ese modo, las acciones efectuadas mediante la contracción de los músculos voluntarios podrían haberse combinado para el mismo fin con las realizadas por los músculos involuntarios. Es posible incluso que los animales, cuando están excitados y son vagamente conscientes de que se ha producido algún cambio en el estado de su pelo, pudiesen actuar sobre él mediante repetidos esfuerzos de atención y voluntad, pues tenemos razones para creer que la voluntad es capaz de influir de alguna manera en la actividad de los músculos lisos o involuntarios, como en los períodos de movimientos peristálticos de los intestinos y en la contracción de la vejiga. Tampoco podemos pasar por alto la función que pueden haber desempeñado la variación y la selección natural, ya que los machos que consiguieron adoptar un aspecto más terrible frente a sus rivales o frente a sus otros enemigos, aunque no se tratase de un poder abrumador, habrán dejado por término medio más descendencia que heredará esas cualidades características, independientemente de lo útiles que puedan ser y de cómo hayan sido adquiridas inicialmente.

El aumento de volumen del cuerpo y otros medios de provocar miedo en un enemigo

Determinados anfibios y reptiles que no disponen de espinas para erizarse o de músculos para hacerlo aumentan el volumen corporal inhalando aire cuando se alarman o enfadan. Este hecho se conoce perfectamente en sapos y ranas. En la fabula de Esopo "El buey y la rana", este anfibio se hincha de vanidad y envidia hasta reventar. La acción debe de haber sido observada desde la más remota antigüedad, como lo refleja también el hecho, referido por Mr. Hensleigh Wedgwood[21], de que la palabra *sapo* expresa en diversas lenguas europeas el hábito de hincharse. Así se ha observado en algunas especies exhibidas en el Parque Zoológico, y el Dr. Günther cree que es un hábito general en el grupo. Juzgando por analogía, el objetivo original fue probablemente hacer que el cuerpo apareciese tan grande y terrible como fuese posible ante un enemigo, aunque se consiguió otra ventaja, secundaria pero quizá más importante. Cuando una rana es atrapada por una serpiente, su peor enemigo, aumenta de tamaño de una forma sorprendente, de modo que, según me informa el Dr. Günther, si la serpiente es pequeña no puede engullir a la rana, la cual escapa y evita así ser devorada.

Los camaleones y algunos lagartos pueden hincharse cuando se enfadan. Una especie que vive en Oregón, *Tapaya douglasii*, es lenta de movimientos, no muerde pero tiene un aspecto feroz; "cuando está enfadada salta del modo más amenazador ante cualquier cosa que se le enfrente, y al mismo tiempo abre ampliamente la boca y sisea de forma audible, tras lo cual hincha el cuerpo y muestra signos de cólera"[22].

Del mismo modo, diversos tipos de serpientes se hinchan cuando están irritadas. En este sentido, la víbora bufadora (*Clotho arietans*) constituye un ejemplo destacable. Sin embargo, tras haber observado cuidadosamente a estos animales, creo que no actúan así para incrementar su volumen aparente sino que, simplemente, lo hacen para inhalar una cantidad mayor de aire, con el cual producir su sorprendente siseo, fuerte, áspero y prolongado. Las cobras se hinchan un poco cuando están irritadas y sisean moderadamente, pero al mismo tiempo elevan la cabeza en el aire y mediante las costillas anteriores, ensanchadas, dilatan la piel a ambos lados del cuello para formar un amplio disco que se ha dado en llamar capucha. Con la boca abierta de par en par adquieren entonces un aspecto terrorífico. El beneficio que ello reporta debe de ser considerable para que compense la ligera disminución de la rapidez (aunque siga siendo grande) con la que, cuando están dilatadas, pueden morder a sus enemigos o a sus presas, de la misma manera que un trozo de madera ancho y fino no puede ser movido en el aire con la misma rapidez que un palo cilíndrico. Una serpiente inofensiva propia de la India, *Tropidonotus macrophthalmus*, dilata el cuello de forma similar cuando está irritada, y por ello se confunde a menudo con su compatriota, la mortal cobra[23]. Esta similitud confiere, quizá, cierta protección a la *Tropidonotus*. Otra especie inocua, la Dasipeltis de Sudáfrica, se hincha, distiende el cuello, sisea y se abalanza contra un intruso[24]. Muchas otras serpientes sisean en circunstancias similares. Asimismo, hacen vibrar rápidamente la lengua, proyectada hacia adelante, lo cual puede ayudar a aumentar su aspecto terrorífico.

Las serpientes poseen otro medio de producir sonido, aparte del siseo. Hace muchos años observé en Sudamérica que una *Trigonocephalus* venenosa hacía vibrar con rapidez el extremo de la cola cuando se la molestaba, la cual, al restregarse con la hierba seca y las ramitas del suelo, producía un sonido similar al de la serpiente de cascabel que podía oírse claramente a una distancia de dos metros[25]. La mortal y feroz *Echis carinata* de la India produce "un curioso y prolongado sonido como si fuese un siseo" de una manera muy diferente, a saber, frotando "entre sí los costados de sus pliegues corporales", al tiempo que la cabeza permanece en la misma posición. Las escamas laterales están fuertemente carenadas, pero no otras partes del cuerpo, y las carenas son dentadas como una sierra, de modo que cuando el animal se enrosca, roza un costado con el otro provocando una especie de chirrido[26]. Tenemos, por último, el famoso caso de la serpiente de cascabel. Quien haya agitado simplemente el cascabel de una serpiente muerta habrá tenido una idea del sonido que produce el animal vivo. El profesor Shaler afirma que es indistinguible del que produce un macho grande de chicharra (un insecto homóptero) que vive en los mismos lugares[27]. Me sorprendió mucho comprobar en el Parque Zoológico la similitud del sonido producido por una serpiente de cascabel y por una víbora bufadora excitadas al mismo tiempo; y aunque el producido por la serpiente de cascabel es más fuerte y estridente que el siseo de la víbora bufadora, a unos metros de distancia apenas podía distinguirlos. Sea cual sea el objetivo del sonido producido por cada una de las especies, difícilmente puedo dudar de que sirven para el mismo propósito, y por los gestos amenazadores que hacen al mismo tiempo muchas serpientes, deduzco que su siseo (el ruido de las serpientes de cascabel o de la cola de los *Trigonocephalus*, el chirriar de las escamas de los *Echis* y la dilatación del cuello de la cobra) sirve en todos los casos para el mismo objetivo: hacerlas aparecer terribles ante sus enemigos[28].

En principio, parece una conclusión posible que serpientes venenosas como las comentadas, al estar tan bien protegidas por sus colmillos venenosos, no serán nunca atacadas por ningún enemigo y no precisarán producir, por tanto, un terror adicional. Pero esto no es así, ni mucho menos, ya que son presas frecuentes de muchos animales en todo el mundo. Es muy conocido que en Estados Unidos se utilizan cerdos para limpiar territorios infestados de serpientes de cascabel, cometido que cumplen de manera eficaz[29]. En

Inglaterra, los erizos atacan y devoran a las víboras. En la India, varias clases de halcones y al menos un mamífero, la mangosta (Herpestes), matan serpientes y otras especies venenosas[30], según me cuenta el Dr. Jerdon, cosa que también sucede en Sudáfrica. Así pues, no es en absoluto improbable que cualquier sonido o signo que permita a la especie venenosa hacerse reconocer como peligrosa puede ser más útil para ella que para una especie inofensiva, la cual no podría infligir ningún daño si fuese atacada.

Aunque ya he hablado mucho sobre serpientes, quisiera añadir unas pocas observaciones sobre el modo en que se desarrolló el sonido de la serpiente de cascabel. Diversos animales, incluidos algunos lagartos, hacen ondular o vibrar la cola cuando son excitados. Éste es el caso de muchas clases de serpientes[31]. En el Parque Zoológico, una especie inofensiva, *Coronella sayi*, hace vibrar la cola a tal velocidad que casi se vuelve invisible. Los *Trigonocephalus*, a los que me he referido anteriormente, tienen el mismo hábito, y el extremo de la cola está ligeramente ensanchado o termina en forma esférica. En el caso de *Lachesis*, tan estrechamente relacionada con la serpiente de cascabel que Linneo las situó en el mismo género, la cola termina en una escama única y ancha en forma de lanceta. Según las observaciones del profesor Shaler, la piel de algunas serpientes "se halla ajustada más imperfectamente en la región de la cola que en otras regiones del cuerpo". Ahora bien, si suponemos que el final de la cola de algunas especies americanas primitivas estaba ensanchado y se hallaba cubierto por una única escama, ésta difícilmente habría podido renovarse en las sucesivas mudas. De ser así, se habría mantenido siempre de modo que a medida que la serpiente crecía se iría formando, y seguramente también se conservaría, una nueva escama mayor que la anterior. Tendríamos así la base para el desarrollo del cascabel, el cual habría sido utilizado habitualmente si la especie, como muchas otras, hacía vibrar la cola cuando estaba furiosa. Difícilmente podemos dudar de que el cascabel se ha desarrollado desde entonces para servir de eficaz instrumento productor de sonido, ya que se ha alterado incluso la forma y la conexión de las vértebras del extremo de la cola. No es extraño que diversas estructuras —como el cascabel de la serpiente de cascabel, las escamas laterales de las Echis, el cuello y sus correspondientes costillas de la cobra, y el cuerpo en general de la víbora bufadora— hayan sido modificadas con el fin de advertir y ahuyentar a sus enemigos, si tenemos en cuenta que un ave, a saber, el sorprendente halcón secretario (*Gypogeranus*), ha modificado toda su estructura para matar serpientes impunemente. A juzgar por lo que acabamos de ver, es muy probable que esta ave hinche las plumas cuando es atacado por una serpiente, y seguro que la mangosta, cuando se dirige rápidamente al ataque de una serpiente, eriza el pelo en toda la superficie del cuerpo, especialmente en la cola[32]. También hemos visto que algunos puercoespines, cuando se les molesta o se alarman a la vista de una serpiente, hacen vibrar rápidamente la cola produciendo un sonido peculiar al golpearse entre si las púas huecas. Así pues, tanto el atacante como el atacado confían en mostrarse tan terribles como sea posible frente al otro, y para este fin ambos poseen medios especializados que, curiosamente, son casi los mismos en algunos casos. Por otro lado, podemos ver finalmente que aquellas serpientes concretas que fueron capaces de ahuyentar a sus enemigos evitaron mejor ser devoradas; y en el campo contrario, aquellos individuos atacantes que estaban más capacitados para la peligrosa tarea de matar y devorar serpientes venenosas sobrevivieron en mayor número. Así pues, en ambos casos, las variaciones beneficiosas, suponiendo que variasen los caracteres en cuestión, habrían sido conservadas normalmente mediante la supervivencia del más capaz.

El retraimiento y la compresión de las orejas hacia la cabeza

Las orejas y sus movimientos son muy expresivas en muchos animales, pero algunos, como el hombre, los grandes simios y ciertos rumiantes, fallan en este sentido. Una ligera diferencia de posición sirve para expresar de la manera más llana un diferente estado de ánimo, como podemos ver cotidianamente en el caso del perro. Pero aquí trataré exclusivamente del gesto de retraimiento de las orejas y de su compresión hacia la cabeza. Así se muestra un estado de ánimo violento, pero sólo en aquellos animales que pelean con sus dientes, y la posición en cuestión viene dada por el cuidado que ponen en que las orejas sean alcanzadas por sus antagonistas. En consecuencia, las orejas se retraen, por el hábito y la asociación, siempre que se sienten ligeramente violentos o pretenden jugar un papel violento. Podemos deducir que esta explicación es cierta por la relación existente en muchos animales entre su manera de pelear y la retracción de las orejas.

Todos los Carnivora pelean con sus dientes caninos y, según he podido observar, retraen las orejas cuando se muestran violentos. Esto se puede observar normalmente en los perros que pelean en serio y en los cachorros que pelean jugando. El movimiento de la caída de orejas, como cuando un perro siente el placer de ser acariciado por su amo, es muy diferente del ligero retraimiento de las mismas. La retracción de las orejas puede observarse también en gatitos que luchan entre sí jugando y en gatos adultos cuando están realmente violentos, como se ha ilustrado anteriormente en la figura 9. Aunque en este caso las orejas se hallan en buena medida protegidas, los gatos viejos sufren frecuentes desgarros en ellas durante sus peleas mutuas. El mismo movimiento es muy llamativo también en tigres, leopardos, etc., mientras gruñen al consumir su comida en los zoológicos. El lince tiene unas orejas notablemente largas y su retracción, cuando alguien se aproxima al animal en su jaula, es muy evidente y claramente expresiva de su disposición violenta. Incluso la foca de orejas puntiagudas, *Otaria pusilla*, que tiene unas orejas muy pequeñas, las retrae cuando lanza un ataque violento contra las piernas de su cuidador.

Cuando los caballos pelean entre sí hacen un mayor uso de sus incisivos para morder y de sus patas delanteras para golpear que de sus patas traseras para cocear. Esto se ha observado en sementales que han podido liberarse y han peleado entre sí, y también puede deducirse del tipo de heridas que se infligen. Todo el mundo reconoce la feroz apariencia que tiene un caballo cuando retrae las orejas. Este movimiento es muy diferente del que se da cuando el caballo presta atención a un sonido producido tras él. Si un caballo de mal carácter es propenso a dar coces en su cuadra, muestra las orejas más retraídas de lo normal aunque no tenga intención o fuerza para hacerlo. Pero cuando un caballo eleva, jugando, las patas anteriores, como cuando sale a campo abierto o acaba de ser tocado por el látigo, no retrae generalmente las orejas, ya que no se siente violento. Los guanacos pelean ferozmente con los dientes y deben de hacerlo con frecuencia, pues la piel de los diversos ejemplares que maté en la Patagonia estaba bastante lastimada. También lo hacen los camellos, y ambos tipos de animales retraen fuertemente las orejas cuando se muestran violentos. Los guanacos, tal como he observado, retraen las orejas cuando no tienen intención de morder sino que simplemente pretenden lanzar su ofensiva saliva a distancia hacia un intruso. Incluso los hipopótamos retraen sus pequeñas orejas cuando amenazan a un compañero con su enorme boca abierta de par en par, exactamente como lo hace el caballo.

Ahora bien, ¡qué contraste se observa entre los animales que acabamos de ver y el ganado, como ovejas y cabras, que nunca utilizan los dientes cuando pelean y nunca retraen las orejas cuando se enfadan! Aunque las ovejas y las cabras parecen animales plácidos, los machos se enzarzan a menudo en furiosos encuentros. Dado que el ciervo pertenece a una familia estrechamente relacionada, y como ignoraba que peleasen con los dientes, me sorprendió mucho el relato del comandante Ross King sobre el alce americano de Canadá. Según él, cuando "dos machos se encuentran casualmente, retrayendo las orejas y haciendo rechinar los dientes, se abalanzan uno sobre otro con una furia feroz"[33]. Pero Mr. Bartlett me informa de que algunas especies de ciervo pelean salvajemente con los dientes, de modo que la retracción de las orejas del alce se ajusta a nuestra regla. Algunos tipos de canguro mantenidos en el Parque Zoológico pelean arañando con sus patas anteriores y coceando con las posteriores, pero nunca se muerden, y los cuidadores nunca han observado que retraigan las orejas cuando se efurecen. Los conejos pelean sobre todo coceando y arañando pero parece que también se muerden unos a otros, y yo mismo he sabido de uno que le seccionó media cola a su antagonista de un mordisco. Al inicio de sus peleas, retraen las orejas, pero después, a medida que van hiriéndose y coceándose, mantienen las orejas tiesas o las mueven mucho.

Mr. Bartlett observó a un jabalí peleando de forma bastante violenta con su pareja, ambos tenían la boca abierta y las orejas retraídas, pero esto no parece ser una acción común entre los cerdos domésticos cuando pelean. Los jabalíes se enfrentan entre sí golpeándose hacia arriba con sus colmillos y Mr. Bartlett no está seguro de que retraigan las orejas. Los elefantes, que pelean con sus colmillos de manera similar, no retraen las orejas sino que, muy al contrario, las mantienen tiesas mientras se abalanzan sobre un congénere o sobre un enemigo.

En el Parque Zoológico, los rinocerontes pelean con sus cuernos nasales y nunca se ha visto que intenten morderse unos a otros, excepto cuando juegan. Los cuidadores están convencidos de que no retraen las orejas, como los caballos o los perros, cuando se comportan con violencia. Así pues, la siguiente afirmación de Mr. Baker[34] resulta inexplicable: dice que un rinoceronte que mató en África del Norte "no tenía orejas, ya que se las había arrancado de un mordisco otro rinoceronte mientras peleaba", y que "esa mutilación no es en modo alguno infrecuente".

Por último me referiré a los monos. Algunos tipos, que tienen orejas móviles y pelean con los dientes (por ejemplo, *Cercopithecus ruber*), retraen las orejas cuando están furiosos, exactamente igual que los perros, y entonces tienen un aspecto muy malévolo. Otros tipos, como *Inuus ecaudatus*, no parecen reaccionar así. Aún hay otros tipos (y representan una anomalía en comparación con muchos otros animales) que retraen las orejas, exhiben los dientes y ronronean cuando sienten el placer de ser acariciados. Lo he observado en dos o tres especies de macacos y en *Cynopithecus niger*. Debido a nuestra familiaridad con los perros, esa expresión no sería reconocida nunca como de alegría o placer por cualquiera que no estuviese familiarizado con los monos.

Elevación de las orejas

Se trata de un movimiento que apenas requiere comentario. Todos los animales que poseen la capacidad de mover libremente las orejas las dirigen hacia el punto objeto de su atención cuando se sobresaltan por algo u observan un objeto muy atentamente, con el fin de oír cualquier sonido procedente del mismo. Al mismo tiempo, suelen elevar la cabeza y, por tanto, todos los órganos sensoriales situados en ella; algunos animales pequeños elevan, además, sus patas anteriores. Incluso aquellos animales que se agazapan en el suelo o huyen inmediatamente para evitar el peligro reaccionan generalmente de ese modo en un primer momento a fin de establecer el origen y la naturaleza del peligro. La cabeza erecta, con las orejas tiesas y los ojos dirigidos hacia adelante, confiere a cualquier animal una inconfundible expresión de atención concentrada.

Capítulo 5
Expresiones especiales en algunos animales

Diversos movimientos expresivos del perro. Gatos. Caballos. Rumiantes. Monos, sus expresiones de alegría y afecto. De miedo. Cólera. Asombro y terror.

El perro

He descrito anteriormente (figuras 5 y 7) el aspecto de un perro que se aproxima a otro con intenciones hostiles, es decir, con las orejas tiesas, los ojos dirigidos resueltamente hacia adelante, el pelo del cuello y el lomo erizados, el andar notablemente tenso y la cola levantada y rígida. Este talante nos resulta tan familiar que a veces se dice de un hombre enfadado que "lleva la espalda levantada". De los puntos anteriores, tan sólo requieren un tratamiento más amplio el andar tenso y la cola erecta. Mr C. Bell señala [1] que cuando un tigre y un lobo son maltratados por sus cuidadores y manifiestan de repente su ferocidad, "todos los músculos se ponen tensos y los miembros adoptan una actitud de esfuerzo violento, preparados para saltar". Esta tensión de los músculos y el consecuente caminar tenso pueden explicarse por el principio del hábito asociado, ya que la rabia ha desembocado una y otra vez en feroces luchas, y por tanto todos los músculos del cuerpo han sido puestos en acción violentamente. También hay razones para sospechar que el sistema muscular precisa de algún tipo de breve preparación o algún grado de inervación antes de ser llevado a una actividad vigorosa. Mi propia percepción me lleva a este supuesto, pero no puedo afirmar que sea una conclusión admitida por los fisiólogos. De todos modos, Sir J. Paget me comunicó que cuando los músculos se contraen repentinamente con toda su fuerza y sin ninguna preparación, pueden llegar a romperse, como cuando alguien resbala sin querer, pero es muy raro que eso ocurra cuando una acción es ejecutada de forma deliberada, aunque sea violenta.

Respecto a la posición de la cola levantada, me parece que ello depende (aunque no lo sé con certeza) de que los músculos elevadores son más poderosos que los depresores, de modo que la cola se levanta cuando todos los músculos de la parte trasera del cuerpo están en tensión. Un perro que se siente contento y trota ante su amo con pasos altos y elásticos suele llevar la cola levantada aunque no la mantenga tan rígida como cuando está enfadado. Cuando un caballo acaba de salir a campo abierto, se le puede ver trotar con zancadas largas y elásticas, manteniendo la cabeza y la cola muy altas. Incluso las vacas, cuando retozan de un lado a otro plácidamente, levantan el rabo de un modo grotesco. Lo mismo ocurre con muchos animales en el Parque Zoológico. De todos modos, la posición de la cola viene determinada en ciertos casos por circunstancias especiales. Así, tan pronto como un caballo se lanza al galope a toda velocidad, baja siempre la cola para ofrecer la menor resistencia posible al aire.

Cuando un perro está a punto de saltar sobre un rival, emite un gruñido feroz, las orejas se colocan muy apretadas hacia atrás y el labio superior se retrae (figura 14) para dejar visibles los dientes, especialmente los caninos. Estos movimientos pueden observarse en perros adultos y en cachorros cuando juegan. Pero si un perro se enfurece de verdad mientras juega, su expresión cambia inmediatamente. Sin embargo, esto sólo se nota porque los labios y las orejas se retraen con mucha mayor energía. Si lo único que hace el perro es gruñir a otro, suele retraer el labio de uno de los dos lados, concretamente el lado que se sitúa frente a su enemigo.

Los movimientos de un perro que se muestra afectuoso con su amo han sido ya descritos en el capítulo 2 (figuras 6 y 8). Consisten en bajar la cabeza y todo el cuerpo, contorsionándose con la

Figura 14. Cabeza de perro gruñendo. Dibujado del natural por Mr. Wood.

cola extendida y meneándose de un lado a otro. Las orejas descienden y se dirigen un poco hacia atrás, lo cual produce un alargamiento de los párpados que altera toda la apariencia del rostro. Los labios caen flácidos y el pelo permanece liso. A mi modo de ver, todos esos movimientos o gestos se explican por estar en completa antítesis con los que adopta un perro furioso bajo un estado de ánimo exactamente opuesto. Cuando un hombre habla a su perro o simplemente le mira, observamos que el último vestigio de esos movimientos es un débil meneo de la cola, sin más movimientos del cuerpo, e incluso sin que desciendan las orejas. Los perros demuestran también su afecto por el deseo de restregarse contra sus amos y de que éstos les rasquen o les den palmadas.

Gratiolet explica esos gestos de afecto de la manera siguiente (y el lector podrá juzgar si la explicación es satisfactoria). Hablando de animales en general, incluido el perro, dice así[2]: "La parte más sensible de su cuerpo es siempre la que busca las caricias o las da. Cuando toda la superficie de los flancos del cuerpo es sensible, el animal serpentea y se inclina bajo las caricias, y estas ondulaciones se propagan a lo largo de músculos análogos de los segmentos hasta la extremidad de la columna vertebral, mientras la cola se dobla y se agita". Después añade que los perros, cuando se sienten afectuosos, bajan las orejas para excluir cualquier sonido, de modo que toda su atención pueda estar concentrada ¡en las caricias de su amo!

Los perros tienen otra curiosa forma de mostrar afecto, a saber, lamiendo las manos o la cara de sus amos. A veces lamen a otros perros, y en tal caso lo hacen siempre en las quijadas. También he visto a perros lamiendo a gatos de los que eran amigos. Este hábito quizá tuvo su origen en el hecho de que las hembras lamen con cuidado a sus cachorros —objeto predilecto de su amor— con el fin de limpiarlos. Tras una breve ausencia, es frecuente también que den a sus cachorros algunos lametones precipitados que parecen de afecto. Así, el hábito ha llegado a asociarse con la emoción del amor, independientemente de lo que pueda producirlo en adelante. En el presente se trata de algo innato o heredado con tal firmeza que se transmite por igual a ambos sexos. Hace poco mi perra terrier perdió sus cachorros y, aunque siempre fue una criatura muy afectuosa, me impresionó el modo con que trató de satisfacer su instintivo amor maternal dirigiéndolo hacia mí, y su deseo de lamer mis manos se convirtió en una pasión insaciable[4].

El mismo principio explica probablemente por qué a los perros les gusta restregarse contra su amo y ser acariciados o palmeados por él cuando se sienten afectuosos, puesto que, desde el día en que criaron a sus cachorros, el contacto con el objeto de su amor ha acabado por asociarse firmemente a la emoción amorosa.

El sentimiento de afecto de un perro por su amo se combina con un fuerte sentido de la sumisión, que es semejante al miedo. De ahí que los perros no sólo inclinan el cuerpo y se agachan un poco cuando se acercan a su amo, sino que a veces se echan al suelo panza arriba. Este movimiento es diametralmente opuesto a cualquier demostración de resistencia. Hace tiempo tuve un perro grande que no temía lo más mínimo luchar con otros perros, pero un perro pastor con aire de lobo que había en la vecindad, aunque no era nada fiero ni tan fuerte como el mío, poseía una extraña influencia sobre él. Cuando se encontraban en la calle, mi perro solía correr a su encuentro con la cola un tanto recogida entre sus patas y el pelo sin erizar en absoluto, y a continuación se echaba en el suelo panza arriba. Con esta conducta parecía decirle mejor aún que con palabras: "Mira, soy tu esclavo".

Algunos perros manifiestan un estado de ánimo contento y excitado que se asocia con el afecto de un modo muy peculiar consistente en mostrar los dientes como una sonrisa[5]. Somerville, que ya lo observó hace mucho tiempo, dice así:

> Y con un gesto cortés, el servil sabueso
> te saluda agachándose; con el hocico abierto de par en par
> se levanta y se contonea, y sus grandes ojos endrinos
> se deshacen en suaves halagos y en sumisa alegría.
> (*La caza*, libro I)

Maida, el famoso galgo escocés de sir W. Scott, tenía ese hábito, también frecuente entre los terrier. Lo he observado también en un perro de Pomerania y en un perro pastor. Mr. Rivière, que ha observado esa expresión con particular interés, me ha contado que pocas veces se manifiesta de un modo completo y es más fácil que se manifieste de forma menos intensa. Al producirse ese gesto, el labio superior se retrae como cuando gruñe, de modo que se exhiben los caninos mientras las orejas se dirigen hacia atrás, si bien el aspecto general del animal muestra claramente que no está furioso. Sir C. Bell[3] señala que "en su expresión de cariño, los perros doblan un poco los labios hacia afuera, y en medio de sus brincos muestran los dientes y husmean de un modo que se parece a la risa". Algunas personas hablan de esa mueca de mostrar los dientes como una sonrisa, pero si fuese realmente una sonrisa podríamos ver un movimiento similar, aunque más pronunciado, en los labios y las orejas de los perros cuando emiten un ladrido de alegría, pero eso no sucede así, aunque es frecuente que se produzca una mueca de ese tipo tras un ladrido de alegría. Por otro lado, cuando los perros juegan con sus compañeros o con su amo, intentan casi siempre morderse entre sí, y entonces retraen los labios y las orejas, aunque no de modo muy enérgico. Por todo ello sospecho que, cada vez que sienten placer acompañado de afecto, se produce en algunos perros el impulso a actuar, en virtud del hábito y la asociación, sobre los mismos músculos, como ocurre en los mordiscos juguetones que se dan unos a otros o a la mano de sus dueños.

En el capítulo 2 he descrito los andares y el talante de un perro cuando está contento, y la notable antítesis mostrada por el mismo animal cuando está abatido o decepcionado, con la cabeza, orejas, cuerpo, cola y hocico caídos y los ojos apagados. Ante la perspectiva de un gran placer, los perros brincan y saltan de un lado a otro de modo extravagante y ladrando de alegría. La tendencia a ladrar en ese estado de ánimo es hereditaria o se vincula a la raza: es raro que los galgos ladren, mientras que el perro de Pomerania, tan pronto como sale de paseo con su amo, lo hace de un modo tan incesante que llega a ser un engorro.

En los perros, el dolor extremo se expresa casi de la misma manera que en otros animales, es decir, aullando y retorciéndose en contorsiones de todo el cuerpo.

La atención se manifiesta alzando la cabeza, con las orejas erguidas y los ojos dirigidos con intensidad hacia el objeto o lugar que están observando. Si se trata de un sonido y no conocen la fuente, la cabeza suele hacer un giro oblicuo de un lado a otro de una forma muy evidente, al parecer para juzgar con más exactitud la procedencia del sonido. No obstante, observé a un perro muy sorprendido por un sonido nuevo que en virtud del hábito volvía la cabeza de un lado a otro aunque percibía con claridad la fuente del ruido. Como he señalado anteriormente, cuando se despierta la atención de los perros por lo que sea, al vigilar algún objeto o atender algún sonido, levantan a menudo una de las patas anteriores (figura 4) y la mantienen así doblada como si fuesen a realizar una aproximación lenta y cautelosa.

Un perro dominado por un terror extremo se arroja al suelo, aúlla y expulsa sus excrementos, pero creo que el pelo no llega a erizarse a menos que perciba algún peligro. He visto a un perro muy aterrorizado por una banda de música que tocaba muy fuerte frente a su casa, temblaba con todos los músculos del cuerpo, con el corazón palpitando tan rápido que casi no se podían contar sus latidos y jadeando con la boca abierta de par en par, igual que un hombre aterrorizado. Sin embargo, ese perro no hizo ningún esfuerzo; tan sólo anduvo vagando despacio e inquieto por la habitación aun cuando el día era muy frío.

Incluso un miedo poco intenso se manifiesta siempre recogiendo la cola entre las patas. Esta posición de la cola va acompañada del retraimiento de las orejas, aunque sin pegarse a la cabeza como cuando el perro gruñe; tampoco están caídas como cuando se siente contento o afectuoso. Cuando dos perros jóvenes se persiguen jugando, el que huye siempre lleva la cola recogida. Lo mismo ocurre cuando un perro está de muy buen humor y corre como un loco alrededor de su dueño, haciendo figuras en círculo o en ocho. En ese momento actúa como si otro perro corriese tras él. Esta curiosa forma de juego, que debe resultar familiar a todo aquel que haya observado a los perros, resulta particularmente fácil de provocar tras haber asustado o atemorizado ligeramente al animal, como cuando su amo se abalanza sobre él en la penumbra. En ese caso, igual que cuando dos perros pequeños se persiguen entre sí jugando, parece como si el que huye tuviese miedo de que el otro le agarre por la cola, aunque, hasta donde llega mi conocimiento, es muy raro que los perros se atrapen unos a otros de este modo. Pregunté a un caballero que siempre había tenido perros jateos (y a su vez él preguntó a otros cazadores con experiencia) si había visto alguna vez a los perros de caza atrapar así a un zorro, y nunca lo habían visto. Al parecer, siempre que un perro es perseguido, o cuando está en peligro de que le sorprendan por detrás o le caiga algo encima, intenta liberar con la mayor rapidez posible sus cuartos traseros, y entonces, por alguna simpatía o conexión entre los músculos, la cola se recoge hacia adentro.

En la hiena puede observarse un movimiento coordinado similar entre los cuartos traseros y la cola. Mr. Bartlett me informa de que cuando dos de esos animales luchan entre sí, ambos son conscientes de la sorprendente potencia de sus mandíbulas y se muestran extremadamente cautelosos. Saben muy bien que si una de sus patas resultase atrapada, el hueso se haría añicos inmediatamente. De ahí que se acerquen uno a otro de rodillas, con las patas vueltas hacia dentro al máximo, y con todo el cuerpo arqueado para no ofrecer ninguna zona saliente; al mismo tiempo, llevan la cola muy recogida entre las piernas. Con esta actitud se acercan ofreciéndose los costados e incluso reculando un poco. También recogen la cola hacia adentro varias especies de ciervos cuando se enfurecen y luchan. Cuando un caballo trata de morder los cuartos traseros de otro mientras juega en el campo, o cuando un muchacho bruto golpea a un asno por detrás, los cuartos traseros y la cola bajan, aunque no parece que esto se haga sólo para evitar daños a la cola. También hemos visto los movimientos contrarios a éstos: cuando un animal trota con pasos muy elásticos lleva casi siempre la cola hacia arriba.

Como he dicho ya, cuando se persigue a un perro que huye, el animal mantiene las orejas inclinadas hacia atrás aunque un poco abiertas; es evidente que lo hace para escuchar los pasos de su perseguidor. Cuando no hay duda de que el peligro se halla delante, las orejas se mantienen a menudo a causa del hábito en esa misma posición, y la cola recogida. En repetidas ocasiones he notado que cuando mi tímida perra terrier se asusta de algún objeto que está enfrente y no necesita reconocerlo porque sabe de sobra qué es, dispone, sin embargo, las orejas y la cola en esa posición, a la par que mira la imagen que le inquieta. La inquietud en ausencia de miedo se expresa también así: un día salía yo por la puerta justo en el momento en que esa misma perra sabía que podían traerle la cena. No la llamé, pero estaba deseando acompañarme, y al mismo tiempo tenía muchas ganas de cenar; se quedó allí parada, mirando primero en una dirección y después en la otra, con la cola recogida y las orejas hacia atrás, mostrando el aspecto inequívoco de perpleja incomodidad.

Casi todos los movimientos expresivos que acabamos de describir, con excepción de la mueca que parece una sonrisa, son innatos o instintivos, pues son comunes a todos los individuos, jóvenes o viejos, de todas las razas. Muchos son también comunes a los antepasados primitivos del perro, es decir, al lobo, al chacal y a algunas otras especies del mismo grupo. Los lobos y chacales domesticados saltan de un lado a otro de alegría cuando sus amos los acarician, y menean la cola, bajan las orejas, lamen sus manos, se agazapan e incluso se echan al suelo panza arriba[4]. He visto cómo un chacal africano de Gabón, muy parecido al zorro, dejaba caer las orejas cuando lo acariciaban. Cuando se asustan, lobos y chacales recogen siempre la cola, y se ha descrito el comportamiento de un chacal domesticado que corría en círculos u ochos alrededor de su amo con la cola entre las patas igual que los perros.

Se ha afirmado[5] que los zorros, aunque estén domesticados, nunca exhiben los movimientos expresivos que acabo de comentar, pero esta afirmación no es estrictamente correcta. Hace muchos años observé en el Parque Zoológico (y tomé nota del hecho en aquel momento) que un zorro inglés muy manso meneaba la cola, dejaba caer las orejas y se echaba en el suelo panza arriba cuando lo acariciaba su cuidador. Igualmente, el zorro negro de Norteamérica baja las orejas aunque sólo ligeramente. Sin embargo, creo que los zorros nunca lamen la mano de su amo y me han asegurado que nunca recogen la cola cuando se asustan. Si se acepta la explicación que he dado sobre la expresión de afecto en los perros, parece ser que esos animales que nunca han sido domesticados —como lobos, chacales e incluso zorros— han adquirido, sin embargo, ciertos gestos expresivos mediante el principio de antítesis, pues es muy poco probable que, al estar confinados en jaulas, los hayan aprendido imitando a los perros.

Gatos

He descrito anteriormente las acciones de un gato (figura 9) cuando está furioso pero no aterrorizado. Adopta una postura agazapada y a veces adelanta las patas delanteras exhibiendo las uñas, dispuestas para atacar. La cola está estirada, ondulando y golpeando a un lado y otro. El pelo no está erizado, o al menos no lo estaba en los pocos casos observados por mí. Las orejas se retraen fuertemente, se exhiben los dientes y se emiten sordos gruñidos salvajes. Podemos entender por qué la actitud adoptada por un gato cuando se prepara para luchar con otro, o cuando está muy furioso, es tan diferente de la de un perro que se acerca a otro con intenciones hostiles, ya que el gato utiliza las patas delanteras para atacar y esto hace que sea conveniente o necesaria la postura agazapada. También está mucho más acostumbrado que un perro a mantenerse oculto o a abalanzarse de pronto sobre su presa. No puede determinarse con certeza la causa del golpeteo y la ondulación de la cola de un lado a otro. Este hábito es común a otros muchos animales, como por ejemplo el puma cuando se prepara para saltar[6], pero no lo es en perros o zorros, según deduzco de la descripción que hace Mr. Saint John de un zorro acechando y atrapando a una liebre. Hemos visto ya que algunas clases de lagartos y varias serpientes hacen vibrar con rapidez el extremo de la cola cuando se excitan. Parece como si bajo una fuerte excitación existiese el deseo incontrolable de hacer movimientos de algún tipo, como consecuencia de la fuerza nerviosa que se libera espontáneamente del sensorio excitado, y como la cola no se controla y sus movimientos no molestan a la posición global del cuerpo, se ondula y golpea de un lado a otro.

Todos los movimientos de un gato que siente afecto son la antítesis de los que acabo de describir. El gato se pone tieso con el lomo algo arqueado, la cola levantada perpendicularmente y las orejas erguidas, y después restriega las mejillas y flancos en su dueño o dueña. El deseo de restregarse contra algo es tan fuerte en los gatos en dicho estado de ánimo que a menudo puede verse cómo se restriegan contra la pata de una silla o una mesa o contra el marco de una puerta. Esta manera de expresar afecto se originó probablemente, como en el caso de los perros, por asociación con el cuidado y las caricias de la madre a sus pequeños, y también quizá a partir del afecto y los juegos en el seno de la camada. Se ha descrito asimismo otro gesto diferente que expresa satisfacción, a saber, la curiosa manera en que los gatos pequeños, e incluso los adultos, empujan una tras otra las patas delanteras cuando se sienten a gusto, separando los dedos y haciendo como si empujaran o succionaran el pezón de la madre. Este hábito es tan parecido al de frotarse contra algo que uno y otro derivan aparentemente de acciones realizadas durante el período de cría. No puedo decir por qué los gatos demuestran su afecto restregándose mucho más que los perros, aunque a éstos también les guste el contacto con sus amos, ni por qué los gatos apenas lamen las manos amigas mientras que los perros lo hacen sin cesar. Los gatos se asean lamiéndose el pelaje con mucha más frecuencia que los perros. Por otro lado, sus lenguas parecen mucho menos adecuadas para esta tarea que las de los perros, que son más largas y flexibles.

Cuando los gatos están aterrorizados se estiran hacia arriba todo lo que pueden, arqueando el lomo de una forma muy característica y grotesca. Entonces escupen, bufan o gruñen. Se les eriza todo el pelo del cuerpo, en particular en la cola. En los ejemplos observados por mí, la base de la cola se alzaba y la parte distal descendía y se giraba a un lado, aunque a veces la cola (véase figura 15) apenas está levantada y se tuerce casi desde la base hacia un lado. Las orejas aparecen inclinadas hacia atrás y muestran los dientes. Cuando los gatos pequeños juegan juntos, es frecuente que uno trate de infundir miedo al otro de ese modo. Todos estos elemen-

Figura 15. Gato aterrorizado por un perro. Dibujado del natural por Mr. Wood.

tos de expresión, excepto el arqueo exagerado del lomo, se explican a partir de lo que vimos en los primeros capítulos. Me inclino a creer que, tal y como ocurre en muchas aves cuando hinchan el plumaje y extienden las alas y la cola para ofrecer el mayor tamaño posible, los gatos se elevan todo lo que pueden, arquean el lomo, levantan a menudo la base de la cola y erizan el pelo con esa misma intención. Se dice que cuando el lince es atacado arquea el lomo, y así fue representado por Brehm. Sin embargo, los cuidadores del Parque Zoológico nunca han observado ninguna tendencia a esa acción en los felinos mayores, como tigres, leones, etc. Esos animales tienen pocos motivos para asustarse de cualquier otro animal.

Los gatos emplean mucho la voz como medio de expresión y profieren por lo menos seis o siete sonidos distintos bajo diversas emociones y deseos. El ronroneo de satisfacción, que ejecutan tanto espirando como inspirando, es uno de los más curiosos. El puma, el guepardo y el ocelote ronronean de forma similar, y el tigre cuando está a gusto "emite un sonido gangoso corto y peculiar acompañado del cierre de los parpados"[7]. Se dice que el león, el jaguar y el leopardo no ronronean.

Caballos

Cuando los caballos están furiosos, echan las orejas muy hacia atrás, proyectan la cabeza y exhiben los incisivos dispuestos para morder. Cuando se inclinan para cocear a su espalda suelen dirigir las orejas hacia atrás a causa del hábito, y también giran hacia atrás los ojos de un modo muy peculiar[8]. Cuando sienten placer, como cuando se les trae al establo una comida esperada, levantan y extienden la cabeza, aguzan las orejas y, mirando con fijeza a su amigo, relinchan casi siempre. La impaciencia se expresa golpeando el suelo.

Las acciones de un caballo cuando está muy asustado son tremendamente expresivas. Una vez mi caballo se espantó mucho con una máquina perforadora cubierta por una tela y situada en medio del campo. Levantó la cabeza tan alto que su cuello quedó casi perpendicular, y lo hizo por hábito, pues la máquina estaba bajo un repecho y no podía verse mejor levantando la cabeza hacia arriba, ni tampoco se habría oído mejor en caso de que hubiese emitido algún ruido. Los ojos y las orejas se dirigieron claramente hacia adelante y a través de la silla pude sentir las palpitaciones del corazón. Resopló con fuerza con las ventanas de la nariz dilatadas y encendidas, y girando en redondo se habría lanzado a galope tendido si no se lo hubiese impedido. La dilatación de las aletas de la nariz no es para poder oler mejor la fuente de peligro, pues cuando un caballo olfatea cuidadosamente un objeto sin estar alarmado no las dilata. Los caballos no respiran a través de la boca abierta cuando jadean sino a través de los ollares, debido a la presencia de una válvula en la garganta, y por tanto estos orificios han acabado por estar dotados de un gran poder de expansión. Esta expansión de los ollares, así como el resoplido y los latidos acelerados del corazón, son acciones que han quedado sólidamente asociadas a la emoción de terror a lo largo de una serie de generaciones, ya que el terror ha llevado normalmente al caballo a realizar los esfuerzos más violentos para huir a galope tendido de la causa de peligro.

Rumiantes

El ganado vacuno y las ovejas son singulares por manifestar sus emociones o sensaciones en forma muy discreta, a no ser que se trate de un dolor extremo. Cuando un toro está enfurecido, muestra su furor solamente por el modo en que mantiene la cabeza gacha y las aletas de la nariz dilatadas y por el mugido. También es frecuente que golpee el suelo con las patas delanteras, pero ese pateo parece totalmente distinto al de un caballo impaciente, pues cuando el suelo es arenoso levanta nubes de polvo. Creo que los toros actúan de ese modo para poder espantar las moscas cuando les molestan. Las razas más salvajes de ovejas y gamos patean el suelo y silban cuando se asustan, lo cual sirve como señal de peligro para sus compañeros. El almizclero de las regiones árticas también patea igualmente el suelo cuando es descubierto[9]. No puedo imaginar cómo ha surgido esta acción de patear, pues, según mis pesquisas, no parece que ninguno de estos animales luche con sus patas delanteras.

Cuando algunas especies de ciervos se enfurecen son mucho más expresivas que el ganado vacuno, las ovejas o las cabras, pues, como he señalado antes, dirigen hacia atrás las orejas, hacen rechinar los dientes, erizan el pelo, chillan, golpean el suelo y blanden los cuernos. Un día, en el Parque Zoológico, el ciervo de Formosa (*Cervus pseudaxis*) se me acercó en una curiosa actitud con su hocico levantado, de modo que los cuernos quedaban pegados por atrás al cuello y con la cabeza en una posición más bien oblicua. Por la expresión de sus ojos pude ver muy claramente que estaba enfurecido. Se acercó despacio, y en cuanto llegó a los barrotes de hierro no bajó la cabeza para cornearme sino que dio un giro repentino con ella y golpeó muy fuerte con los cuernos contra la reja. Mr. Bartlett me informa de que algunas especies de ciervos adoptan esta misma actitud cuando se enfurecen.

Monos

Las diversas especies y géneros de monos expresan sus sentimientos de formas muy diferentes, y este hecho es interesante en la medida en que plantea la cuestión de si las llamadas razas humanas deben ser clasificadas como distintas especies o variedades, ya que, tal como veremos en los capítulos siguientes, las diversas razas del hombre expresan sus emociones y sensaciones con notable uniformidad en todas las partes del mundo. Algunas de las acciones expresivas de los monos son interesantes por otra razón, a saber: ser estrechamente análogas a las del hombre. Como no he tenido oportunidad de observar algunas especies del grupo en todas las circunstancias, mis observaciones misceláneas quedarán mejor organizadas siguiendo los diferentes estados de ánimo.

Placer, alegría, afecto[10]

En los monos no se puede distinguir (al menos, sin tener más experiencia de la que yo he tenido) la expresión de placer o de alegría de la de afecto. Los chimpancés jóvenes emiten una especie de ladrido cuando están contentos por el regreso de alguien a quien se sienten unidos. Cuando se emite ese ruido, que los cuidadores denominan risa, los labios se proyectan hacia afuera, aunque también lo hacen bajo otras muchas emociones. Sin embargo, he podido percibir que la forma de los labios difería ligeramente cuando estaban contentos de la que mostraban cuando estaban enfadados. Si se le hacen cosquillas a un chimpancé joven (los sobacos son particularmente sensibles a las cosquillas, como en el caso de nuestros niños), profiere una risa más resuelta o carcajada, aunque a veces sea sorda. Las comisuras de la boca se dirigen hacia atrás, lo cual puede llegar a hacer que se arruguen un poco los párpados inferiores. Pero este fruncimiento, tan característico de nuestra risa, se observa más claramente en otros monos. En el chimpancé, a diferencia de nosotros, los dientes de la mandíbula superior no se muestran cuando profieren su risa ruidosa. Pero según afirma Mr. W. L. Martin[11], que ha observado particularmente esa expresión, los ojos chispean y adquieren más brillo.

Cuando se les hace cosquillas, los orangutanes jóvenes muestran también ese gesto y profieren un sonido de risa contenida, y Mr. Martin dice que sus ojos se vuelven más brillantes. Tal como me hizo notar Mr. Wallace, en cuanto cesa la risa puede detectarse en su rostro una expresión pasajera que cabe considerar una sonrisa. Yo también he notado algo muy parecido en el chimpancé. Mr. Duchenne, y no puedo citar autoridad mayor, me ha contado que mantuvo a un mono muy dócil en su casa durante un año y que cuando le daba alguna golosina especial a la hora de comer advertía cómo los ángulos de la boca se elevaban un poco, es decir, que en ese animal podía percibirse de forma manifiesta una expresión de satisfacción de la misma índole que una incipiente sonrisa, muy parecida a la que se observa a menudo en el rostro humano.

El *Cebus azaræ*[12] profiere el sonido peculiar de una sonrisa entre dientes (*kichernden*) cuando se alegra de volver a ver a una persona querida. También expresa las sensaciones agradables echando hacia atrás los ángulos de la boca sin producir sonido alguno. Rengger denomina *risa* a esa expresión, pero sería más adecuado llamarlo *sonrisa*. La forma de la boca es diferente cuando expresa miedo o terror, en cuyo caso profiere fuertes chillidos. Otra especie de Cebus del Parque Zoológico (*C. hypoleucus*) produce una nota aguda y reiterada cuando está contento, y también echa hacia atrás los ángulos de la boca, utilizando sin duda los mismos músculos que usamos nosotros. La mona de Gibraltar (*Inuus ecaudatus*) actúa también así y de un modo muy notable. Según he observado, la piel de sus párpados inferiores se arruga mucho en ese momento. Al mismo tiempo, mueve con rapidez la mandíbula inferior o los labios de forma espasmódica, dejando los dientes expuestos, aunque el ruido que produce es difícilmente distinguible de lo que a veces llamamos *risa sorda*. Dos o tres cuidadores me aseguraron que este débil sonido es la risa del animal, y cuando expresé mis dudas sobre este calificativo (sin tener en esa época prácticamente ninguna experiencia) hicieron que atacara, o más bien amenazara, a un langur común que vivía en el mismo recinto, y por el cual sentía aversión. Inmediatamente, la expresión del rostro del *Inuus* cambió por completo, la boca se abrió mucho más, los caninos e hicieron mucho más visibles y profirió un rudo ladrido.

También el babuino de Anubis (*Cynocephalus anubis*) fue provocado hasta que se puso furioso de cólera, cosa fácil para su cuidador, quien después hizo las paces con él y le dio un apretón de manos. En cuanto se reconciliaron, el babuino movió con rapidez arriba y abajo las mandíbulas y los labios y quedó satisfecho. Puede advertirse con más o menos claridad un movimiento o temblor similar de nuestras mandíbulas cuando nos reímos a mandíbula batiente, aunque en el hombre se activan sobre todo los músculos del pecho mientras que en este babuino y en varios otros monos son los músculos de las mandíbulas y los labios los que se activan de forma espasmódica.

He tenido ocasión ya de llamar la atención sobre la forma en que dos o tres especies de macacos y el *Cynopithecus niger* echan hacia atrás las orejas y emiten un débil sonido, como un farfulleo, cuando se sienten a gusto al ser acariciados. Al mismo tiempo, en el caso del *Cynopithecus* (figuras 16 y 17), los ángulos de la boca están dirigidos hacia atrás y hacia arriba, dejando los dientes expuestos. De ahí que un profano no identificaría nunca esa expresión como de placer. La cresta de largos pelos de la frente desciende y parece como si toda la piel de la cabeza se echase hacia atrás. Las cejas están un poco elevadas y los ojos parecen una arruga, pero ello no resulta llamativo debido a los pliegues permanentes y transversales del rostro.

Sensaciones y emociones dolorosas

En los monos, la expresión de un dolor ligero o cualquier emoción dolorosa, como puede ser la pena, la irritación, el resentimiento, etc., no se distinguen bien de la cólera moderada, y esos estados de ánimo cambian de unos a otros con facilidad y rapidez. En algunas especies, sin embargo, la pena se manifiesta mediante el llanto. Una mujer que vendió a la Sociedad Zoológica un mono que, al parecer, procedía de Borneo (*Macacus maurus* o el *M. inornatus* de Gray), contó que el animal gemía con frecuencia, y Mr. Bartlett, así como el guarda Mr. Sutton, le han visto en repetidas ocasiones apenado e incluso bajo un fuerte sentimiento de lástima, y lloraba con tal profusión que las lágrimas rodaban por sus mejillas. De todos modos, hay algo extraño en este caso, ya que a dos ejemplares mantenidos con posterioridad en el Parque Zoológico y considerados de la misma especie nunca se les vio llorar, aunque tanto el guarda como yo mismo los observamos con todo cuidado cuando estaban afligidos y chillaban muy fuerte. Rengger[13] afirma que los ojos del *Cebus azaræ* se inundan de lágrimas (aunque no

Figura 16. *Cynopithecus niger* en estado plácido. Dibujado del natural por Mr. Wood.

Figura 17. El mismo ejemplar, complacido tras ser acariciado.

hasta rebosar), cuando se le impide alcanzar un objeto que desea mucho o cuando está muy atemorizado. Humboldt asegura también que los ojos del *Callithrix sciureus* "se inundan enseguida de lágrimas cuando es presa del miedo". Pero en el Parque Zoológico se molestó a este hermoso y pequeño mono hasta que lloró a gritos y no ocurrió tal cosa. Sin embargo, no pretendo proyectar la más mínima duda sobre la exactitud de las observaciones de Humboldt.

El aspecto melancólico de los orangutanes y chimpancés jóvenes cuando no están sanos es tan claro y casi tan patético como en nuestros niños. Ese estado de la mente y el cuerpo se manifiesta en movimientos negligentes, semblante decaído, ojos apagados y cambio de color en la tez.

Cólera

Esta emoción es mostrada a menudo por muchos tipos de monos y, según asegura Mr. Martin[14], se expresa de muy diversas maneras: "Algunas especies hacen pucheros con los labios cuando se irritan, miran con expresión fija y salvaje a su enemigo y realizan avances cortos y repetidos, como si fuesen a abalanzarse hacia adelante, emitiendo a la vez sonidos guturales hacia adentro. Muchos exhiben su cólera avanzando repentinamente, dando impulsos bruscos, al tiempo que abren la boca y contraen los labios ocultando los dientes, mientras los ojos se clavan osadamente en el enemigo en furioso desafío. En cambio, otros, sobre todo los monos de cola larga, exhiben los dientes y acompañan sus amenazadoras muecas con un grito reiterado, entrecortado y agudo". Mr. Sutton me confirmó la afirmación de que algunas especies muestran los dientes cuando entran en cólera, mientras que otras los ocultan proyectando los labios hacia afuera, y también que algunos echan las orejas hacia atrás. El *Cynopithecus niger*, al que me he referido hace poco, actúa de esa manera, haciendo a la vez descender la cresta de pelo hacia la frente y mostrando los dientes, de modo que los movimientos de las facciones son casi los mismos en caso de cólera que en caso de placer, y ambas expresiones solamente pueden ser diferenciadas por aquellos que están familiarizados con el animal.

Los babuinos muestran a menudo su ira y amenazan a sus enemigos de un modo muy curioso consistente en abrir la boca de par en par como en un bostezo. Mr. Bartlett ha visto muchas veces cómo, al reunir por vez primera a dos babuinos en el mismo cubículo, se sientan uno frente a otro y abren alternativamente la boca de esa forma, una acción que, al parecer, acaba frecuentemente en un auténtico bostezo. Mr. Bartlett cree que ambos animales desean demostrarse uno a otro que poseen una formidable dentadura, como es sin duda el caso. Como me costaba creer en la veracidad de ese gesto de bostezo, Mr. Bartlett provocó a un viejo babuino hasta despertar en él una ira violenta, y casi al instante actuó de ese modo. Algunas especies de macacos y de Cercopithecus [15] se comportan de la misma manera. Los babuinos también demuestran su cólera pero de otra forma, tal como observó Brehm en los que mantuvo vivos en Abisinia. Consiste en golpear el suelo con una mano, "como un hombre furioso que golpea la mesa con el puño". He visto este movimiento en los babuinos del Parque Zoológico, pero a veces parece más bien representar la acción de buscar una piedra u otro objeto en sus lechos de paja.

Mr. Sutton ha observado muchas veces que la cara del *Macacus rhesus* se sonroja cuando está furioso. En el momento en que me lo estaba contando, otro mono atacó al *M. rhesus* y pude ver que su cara enrojecía tan claramente como la de un hombre sometido a una pasión violenta. La cara del mono recobró su color normal en el curso de pocos minutos tras la pelea. Al tiempo que la cara enrojecía, la parte posterior descubierta de pelo, que está siempre roja, me pareció que se ponía aún más roja, aunque no puedo asegurarlo inequívocamente. Cuando el mandril está excitado por la razón que sea, se dice que las partes desnudas y de brillantes colores de su piel adquieren un color aún más vivo.

En varias especies de babuinos, el resalte frontal se proyecta mucho sobre los ojos y está poblado de pelos largos y ralos, al modo de nuestras cejas. Estos animales están siempre mirando en derredor y para mirar hacia arriba levantan las cejas. Así pues, parece que han adquirido el hábito de mover con frecuencia las cejas. Sea como sea, muchas clases de monos, y sobre todo los babuinos, mueven las cejas arriba y abajo con rapidez e insistencia, así como la piel peluda de la frente [16], cuando se enfurecen o se excitan por cualquier cosa. Y como en el caso del hombre asociamos la subida y bajada de las cejas con estados de ánimo concretos, los movimientos casi incesantes de las cejas en los monos les otorgan una expresión sin sentido. Una vez observé a un hombre que tenía el tic de elevar continuamente las cejas sin que el gesto correspondiera a ninguna emoción, lo cual le daba un aire absurdo; así ocurre con algunas personas que mantienen los ángulos de la boca ligeramente dirigidos hacia atrás y hacia arriba, como si esbozaran una incipiente sonrisa, pero sin estar divertidos o contentos en ese momento.

Un joven orangután que se puso celoso porque el cuidador atendía a otro mono descubrió ligeramente los dientes y emitió un ruido malhumorado, algo así como *tich-chist*, dándole la espalda. Tanto los orangutanes como los chimpancés proyectan mucho los labios hacia afuera y producen un sonido como un ladrido bronco cuando están algo más encolerizados. Durante un fuerte enfado, una joven hembra de chimpancé ofreció un curioso parecido con un niño en ese mismo estado. Chillaba con fuerza, con la boca abierta de par en par y los labios retraídos, de tal modo que los dientes quedaban totalmente expuestos. Movía con furia los brazos de un lado a otro abrazándose a veces la cabeza. Rodaba por el suelo, sobre la espalda o sobre el vientre, y mordía todo lo que se hallaba a su alcance. Según una descripción[17], un gibón pequeño (*Hylobates syndactylus*) en ese mismo estado se comportó casi de la misma manera.

Los labios de los orangutanes pequeños se proyectan hacia fuera en diversas circunstancias, a veces de un modo asombroso. Actúan así no sólo cuando están ligeramente enfadados, huraños o decepcionados, sino también cuando alguna cosa les alarma (en una ocasión, al ver una tortuga[18]) y cuando están contentos. Sin embargo, creo que ni el grado en que proyectan los labios ni la forma de la boca son por completo iguales en todos los casos, y también son diferentes los sonidos que emiten. El dibujo que se acompaña (figura 18) representa a un chimpancé huraño porque se le ofreció una naranja y después se la quitaron. En los niños puede observarse que proyectan mucho los labios o hacen pu-

Figura 18. Chimpancé decepcionado y huraño. Dibujado del natural por Mr. Wood.

cheros con ellos cuando se muestran huraños, pero en un grado mucho menor.

Hace muchos años, puse en el Parque Zoológico un espejo en el suelo entre dos orangutanes jóvenes que, por lo que yo sabía, nunca habían visto uno. Al principio miraron sus propias imágenes con el mayor estupor y cambiaron muchas veces de ángulo de visión. Después se acercaron y proyectaron los labios hacia la imagen, como si quisiesen besarla, exactamente igual a como habían hecho entre sí cuando unos días antes se les había situado juntos en el mismo cubículo. Después hicieron todo tipo de muecas y se colocaron en diversas posturas ante el espejo, empujaron y frotaron la superficie, pusieron sus manos a diferentes distancias del mismo, miraron por detrás y, por fin, quedaron algo sobresaltados, casi asustados, se enfadaron y ya no quisieron volver a mirar.

Cuando intentamos realizar una acción delicada que es difícil y requiere precisión, como por ejemplo enhebrar una aguja, solemos cerrar los labios con firmeza —creo que con el fin de que la respiración no perturbe nuestros movimientos—. He observado esa misma acción en un joven orangután. La pobre criatura estaba enferma e intentaba divertirse matando moscas con los nudillos en los cristales de la ventana; no era cosa fácil ya que las moscas zumbaban alrededor, y a cada intento apretaba los labios con firmeza, al tiempo que los proyectaba ligeramente hacia adelante.

Aunque los semblantes y más en concreto los gestos de los orangutanes y chimpancés son en algunos aspectos muy expresivos, dudo que en conjunto sean tan expresivos como los de algunas otras clases de monos. Ello puede atribuirse en parte a que sus orejas son inmóviles y en parte a sus cejas tan lampiñas, por lo que sus movimientos resultan menos evidentes. Sin embargo, cuando levantan las cejas, la frente aparece arrugada transversalmente, como nos ocurre a nosotros. En comparación con el hombre, sus caras son inexpresivas, debido sobre todo a que no fruncen el ceño bajo ningún estado de ánimo, al menos por lo que yo he podido observar tras haberme fijado cuidadosamente en este aspecto. Fruncir el ceño, una de las expresiones más importantes en el hombre, consiste en contraer los superciliares, por lo que las cejas descienden y se aproximan de manera que se forman arrugas verticales en la frente. Se dice[19] que tanto el orangután como el chimpancé poseen este músculo, pero que entra raras veces en acción, al menos de manera manifiesta. En una ocasión formé con las manos una especie de caja, puse dentro una fruta apetitosa y dejé a un chimpancé y a un orangután jóvenes que intentasen sacarla, y aunque se fueron enfadando, no mostraron ni el más pequeño signo de fruncir el ceño. Tampoco lo hicieron cuando se enfurecieron. En dos ocasiones saqué de repente a dos chimpancés de su cubículo más bien oscuro a la brillante luz del sol, cosa que a nosotros podría llevarnos, desde luego, a fruncir el ceño; ellos, en cambio, parpadearon y entrecerraron los ojos, pero sólo una vez pude percibir que fruncían el ceño muy ligeramente. En otra ocasión hice cosquillas en la nariz a un chimpancé con una paja, y al contraer la cara aparecieron pequeñas arrugas verticales entre las cejas. Nunca he podido ver el ceño fruncido en la frente de un orangután.

Cuando el gorila se enfada, eriza la cresta de pelo, hace descender el labio inferior, dilata las aletas de la nariz y profiere aullidos aterradores. Mr Savage y Mr Wyman[20] afirman que el cuero cabelludo del gorila puede moverse libremente hacia adelante y atrás y que cuando este animal está excitado se contrae con fuerza. Sin embargo, sospecho que con esta última expresión quieren decir que el cuero cabelludo desciende, pues cuando hablan igualmente del chimpancé joven que grita dicen que "tiene las cejas contraídas con fuerza". En el gorila, en muchos babuinos y en otros monos merece destacarse la gran capacidad de movimientos del cuero cabelludo en relación con la capacidad que poseen algunos hombres de mover el cuero cabelludo a voluntad, sea por regresión o por persistencia[21].

Perplejidad, terror

A sugerencia mía se introdujo una tortuga de agua dulce en un cubículo del Parque Zoológico en el que había varios monos, los cuales mostraron gran perplejidad y algo de miedo. Todo ello se manifestó en una inmovilidad persistente, la mirada fija e intensa, los ojos muy abiertos y en movimientos frecuentes de las cejas arriba y abajo. Sus rostros parecían haberse alargado ligeramente. En ocasiones se levantaban sobre las patas traseras para tener mejor visión. A menudo retrocedían algunos pasos y, después de girar la cabeza por encima de un hombro, volvían a fijar la mirada con intensidad. Era curioso observar cómo se asustaron mucho menos de la tortuga que de una serpiente viva que había puesto en su cubículo en una ocasión anterior[22], pues al cabo de pocos minutos algunos monos se aventuraron a acercarse y tocar la tortuga. Por otro lado, algunos de los babuinos de mayor tamaño se aterrorizaron mucho e hicieron muecas como si estuviesen a punto de chillar. Cuando mostré una pequeña muñeca vestida a un *Cynopithecus niger*, se quedó inmóvil mirando intensamente con los ojos muy abiertos y adelantó un poco las orejas hacia adelante. Pero cuando se introdujo la tortuga en su cubículo, este mono movió también los labios de una manera peculiar y rápida, como si fuese un parloteo que, según el parecer del guardián, servía para ganarse o agradar a la tortuga.

Nunca fui capaz de percibir con claridad que las cejas de los monos perplejos se mantuviesen permanentemente elevadas, aunque se moviesen con frecuencia arriba y abajo. En el hombre, la atención que precede al asombro se expresa por una pequeña elevación de las cejas, y el Dr. Duchenne me informa de que cuando dio al mono antes mencionado un tipo de alimento nuevo para él, levantó un poco las cejas adoptando así un aire de gran atención. Entonces tomó el alimento con los dedos y, con las cejas bajadas o rectas, lo rascó, lo olió y lo examinó, con lo cual mostraba una expresión reflexiva. A veces echaba la cabeza ligeramente hacia atrás, y con una rápida elevación de las cejas examinaba de nuevo el alimento, hasta que finalmente lo probó.

Nunca ningún mono mantuvo la boca abierta cuando estaba asombrado. A petición mía, Mr. Sutton observó un orangután y un chimpancé jóvenes durante un período considerable de tiempo, y nunca mantuvieron la boca abierta por muy asombrados que estuviesen o mientras escuchaban atentos un sonido extraño. Este hecho es sorprendente, pues es difícil encontrar en el hombre una expresión más general que la de abrir la boca de par en par en estado de asombro. Por lo que he sido capaz de observar, los monos respiran con más facilidad que el hombre a través de las ventanas nasales y ello podría explicar que no abran la boca cuando están asombrados. Como veremos en un próximo capítulo, parece claro que el hombre actúa así cuando se asusta, al principio con el fin de realizar con rapidez una inspiración profunda y después para poder respirar con el máximo sigilo.

En muchos tipos de monos el terror se expresa mediante la profusión de gritos penetrantes, al tiempo que los labios se retraen de modo que los dientes quedan al descubierto. El pelo se eriza, sobre todo cuando sienten también cierta furia. Mr. Sutton ha visto con claridad cómo el rostro del *Macacus rhesus* palidecía de miedo. Los monos también tiemblan de miedo, y a veces evacuan sus excrementos. He visto a uno que, al ser capturado, casi se desmaya por un ataque de terror.

He ofrecido ya suficientes datos relativos a las expresiones de varios animales. Es imposible estar de acuerdo con sir C. Bell cuando dice[23] que "los rostros de los animales parecen capaces sobre todo de expresar rabia y miedo", o cuando dice que todas sus expresiones "deben ser referidas, más o menos claramente, a sus actos de volición o sus instintos marcados por la necesidad". Quien mire un perro cuando se prepara para atacar a otro perro o a un hombre y al mismo animal cuando acaricia a su amo, u observe el semblante de un mono cuando se le provoca o cuando su cuidador lo mima, no tendrá más remedio que admitir que los movimientos de su rostro y sus gestos son casi tan expresivos como los del hombre. Aunque no puede darse una explicación sobre algunas de las expresiones de los animales inferiores, la mayor parte se explican según los tres principios enunciados al comienzo del capítulo 1.

Capítulo 6
Expresiones especiales del hombre: sufrimiento y llanto

Los gritos y el llanto en los niños. Forma de las facciones. Edad a la que comienzan a llorar. Efectos de reprimir habitualmente el llanto. El sollozo. Causas de la contracción de los músculos que rodean el ojo en la acción de gritar. Causas de la secreción de las lágrimas.

En este capítulo y en los siguientes describiré y explicaré, hasta donde alcanzan mis conocimientos, las expresiones mostradas por el hombre bajo diversos estados de ánimo. Ordenaré mis observaciones según el criterio que me ha parecido más conveniente y que nos llevará, en general, a sensaciones y emociones opuestas que se irán sucediendo.

Sufrimiento del cuerpo y la mente: llanto

En el capítulo 3 he descrito ya con bastante detalle los síntomas de dolor extremo, que se manifiestan con gritos o gemidos, contorsiones de todo el cuerpo y castañeteo o rechinar de los dientes. Dichos síntomas van acompañados o seguidos a menudo de sudor abundante, palidez, temblores, postración profunda o desfallecimiento. Ningún sufrimiento es mayor que el de un miedo o un terror extremo, pero aquí entra en juego una emoción distinta que consideraremos en otro lugar. El sufrimiento prolongado, sobre todo de la mente, se transforma en abatimiento, pena, melancolía y desesperanza, estados que serán tratados en el capítulo siguiente. Aquí me limitaré prácticamente al llanto y a los gritos, sobre todo en los niños.

Los niños profieren gritos prolongados cuando sufren algún dolor, aunque sea débil, un poco de hambre o alguna incomodidad. Mientras gritan así, sus ojos se mantienen fuertemente cerrados, de manera que la piel que los rodea se arruga y la frente se contrae, quedando fruncido el ceño. La boca se abre de par en par y los labios se retraen de un modo peculiar adoptando una forma cuadrada, mientras las encías o los dientes quedan más o menos al descubierto. El aire es inhalado de forma casi espasmódica. Es fácil observar a niños que gritan, pero he comprobado que el mejor medio para realizar observaciones son las fotografías instantáneas, pues permiten una mayor reflexión. He reunido doce de ellas, la mayor parte realizadas expresamente para mí, y todas muestran las mismas características generales. Así pues, he elegido seis [1] para reproducirlas aquí (lámina I) por el procedimiento del heliotipo.

Cerrar con fuerza los párpados, con la consiguiente compresión del globo ocular (un elemento de gran importancia en diversas expresiones) sirve para proteger los ojos de una afluencia excesiva de sangre, como explicaré detalladamente a continuación. Por lo que se refiere al orden en que se contraen los músculos para presionar los ojos con fuerza, estoy en deuda con el Dr. Langstaff, de Southampton, por ciertas observaciones que yo mismo he repetido después. El mejor procedimiento para observar la secuencia consiste en hacer que una persona levante primero las cejas para provocar así arrugas transversales en la frente; después, de modo gradual, se le hará contraer todos los músculos que rodean los ojos con la máxima fuerza posible. El lector que no esté familiarizado con la anatomía del rostro deberá observar las figuras 1 a 3 de la página 45. Los superciliares de las cejas (*corrugator supercilii*) parecen ser los primeros músculos en contraerse. Estos músculos dirigen las cejas hacia abajo y hacia adentro, en dirección a la base de la nariz, produciendo arrugas verticales que aparecen entre las

1

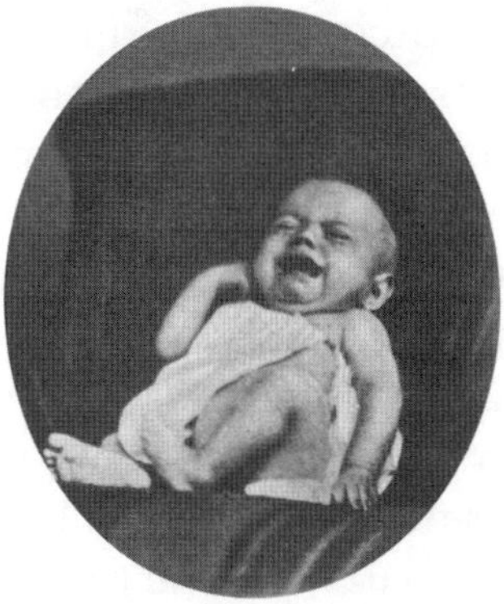

2

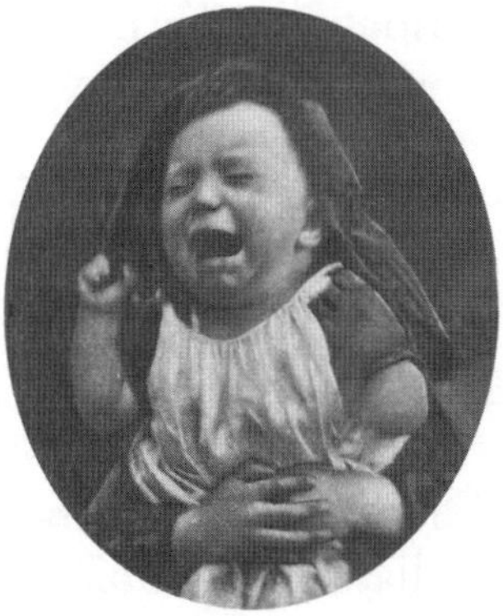

3

4

5

6

Lámina I

cejas (es decir, el ceño fruncido); al mismo tiempo provocan la desaparición de las arrugas transversales que surcan la frente. Los músculos orbiculares se contraen casi al mismo tiempo que los superciliares y producen arrugas alrededor de los ojos, aunque adquieren la capacidad de contraerse con fuerza cuando la contracción de los superciliares les proporciona un soporte. En último lugar, se contraen los músculos piramidales de la nariz, que tiran de las cejas y la piel de la frente aún más hacia abajo, originando pequeñas arrugas transversales en la base de la nariz[2]. En aras de la brevedad, me referireé en general a estos músculos como los orbiculares o como los que rodean a los ojos.

Cuando estos músculos están contraídos con fuerza, se contraen también los que desplazan el labio superior[3] y lo elevan. Era algo que cabía esperar por el modo en que al menos uno de ellos, el *malaris*, conecta con los orbiculares. Cualquiera que contraiga de forma gradual los músculos que rodean los ojos notará que, a medida que incrementa la fuerza, el labio superior y las aletas de la nariz (activadas en parte por uno de esos músculos) se elevan casi siempre ligeramente hacia arriba. Si se mantiene la boca cerrada con fuerza mientras se contraen los músculos que rodean los ojos, y a continuación se relajan súbitamente los labios, se notará que la presión sobre los ojos aumenta de inmediato. Así también, cuando una persona en un día de sol deslumbrante quiere mirar un objeto lejano, pero se ve obligado a cerrar algo los párpados, podrá observarse que eleva casi siempre ligeramente el labio superior. Por esta misma razón, algunas personas muy cortas de vista, que se ven forzadas habitualmente a reducir la apertura de los ojos, muestran una expresión en la boca como si estuviesen riendo y exhibiendo los dientes.

La elevación del labio superior hace subir la parte superior de los carrillos y origina un pliegue profundamente marcado en cada mejilla (el pliegue nasolabial), que va desde el borde de las aletas de la nariz hasta los ángulos de la boca e incluso más abajo. Este pliegue o arruga puede verse en todas las fotografías y es muy característico de la expresión de un niño que llora a gritos, aunque en el acto de reír o sonreír[4] se produce un pliegue similar.

Dado que en el acto de gritar el labio superior está muy levantado, según acabamos de explicar, los músculos depresores de los ángulos de la boca (véase K en las figuras 1 y 2) están muy contraídos con el fin de mantenerla abierta de par en par y para que pueda emitirse un gran volumen de sonido. La acción de esos músculos opuestos, arriba y abajo, tiende a dar a la boca una forma oblonga, casi cuadrada, como puede comprobarse en las fotografías que se acompañan. Un excelente observador[5], al describir el grito de un niño mientras se le daba de comer, decía que "pone su boca como un cuadrado y deja caer la papilla por las cuatro esquinas". Aunque volveremos sobre este punto en un capítulo posterior, creo que los músculos depresores de los ángulos de la boca están menos sometidos al control independiente de la voluntad que los músculos adyacentes, de modo que si un niño pequeño duda sobre si echarse a llorar, ese músculo suele ser el primero en contraerse y el último en cesar la contracción. Cuando los niños ya algo crecidos empiezan a llorar, los músculos que desplazan el labio superior suelen ser los primeros en contraerse, lo cual podría deberse a que a esa edad los niños no tienen una tendencia tan marcada a chillar fuerte, ni por tanto a tener la boca tan abierta, de modo que los músculos que antes hemos llamado depresores no entran en acción con tanta intensidad.

Observé a menudo en uno de mis propios hijos, desde que tenía ocho días y durante algún tiempo después, que el primer signo de un acceso de llanto a gritos (cuando podía seguirse su aparición gradual) era un ligero fruncimiento de ceño debido a la contracción de los superciliares; simultáneamente, los capilares de la cabeza pelada y de la cara se iban enrojeciendo por la sangre. Cuando se iniciaba el acceso de llanto, todos los músculos que rodean los ojos se contraían con fuerza y la boca se abría de par en par, tal como he descrito más arriba; así pues, en ese temprano período las facciones adoptan ya la misma forma que tendrán a una edad avanzada.

El Dr. Piderit[6] ha puesto gran énfasis en la contracción de ciertos músculos que empujan hacia abajo la nariz y estrechan los orificios nasales como característica sobresaliente de la expresión de gritar. Los depressores *anguli oris* suelen contraerse al mismo tiempo, como acabamos de ver, y tienden indirectamente a actuar de la misma manera sobre la nariz, según dice Duchenne. En los niños que tienen un catarro puede notarse que ofrecen ese aspecto como si la nariz estuviera pinzada, lo cual se debe, al menos en parte, a su constante inspiración y a la consiguiente presión de la atmósfera sobre los dos lados, tal como me señaló el Dr. Langstaff. Al parecer, la finalidad de esa contracción de las ventanas de la nariz en los niños que están acatarrados o lloran a gritos es impedir la caída del moco y las lágrimas y evitar que esos fluidos se extiendan por el labio superior.

Tras un largo e intenso acceso de llanto a gritos, el cuero cabelludo, la cara y los ojos aparecen enrojecidos debido al retorno, desde la cabeza, de la sangre que había sido bloqueada por los violentos esfuerzos espiratorios. No obstante, el enrojecimiento de los ojos excitados se debe sobre todo al copioso derramamiento de lágrimas. Los diversos músculos de la cara que han estado fuertemente contraídos se crispan aún ligeramente, y el labio superior se mantiene un poco elevado o girado[7], con los ángulos de la boca levemente dirigidos hacia abajo. He observado en mí mismo y en otras personas adultas que cuando se intenta reprimir las lágrimas, como en la lectura de un relato patético, resulta casi imposible impedir que todos esos músculos que entran en acción violenta durante el llanto de los niños se crispen ligeramente o tiemblen.

Cuando los niños son todavía muy pequeños no derraman lágrimas o lloran, como saben muy bien las amas de cría o los médicos. Esta circunstancia no se debe sólo a que las glándulas lacrimales son aún incapaces de segregar lágrimas. Lo noté por primera vez al rozar sin querer con la manga de mi abrigo el ojo abierto de uno de mis hijos, que tenía 77 días, lo que originó un copioso lagrimeo en el ojo; aunque el niño chilló violentamente, el otro ojo se mantuvo seco o apenas se humedeció con lágrimas. Diez días antes se había producido una débil secreción similar en ambos ojos durante un acceso de llanto con gritos. En cierta ocasión, cuando el niño tenía 122 días y lloró desconsoladamente, las lágrimas no salieron de los ojos y no se derramaron por las mejillas. Esto se produjo por primera vez 17 días más tarde, a los 139 días de edad. Otros pocos niños han sido observados a mi requerimiento y se ha visto que el período de llanto sin trabas parece ser muy variable. En un caso, los ojos llegaron a humedecerse un poco a la edad de 20 días, y en otro a la de 62. En otros dos niños las lágrimas *no* se derramaron por la cara con edades de 84 y 110 días, mientras que en un tercer niño sí que lo hicieron a los 104 días. En el caso de un niño, me aseguraron inequívocamente que las lágrimas se derramaron a la temprana y poco corriente edad de 42 días. Parece como si las glándulas lacrimales necesitasen algo de práctica por parte del individuo antes de poder entrar en acción con facilidad, como varios movimientos y actitudes hereditarias de tipo reflejo, que requieren cierta cantidad de ejercicio antes de fijarse y perfeccionarse. Esto parece particularmente probable en el caso de un hábito como el llanto, que debe de haberse adquirido en la época en que el hombre se separó del ancestro común del género Homo y de los monos antropomorfos, que no lloran.

Resulta realmente llamativo el hecho de que las lágrimas no se derramen a una edad muy temprana a pesar del dolor u otra emoción de la mente, ya que posteriormente ninguna expresión está tan generalizada en la vida ni tan firmemente marcada como el llanto. Una vez que el niño adquiere este hábito, expresa de la manera más clara todo tipo de sufrimientos, ya se trate de dolor corporal o de aflicción mental, incluso aunque se produzcan también otras emociones como el miedo o la rabia. De todos modos, el carácter del llanto a gritos cambia a una edad muy temprana, como he observado en mis propios hijos (el grito colérico es diferente del de pena). Una señora me ha explicado que su hija de nueve meses, cuando chilla con violencia porque está encolerizada, no llora; sin embargo, derramó lágrimas cuando en una ocasión se le castigó por mover la silla con la espalda mientras estaba a la mesa. Como veremos inmediatamente, esa diferencia podría atribuirse a que en edades posteriores el llanto se reprime en la mayoría de las circunstancias, a excepción de la pena, y a la influencia de dicha represión que se transmitió en un período de vida más temprano que aquel en el que comenzó a practicarse.

En los adultos, sobre todo de sexo masculino, el llanto deja pronto de expresarse o producirse por un dolor corporal. Esto puede explicarse porque, tanto en las razas civilizadas como en las primitivas, suele juzgarse una debilidad o una falta de virilidad exteriorizar el dolor corporal mediante cualquier signo visible. Exceptuando esa circunstancia, los salvajes lloran copiosamente por causas mínimas, como muestran los ejemplos reunidos por sir J. Lubbock[8]. Un jefe de Nueva Zelanda "gritaba como un niño porque los marineros habían estropeado su manto favorito al espolvorearlo con harina". En Tierra de Fuego observé a un nativo cuyo hermano había fallecido recientemente y que, de forma alternativa, lloraba con una violencia histérica y reía a carcajadas con cualquiera que le divirtiese. En las naciones civilizadas de Europa hay también grandes diferencias en la frecuencia del llanto. Los hombres ingleses lloran raramente, excepto bajo la presión de la pena más grave, mientras que en algunas partes del continente los hombres derraman lágrimas con mucha mayor facilidad y espontaneidad.

Es sabido que los dementes dan salida a todas sus emociones con escasa o nula contención, y el Dr. Crichton Browne me ha explicado que nada es más típico de la melancolía simple, incluso en el sexo masculino, que la tendencia a llorar en las situaciones más triviales o incluso sin motivo alguno. También lloran de un modo desproporcionado cuando existe alguna causa real para la pena. El tiempo que dura el llanto de algunos pacientes es sorprendente, así como la cantidad de lágrimas que vierten. Una muchacha melancólica lloró un día entero y confesó después al Dr. Browne que lo había hecho al recordar que una vez se afeitó las cejas para que le crecieran más. Muchos pacientes del manicomio permanecen sentados largo tiempo balanceándose de atrás a adelante, "y si se les habla, detienen sus movimientos, contraen los ojos, dejan caer los ángulos de la boca y prorrumpen en sollozos". En algunos de ellos, el hecho de hablarles o saludarles con amabilidad parece sugerirles algún pensamiento imaginario y doloroso, pero en otros casos cualquier intento de aproximación provoca el llanto, independientemente de la presencia de un pensamiento doloroso. Los pacientes que sufren de manía aguda muestran también paroxismos de gritos violentos o llanto intenso durante sus incoherentes delirios. No obstante, no debemos poner demasiado énfasis en el derramamiento copioso de lágrimas en los dementes, ya que son incapaces de contenerse; determinadas enfermedades cerebrales, como la hemiplejía, el agotamiento cerebral y el deterioro senil, llevan consigo una tendencia específica a producir llanto. El llanto es corriente en los dementes, incluso después de llegar a un estado completo de fatuidad y haber perdido la capacidad de hablar. Las personas idiotas de nacimiento lloran igualmente[9], aunque se dice que esto no ocurre en el caso de los cretinos. Según podemos ver en los niños, el llanto parece ser la expresión primaria y natural de un sufrimiento de cualquier tipo, ya se trate de un dolor corporal pasajero, de una angustia extrema o de un desasosiego mental. Pero los hechos que acabamos de ver y la experiencia cotidiana nos demuestran que la repetición frecuente de un esfuerzo por contener el llanto, en asociación con ciertos estados de la mente, contribuye a refrenar el hábito. Por otro lado, parece ser que la capacidad de llorar puede aumentar con el hábito; así, el reverendo R. Taylor[10], que residió durante largo tiempo en Nueva Zelanda, asegura que las mujeres pueden derramar abundantes lágrimas a voluntad, y con esta finalidad hacen de plañideras de los muertos y se jactan de llorar "del modo más sentido".

Un simple esfuerzo de represión realizado para contener las glándulas lacrimales sirve de poco, y, en realidad, puede conducir a menudo al resultado opuesto. Un médico anciano y experimentado me contó que él siempre había comprobado que la única manera de refrenar el amargo llanto ocasional de algunas señoras en la consulta, y que ellas mismas querían cortar, era rogarles encarecidamente que no intentasen reprimirlo, asegurándoles que nada les aliviaría más que un llanto prolongado y copioso.

Los chillidos de los niños consisten en espiraciones prolongadas con inspiraciones cortas y rápidas, casi espasmódicas, que en edades algo más avanzadas desembocan en sollozos. Según Gratiolet[11], la glotis es el órgano más afectado durante el acto de sollozar. Este sonido se escucha "en el momento en que la inspiración vence la resistencia de la glotis y el aire irrumpe en el pecho".

Sin embargo, todo el acto de la respiración es también espasmódico y violento. Generalmente, los hombros están alzados en ese momento, por lo que el mencionado movimiento respiratorio resulta más fácil. En el caso de uno de mis hijos, cuando tenía 77 días las inspiraciones eran tan rápidas e intensas que casi tenían el carácter de sollozos; cuando cumplió 138 días noté por primera vez con claridad el sollozo, que a partir de ese momento se produjo ya siempre después de cada acceso de llanto con gritos. Los movimientos respiratorios son en parte voluntarios y en parte involuntarios, y he podido observar que en alguna medida los sollozos se deben a que los niños, después de la primera infancia, tienen ya cierta capacidad para controlar sus órganos vocales y detener los chillidos, pero como tienen menos capacidad de control sobre los músculos respiratorios, éstos continúan actuando durante un tiempo de forma involuntaria o espasmódica tras haber sido llevados a una acción violenta. Los sollozos parecen peculiares de la especie humana, pues los cuidadores del Parque Zoológico me aseguran que no han oído nunca sollozar a ningún tipo de mono, aunque los monos gritan a menudo con fuerza cuando se les persigue y atrapa, y luego jadean durante largo rato. Vemos, pues, que hay una estrecha analogía entre el sollozo y el derramamiento abundante de lágrimas, pues en los niños el sollozo no comienza en la primera infancia sino que aparece después de forma más bien repentina, y más adelante se produce tras cada acceso fuerte de llanto con gritos, hasta que el hábito es contenido con los años.

Sobre la causa de la contracción de los músculos que rodean los ojos durante los chillidos

Hemos visto que los bebés y los niños cierran siempre fuertemente los ojos cuando gritan contrayendo los músculos que los rodean, de modo que la piel se arruga alrededor. En los niños mayores, e incluso en los adultos, se puede observar una tendencia a contraer esos mismos músculos cuando se produce un llanto violento y sin contención alguna, aun cuando es frecuente reprimirlo para no interferir en la visión.

Sir C. Bell explica[12] esta acción del modo siguiente: "Durante cada acto de espiración violento, sea riendo a carcajadas, llorando, tosiendo o estornudando, el globo ocular es comprimido con fuerza por las fibras de los orbiculares; esto constituye una medida de defensa y protección del sistema vascular del interior del ojo ante un impulso retrógrado comunicado a la sangre de las venas en ese mismo momento. Cuando contraemos el pecho y expulsamos el aire se produce un retardo de la sangre en las venas del cuello y la cabeza; y en las acciones más potentes de expulsión, la sangre no sólo distiende los vasos sino que es incluso devuelta a las ramas más pequeñas. Si el ojo no fuese comprimido de forma adecuada en ese momento, proporcionándole una resistencia al choque, podría producirse un daño irreparable en las delicadas estructuras de su interior". Después añade: "Si separamos los párpados de un niño para examinar el ojo mientras grita y forcejea enérgicamente, despegando así el protector natural del sistema vascular del ojo —el instrumento que le protege del impulso de la sangre que llega—, la conjuntiva se llena rápidamente de sangre y los párpados quedan afectados".

Los músculos que rodean el ojo se contraen con fuerza no sólo al chillar, reír en alto, toser y estornudar, tal como afirma sir C. Bell y yo mismo he podido observar con frecuencia, sino también durante otra serie de acciones análogas. Cuando una persona se suena la nariz violentamente, contrae esos músculos. Pedí a uno de mis chicos que gritase lo más alto posible, y en el mismo momento de comenzar contrajo fuertemente los músculos orbiculares. Observé eso varias veces y al preguntarle por qué cerraba siempre los ojos con fuerza, comprendí que no se daba cuenta de que lo hacía así, que actuaba instintiva o inconscientemente.

Para inducir la contracción de esos músculos no es necesario que el aire sea expulsado realmente del pecho: basta con que los músculos del pecho y el abdomen se contraigan con fuerza mientras el aire no encuentra salida debido al cierre de la glotis. En los vómitos violentos o en las arcadas, el diafragma desciende debido a que el pecho se llena de aire y se mantiene después en esa posición a consecuencia del cierre de la glotis, "así como por la contracción de sus propias fibras"[13]. Los músculos abdominales se contraen entonces fuertemente sobre el estómago, el cual contrae también sus propios músculos expulsando así el contenido. Durante cada esfuerzo para vomitar, "la cabeza se congestiona mucho, de modo que las facciones se enrojecen e hinchan, y las grandes venas de la cara y las sienes se dilatan de forma muy evidente". Al mismo tiempo, como he podido saber mediante observaciones, los músculos que rodean los ojos se hallan fuertemente contraídos; ocurre lo mismo cuando los músculos abdominales presionan hacia abajo con una fuerza mayor de lo normal para expulsar el contenido del canal intestinal.

El mayor esfuerzo muscular del cuerpo no induce la contracción de los músculos que rodean el ojo si no entran en acción intensa los del pecho para expulsar o comprimir el aire dentro de los pulmones. He observado a mis hijos cuando hacían mucha fuerza en ejercicios gimnásticos, como elevar una y otra vez el cuerpo y quedar suspendidos solamente por los brazos, y casi no había indicio alguno de contracción de los músculos que rodean los ojos.

Según veremos más adelante, dado que la contracción de estos músculos para la protección de los ojos durante la espiración violenta es, indirectamente, un elemento fundamental en varias de nuestras expresiones más importantes, tenía un gran interés por ver hasta qué punto podían confirmarse los puntos de vista de sir C. Bell. El profesor Donders de Utrecht[14], muy conocido como una de las mayores autoridades de Europa en visión y estructura del ojo, fue tan amable de llevar a cabo esa investigación a requerimiento mío con la ayuda de una serie de ingeniosos instrumentos de la ciencia moderna, y ha publicado sus resultados[15]. En ellos se muestra que durante una espiración violenta, los vasos externos, los intraoculares y los retroculares del ojo son afectados todos ellos de dos maneras: por el aumento de la presión de la sangre en las arterias y por el reflujo de la sangre en las venas. Así pues, es cierto que tanto las arterias como las venas del ojo están más o menos dilatadas durante una espiración violenta. Las pruebas detalladas pueden hallarse en el valioso estudio del Dr. Donders. Advertimos los efectos sobre las venas de la cabeza en el hecho de que se tornan prominentes y en el color púrpura de la cara cuando una persona tose con violencia porque se siente medio ahogada. Basándome en el mismo autor, debo mencionar que todo el ojo se desplaza un poco hacia adelante en cada espiración violenta. Ello es debido a la dilatación de los vasos retroculares y puede deducirse de la íntima conexión del ojo con el cerebro. Si se retira una parte del cráneo, se puede ver que el cerebro se eleva y desciende en cada respiración, lo cual puede observarse también a través de las fontanelas no cerradas de la cabeza de los bebés. Supongo que ésta es asimismo la razón por la que los ojos de un hombre estrangulado parecen salirse de las órbitas.

Respecto a la protección del ojo mediante la presión de los párpados durante los esfuerzos espiratorios violentos, el profesor Donders concluye a partir de sus diversas observaciones que esta acción limita o elimina sin duda por completo la dilatación de los vasos[16]. Y añade que en esas situaciones no es infrecuente observar cómo la mano se coloca sin querer sobre los párpados, como la mejor protección y defensa del globo ocular.

De momento, sin embargo, no podemos aportar demasiadas pruebas para demostrar que el ojo sufre realmente algún daño por falta de protección durante una espiración violenta, aunque sí hay algunas. Es "un hecho que los enérgicos esfuerzos espiratorios durante la tos o el vómito violentos, y especialmente por el estornudo, dan lugar a veces a roturas de los pequeños vasos (externos)" del ojo[17]. Respecto a los vasos internos, el Dr. Gunning ha registrado hace poco un caso de exoftalmia como consecuencia de una tos estertórea y provocada, en su opinión, por la ruptura de los vasos más profundos, habiéndose registrado otros casos análogos. Aunque bastaría, quizá, una mera sensación de molestia para producir el hábito asociado de proteger el globo ocular mediante la contracción de los músculos que lo rodean. Incluso la mera expectativa o amenaza de lesión sería suficiente, probablemente, del mismo modo que un objeto que se mueve demasiado cerca del ojo provoca el pestañeo involuntario de los párpados. Por tanto, a partir de las observaciones de sir C. Bell y sobre todo de las investigaciones más cuidadosas del profesor Donders, podemos concluir sin temor a equivocarnos que la firme oclusión de los párpados en los niños durante sus gritos de llanto es una acción llena de significado y utilidad real.

Hemos visto ya que la contracción de los músculos orbiculares conduce a la elevación del labio superior y, en consecuencia (si la boca se mantiene abierta de par en par), la caída de los ángulos de la boca por la contracción de los músculos depresores. La formación del pliegue nasolabial en las mejillas se produce igualmente por la elevación del labio superior. Así, los principales movimientos expresivos del rostro durante los gritos derivan aparentemente de la contracción de los músculos que rodean los ojos. También veremos que el derramamiento de lágrimas depende, o está conectado de algún modo, con la contracción de esos mismos músculos.

En algunos casos ya citados, sobre todo en el estornudo y la tos, la contracción de los músculos orbiculares podría servir además para proteger los ojos de una sacudida o vibración demasiado fuertes. Así lo creo yo, pues cuando los perros y los gatos trituran huesos muy duros cierran siempre los ojos, y también lo hacen algunas veces cuando estornudan, aunque los perros no actúen así cuando ladran con fuerza. Mr. Sutton observó cuidadosamente a requerimiento mío un orangután y un chimpancé, ambos jóvenes, y halló que tanto uno como otro cerraban siempre los ojos al estornudar y toser, pero no lo hacían cuando chillaban con violencia. Yo mismo di una pizca de rapé a un mono americano, un Cebus, y cerró los párpados mientras estornudaba, pero no lo hizo en otra ocasión cuando profería intensos gritos.

La causa de la secreción de lágrimas

Un hecho importante que debe ser considerado en cualquier teoría sobre la secreción de lágrimas por afecciones de la mente es que se segregan lágrimas, y a menudo en suficiente cantidad como para rodar por las mejillas, cuando los músculos que rodean a los ojos se contraen con fuerza e involuntariamente para constreñir los vasos sanguíneos y proteger así los ojos. Esto ocurre bajo las emociones más opuestas y en ausencia de cualquier emoción. La única excepción, y sólo parcial, a la existencia de una relación entre las contracciones involuntarias y fuertes de esos músculos y la secreción de lágrimas se observa en los niños pequeños, que gritan violentamente con los párpados muy apretados sin que en ese momento suelan llorar, cosa que no hacen hasta que no han alcanzado una edad comprendida entre los dos y los tres o cuatro meses. Sin embargo, sus ojos llegan a inundarse de lágrimas a una edad mucho más temprana. Parece ser, como ya he señalado, que las glándulas lacrimales no alcanzan toda su actividad funcional en una época de la vida demasiado temprana por falta de práctica o por alguna otra causa. En los niños de algo más edad, los gritos o el llanto por cualquier molestia van acompañados con tal regularidad por el derramamiento de lágrimas que llorar y gritar son términos sinónimos[18].

Bajo la emoción opuesta de intensa alegría o contento, casi no hay contracción de los músculos que rodean los ojos, siempre que la risa sea moderada, de modo que no se frunce el ceño, pero cuando se profieren risas fuertes o carcajadas con espiraciones espasmódicas rápidas y violentas, las lágrimas se derraman por la cara. Me he fijado más de una vez en la cara de una persona después de un arrebato de risa violenta y he podido observar que los músculos orbiculares y los que mueven el labio superior estaban parcialmente contraídos, lo cual daba a la mitad superior del rostro, unido a las mejillas mojadas por las lágrimas, una expresión que no podía diferenciarse de la de un niño cuando gimotea de pena. El hecho de que las lágrimas se derramen por la cara durante la risa violenta es común a todas las razas del género humano, como veremos en un capítulo próximo.

En la tos violenta, sobre todo cuando una persona se siente medio ahogada, la cara se vuelve púrpura, las venas se dilatan, los músculos orbiculares se contraen con fuerza y las lágrimas se derraman por las mejillas. Incluso después de un acceso normal de tos, casi siempre debemos enjuagarnos los ojos. En los vómitos o en las arcadas violentas, como he experimentado en mí mismo y he visto en otros, los músculos orbiculares están contraídos fuertemente y a veces las lágrimas caen abiertamente por las mejillas. Me han dicho que esto podría deberse a la introducción de partículas irritantes en las cavidades nasales, las cuales producen la secreción de lágrimas por acción refleja. En función de ello, pedí a uno de mis informantes, un cirujano, que observase los efectos de las arcadas cuando no salía nada del estómago, y por una singular coincidencia él mismo sufrió a la mañana siguiente un acceso de arcadas y tres días después observó a una señora durante un acceso similar. Mi informante está convencido de que en ningún caso salió la menor partícula del estómago, y sin embargo los músculos orbiculares se contrajeron con fuerza y las lágrimas se segregaron en abundancia. Yo puedo hablar con fundamento de la enérgica contracción de esos mismos músculos que rodean los ojos, y a la vez de la intensa secreción de lágrimas, cuando los músculos abdominales actúan con mayor fuerza que la normal en dirección descendente sobre el canal intestinal.

El bostezo comienza con una inspiración profunda seguida de una larga y fuerte espiración; al mismo tiempo, casi todos los músculos del cuerpo se contraen con fuerza, incluyendo los que rodean los ojos. Durante esta acción es frecuente que se segreguen lágrimas e incluso he visto cómo caían por las mejillas.

He observado muchas veces que, cuando las personas se rascan una parte del cuerpo a causa de un picor intolerable, cierran con firmeza los párpados, pero no me parece que primero respiren hondo y después espiren con fuerza; y nunca he notado que los ojos se humedezcan de lágrimas, aunque no estoy en condiciones de afirmar que esto no ocurra nunca. El cierre intenso de los párpados podría ser sólo una parte de la acción general por la cual casi todos los músculos del cuerpo se ponen rígidos simultáneamente. Se trata de algo totalmente diferente del suave cierre de ojos que se produce a menudo, según Gratiolet[19], al percibir un delicioso olor o saborear un manjar delicado, y que se produce, probablemente, por el deseo de evitar el paso de cualquier impresión perturbadora a través de los ojos.

El profesor Donders me describe lo siguiente: "He observado algunos casos de una afección muy curiosa cuando, tras un ligero contacto (*attouchement*) ocasionado por ejemplo por el roce de un abrigo, sin haber dado origen ni a herida ni contusión algunas, se produjeron espasmos de los músculos orbiculares con un flujo muy abundante de lágrimas que duró alrededor de una hora. Algunas veces se volvieron a producir violentos espasmos de los mismos músculos después de una semana, acompañados por secreción de lágrimas junto a un enrojecimiento primario o secundario del ojo". Mr. Bowman me ha informado de que también observó a veces casos análogos, y que en algunos de ellos no hubo enrojecimiento ni inflamación de los ojos.

Sentí un gran interés por comprobar si en alguno de los animales inferiores existía una relación similar entre la contracción de los músculos orbiculares y la secreción de lágrimas durante las espiraciones violentas, aunque hay muy pocos animales que contraigan estos músculos de un modo prolongado y derramen lágrimas. El *Maccacus maurus* que lloró tan copiosamente al principio de su estancia en el Parque Zoológico, hubiese sido un excelente caso para observar, pero los dos monos que hay ahora, y que se cree son de la misma especie, no lloran. No obstante, fueron observados con atención por Mr. Bartlett y por mí mismo mientras chillaban con intensidad, y parecía que contraían esos músculos pero se movían con tanta rapidez en sus jaulas que era difícil observarlo con seguridad. Por lo que he sido capaz de discernir, ningún otro mono contrae los músculos orbiculares cuando chilla.

Se sabe que el elefante indio llora a veces. Al describir los ejemplares que vio capturar y encerrar en Ceilán, sir E. Tennent dice que algunos "se quedan inmóviles en el suelo sin otra indicación de sufrimiento que las lágrimas que inundan sus ojos y fluyen incesantemente". Hablando de otro elefante dice: "Una vez reducido y amarrado, su pena resultó muy conmovedora; su violencia se transformó en una total postración y se quedó en el suelo profiriendo gritos ahogados y derramando lágrimas que caían por sus mejillas"[20]. En el Parque Zoológico, el cuidador de los elefantes indios afirma haber visto varias veces, sin lugar a dudas, cómo caían las lágrimas por la cara de una vieja hembra angustiada que había sido separada de su cría. De ahí mi gran interés por comprobar si los elefantes contraen esos músculos cuando chillan o barritan con violencia, como una extensión de la relación entre el acto de contraer los músculos orbiculares y el de segregar lágrimas en el hombre. Accediendo a los deseos de Mr. Bartlett, el cuidador hizo barritar al elefante joven y al viejo, y vimos varias veces cómo ambos animales contraían nítidamente los músculos orbiculares, sobre todo los inferiores, al comenzar a barritar. En otra ocasión el cuidador hizo barritar mucho más fuerte al elefante mayor, e invariablemente contrajo con fuerza tanto los orbiculares superiores como los inferiores, ambos con la misma intensidad. Es un hecho singular que el elefante africano, tan diferente de la especie india que algunos naturalistas lo sitúan en un subgénero distinto, no mostró el menor signo de contraer los orbiculares cuando se le hizo barritar con fuerza en dos ocasiones.

A partir de los diversos casos que hemos visto, no creo que pueda dudarse, respecto al hombre, de que la contracción de los músculos orbiculares en la espiración violenta, o cuando el pecho se comprime con fuerza al hincharse, esté relacionada íntimamente de alguna manera con la producción de lágrimas. Ello también sucede bajo los efectos de una gran diversidad de emociones, con independencia del tipo de emoción del que se trate, lo cual no quiere decir, por supuesto, que las lágrimas no puedan segregarse sin la contracción de esos músculos, pues es evidente que se derraman a menudo sin cerrar los ojos y con las cejas sin fruncir. La contracción puede ser involuntaria y prolongada, como en un atragantamiento, o bien enérgica, como en un estornudo. El mero parpadeo involuntario, aun cuando sea reiterado, no deriva en lagrimeo de los ojos. Tampoco es suficiente la contracción voluntaria y prolongada de los diversos músculos que rodean los ojos. Dada la facilidad con que se excitan las glándulas lacrimales en los niños, convencí a mis hijos y a otros niños de edades diferentes para que contrajesen varias veces esos músculos con todas sus fuerzas y durante todo el tiempo que pudiesen, pero ello apenas produjo efecto alguno. En algunos momentos se les humedecieron ligeramente los ojos, pero ello se debió a la liberación de las lágrimas ya segregadas y almacenadas en las glándulas.

No se puede establecer de manera categórica la naturaleza de la relación entre la contracción voluntaria y enérgica de los músculos de los ojos y la producción de lágrimas, pero cabe sugerir una posibilidad plausible. La función primaria de segregar lágrimas, junto con algo de mucosidad, es lubricar la superficie del ojo, y su función secundaria, según algunos creen, consiste en mantener húmedos los conductos nasales, de modo que pueda humedecerse el aire inhalado[21] y así favorecer la capacidad olfativa. Pero otra función de las lágrimas al menos igualmente importante es la de eliminar del ojo partículas de polvo u otros objetos diminutos que puedan caer en su interior. La gran importancia de esta función queda clara en los casos en que la córnea se opaca por la inflamación producida por partículas de polvo no eliminadas, a consecuencia de lo cual se inmovilizan tanto el ojo como el párpado[22]. La producción de lágrimas a causa de una irritación producida por cualquier cuerpo extraño en el ojo es una acción refleja que funciona de la siguiente manera: el cuerpo extraño irrita el nervio periférico, el cual envía una impresión a ciertas células nerviosas sensoriales, que transmiten su influencia a otras células, y éstas, a su vez, a las glándulas lacrimales. Hay buenas razones para creer que el impulso transmitido a dichas glándulas produce la relajación de la envoltura muscular de las arterias más pequeñas; ello permite que discurra más sangre hacia los tejidos glandulares, lo que provoca la secreción espontánea de lágrimas. Cuando las pequeñas arterias de la cara, incluidas las de la retina, se relajan bajo distintas circunstancias, como en el caso de un fuerte sonrojo, las glándulas lacrimales resultan afectadas a veces de la misma manera y los ojos se inundan de lágrimas.

Es difícil conjeturar sobre cómo se han originado muchas acciones reflejas, pero por lo que se refiere al presente caso de la afección de las glándulas lacrimales por irritación de la superficie del ojo puede ser importante señalar que, en cuanto alguna forma primitiva de vida adquirió hábitos anfibios y se expuso a que se le introdujesen partículas de polvo en los ojos, si éstas no se eliminaban podían producir una gran irritación; y según el principio de la radiación de fuerza nerviosa a las células nerviosas adyacentes, las glándulas lacrimales debieron ser estimuladas para segregar. Como esto debió de ocurrir con frecuencia, y como la fuerza nerviosa se transmite fácilmente a través de los canales habituales, una débil irritación pudo acabar siendo suficiente para causar la secreción de lágrimas.

Tan pronto como una acción refleja de esta índole llegó a establecerse, por éste o por algún otro medio, y hacerse sencilla, otros estímulos que actuaban en la superficie del ojo (como un viento frío, una débil acción inflamatoria o un soplo en los párpados) pudieron producir una copiosa secreción de lágrimas, según sabemos. Asimismo, la actividad de las glándulas es provocada por la irritación de zonas adyacentes. Así, cuando los orificios nasales son irritados por emanaciones picantes, aunque los párpados se mantengan cerrados con firmeza, se segregan lágrimas en abundancia, y lo mismo ocurre con un golpe en la nariz, asestado por ejemplo con un guante de boxeo. Según he podido comprobar, una varilla punzante aplicada a la cara produce el mismo efecto. En estos últimos casos la secreción de lágrimas es un resultado incidental y no de utilidad directa. Dado que todas esas partes de la cara, incluyendo las glándulas lacrimales, están inervadas por ramas del mismo nervio, en concreto el quinto, es comprensible en cierta medida que los efectos de la excitación de cualquiera de las ramas puedan extenderse a las células nerviosas o a las raíces de otras ramas.

En ciertas condiciones, las zonas internas del ojo actúan igualmente de modo reflejo sobre las glándulas lacrimales. Las siguientes afirmaciones me han sido facilitadas amablemente por Mr. Bowman, aunque la cuestión es muy intrincada debido a que todas las partes del ojo están relacionadas entre sí de forma muy estrecha y son muy sensibles a los más diversos estímulos. Una luz intensa que actúa sobre la retina apenas tiende a producir lagrimeo cuando se halla en condiciones normales, pero en niños enfermos con úlceras pequeñas y crónicas en la córnea, la retina llega a hacerse en extremo sensible a la luz, e incluso la exposición a la luz diurna habitual produce un fuerte y continuo parpadeo y una profusa producción de lágrimas. Cuando las personas que deben empezar a usar habitualmente anteojos de lente convexa fuerzan su debilitado poder de acomodación, se produce a menudo una abundante secreción de lágrimas y la retina se expone a ser más sensible a la luz de lo normal. Por lo general, las afecciones mórbidas de la superficie del ojo y de las estructuras filiares que intervienen en la acomodación tienden a ir acompañadas de una profusa secreción de lágrimas. Un endurecimiento del globo ocular, no producido por inflamación sino derivado de una pérdida de equilibrio entre los fluidos segregados y absorbidos por los vasos intraoculares, no suele ir acompañado de ningún lagrimeo. Cuando el problema de equilibrio es del lado contrario y el ojo se torna demasiado blando, hay una gran tendencia al lagrimeo. Por último, existen numerosos estados mórbidos y alteraciones estructurales del ojo, e incluso inflamaciones graves, que pueden ir acompañadas de una secreción de lágrimas escasa o nula.

Como guarda una relación indirecta con nuestro tema, merece la pena recordar también que el ojo y las paredes adyacentes están sometidos a una enorme cantidad de reflejos y movimientos asociados, sensaciones y acciones que se añaden a las relacionadas con las glándulas lacrimales. Cuando una luz brillante incide en la retina de un solo ojo, su iris se contrae, pero el del otro ojo reacciona tras un intervalo determinado de tiempo. El iris también actúa en la acomodación a la visión cercana o distante, y cuando los dos ojos deben converger[23]. Todos sabemos que las cejas se desplazan irresistiblemente hacia abajo ante una luz de brillo intenso. Los párpados también se cierran involuntariamente cuando un objeto se mueve hasta la proximidad de los ojos o se oye un sonido repentino. Aún es más curioso el fenómeno bien conocido del estornudo provocado en algunas personas por una luz brillante. En ese caso la fuerza nerviosa irradia desde ciertas células nerviosas conectadas con la retina hasta las células nerviosas sensoriales de la nariz produciendo el cosquilleo, y desde ellas a las células que controlan los diversos músculos respiratorios (incluidos los orbiculares), que expulsan el aire de tal forma que irrumpe a través de los orificios nasales.

Volviendo a nuestro asunto: ¿por qué se segregan lágrimas durante un ataque de gritos o en otros esfuerzos respiratorios violentos? Dado que un débil golpe sobre los párpados produce una copiosa secreción de lágrimas, es verosímil, al menos, que la contracción espasmódica de los párpados, al presionar fuertemente sobre el globo ocular, pueda producir de modo similar alguna secreción. Aunque esto parece posible, la contracción voluntaria de los mismos músculos no produce ningún efecto. Sabemos que un hombre no puede estornudar a voluntad ni toser con la misma fuerza que cuando lo hace de forma automática, y lo mismo ocurre con la contracción de los músculos orbiculares. Sir C. Bell realizó experimentos sobre ello y descubrió que, al cerrar de repente y con fuerza los párpados en la oscuridad, se ven centelleos de luz similares a los que se producen al golpear los párpados con los dedos: "Pero en el estornudo la compresión es más rápida y más fuerte, y los centelleos más brillantes". Está claro que esos centelleos son debidos a la contracción de los párpados, ya que si estos "se mantienen abiertos durante el acto de estornudar, no se experimenta ninguna sensación luminosa". En los casos peculiares registrados por el profesor Donders y Mr. Bowman hemos visto que, algunas semanas después de que el ojo haya sufrido una ligera lesión, sobrevienen contracciones espasmódicas de los párpados acompañadas de un abundante flujo de lágrimas. Al parecer, en el acto de bostezar, las lágrimas son debidas tan sólo a la contracción espasmódica de los músculos que rodean el ojo. Pero a pesar de estos últimos casos, parece difícilmente creíble que la presión de los párpados sobre la superficie del ojo, aunque ocurra de forma espasmódica y por tanto con mucha mayor fuerza de la que puede hacerse a voluntad, baste para producir mediante un acto reflejo la secreción de lágrimas en los muchos casos en que ello ocurre durante esfuerzos espiratorios violentos.

También es posible la intervención simultánea de otra causa. Hemos visto que las partes internas del ojo actúan bajo ciertas condiciones de un modo reflejo sobre las glándulas lacrimales. Sabemos que en los esfuerzos espiratorios violentos la presión de la sangre arterial aumenta dentro de los vasos del ojo impidiendo el retorno de la sangre venosa. Por tanto, no parece improbable que la distensión de los vasos oculares inducida de ese modo pudiera actuar por un reflejo sobre las glándulas lacrimales aumentando los efectos debidos a la presión espasmódica de los párpados sobre la superficie ocular.

Considerando hasta dónde resulta verosímil este punto de vista, deberíamos tener presente que los ojos de los niños han sido activados de esta doble manera durante numerosas generaciones, siempre que se han puesto a chillar, y basándonos en el principio de que la fuerza nerviosa pasa con facilidad por los canales habituales, incluso una compresión moderada de los globos oculares y una distensión moderada de los vasos oculares podría haber llegado, finalmente y a través del hábito, a activar las glándulas. Tenemos un caso análogo en los músculos orbiculares, que están siempre ligeramente contraídos en cierta medida, incluso en un acceso de llanto suave, aun cuando no se dé, quizá, distensión alguna de los vasos ni se produzca en el interior del ojo ninguna sensación molesta.

Además, cuando se han ejecutado durante mucho tiempo en estrecha asociación acciones o movimientos complicados, y han sido controlados por cualquier causa, primero a voluntad y después por hábito, sucede que, si se dan las condiciones estimuladoras adecuadas, cualquier parte de la acción o movimiento que esté menos controlado por la voluntad seguirá siendo ejecutado con frecuencia e involuntariamente. La secreción de una glándula es notablemente independiente de la influencia de la voluntad; así pues, aunque el hábito de chillar o gritar se reprima con la edad en el individuo o con el progreso cultural en la raza, y no exista por consiguiente distensión alguna de los vasos sanguíneos en el ojo, puede ocurrir muy bien que las lágrimas sigan segregándose. Como señalaba hace poco, podemos ver que los músculos que rodean los ojos de una persona que lee una historia conmovedora se crispan o tiemblan con tan poca intensidad que casi no puede detectarse. En ese caso no ha habido ningún chillido ni distensión alguna de los vasos sanguíneos, y sin embargo, a causa del hábito, determinadas células nerviosas envían una pequeña cantidad de fuerza nerviosa a las células que controlan los músculos que rodean los ojos; y éstos a su vez envían alguna a las células que controlan las glándulas lacrimales, pues es frecuente que al mismo tiempo los ojos lleguen a humedecerse un poco con las lágrimas. Aunque se impidiera completamente la crispación de los músculos que rodean los ojos o la secreción de las lágrimas, es casi seguro, de todos modos, que seguiría habiendo cierta tendencia a transmitir fuerza nerviosa en esas mismas direcciones; y como las glándulas lacrimales están notablemente libres del control de la voluntad, seguirán siendo muy propensas a actuar, traicionando así (incluso en ausencia de otros signos externos) los conmovedores pensamientos que pasan por la mente de esa persona.

Como ilustración adicional del punto de vista expuesto, puedo señalar que, si en las etapas tempranas de la vida, cuando se establecen con facilidad todo tipo de hábitos, nuestros hijos se acostumbran a proferir carcajadas sonoras cuando están contentos (durante las cuales se dilatan los vasos de los ojos), y lo hacen con tanta frecuencia y constancia como cuando se abandonan a accesos de llanto a gritos al sentirse apenados, es probable que en la vida adulta las lágrimas se segreguen con la misma abundancia y regularidad tanto bajo un estado de animo como bajo el otro. La risa suave o la sonrisa, o incluso un pensamiento pasajero, podrían bastar para que se produjera una secreción moderada de lágrimas. Existe realmente una tendencia evidente en este sentido, como veremos en un capítulo próximo cuando tratemos de los sentimientos de ternura. Según afirma Freycinet[24] al hablar de los habitantes de las Islas Sandwich, las lágrimas se consideran realmente un signo de felicidad, aunque para mantener este criterio precisaríamos de más pruebas que las proporcionadas por un viajero de paso. Volviendo a nuestros hijos, si muchas generaciones, y cada uno de ellos durante varios años, han sufrido casi a diario algún atragantamiento prolongado en el que se han distendido los vasos de los ojos y se han segregado lágrimas copiosamente, es probable que, cuando sean ya adultos, el mero pensamiento de atragantarse, sin ninguna angustia mental, será suficiente, dada la fuerza de los hábitos asociados, para hacer asomar lágrimas a sus ojos.

Resumiendo lo dicho en este capítulo, podemos considerar que el llanto es quizá el resultado de una cadena de hechos como la descrita a continuación. Cuando los niños quieren comer o sufren por algo, gritan con fuerza, igual que las crías de muchos otros animales, en parte para solicitar la ayuda de sus padres y en parte porque cualquier esfuerzo grande puede servirles de alivio. Los chillidos prolongados conducen inevitablemente a que se inunden los vasos sanguíneos del ojo, lo cual provocará, al principio de forma consciente y al final por hábito, la contracción de los músculos que rodean los ojos con el fin de protegerlos. Al mismo tiempo, la presión espasmódica sobre la superficie del ojo y la distensión de los vasos intraoculares, aun sin entrañar necesariamente ninguna sensación consciente, afectará a las glándulas lacrimales mediante una acción refleja. Por último, en función de los tres principios de la fuerza nerviosa que recorre con facilidad los canales habituales, de la asociación, cuyo poder es tan amplio, y de ciertas acciones, más controladas por la voluntad que otras, el sufrimiento producirá con facilidad la secreción de lágrimas sin que vengan obligatoriamente acompañadas de ninguna otra acción.

Aunque según esta perspectiva hemos de considerar el llanto como un resultado incidental, tan carente de finalidad como la secreción de lágrimas por un golpe en la superficie del ojo o como un estornudo producido por una luz brillante sobre la retina, este hecho no supone dificultad alguna a la hora de entender que la secreción de lágrimas sirve para aliviar el sufrimiento. Y cuanto más violento o histérico sea el llanto, mayor será el alivio, debido al mismo principio por el cual las contorsiones de todo el cuerpo, el rechinar de dientes y la emisión de sonidos penetrantes sirven para aliviar un dolor muy agudo.

Capítulo 7
Abatimiento, ansiedad, pena, desaliento, desesperación

Efectos generales de la pena sobre el sistema. Oblicuidad de las cejas bajo el sufrimiento. Sobre la causa de la oblicuidad de las cejas. Sobre los ángulos de la boca caídos.

Cuando la mente ha sufrido un agudo paroxismo de pena y persiste aún la causa, nos vemos arrastrados a un estado de abatimiento o podemos quedar profundamente hundidos y desalentados. Cuando un dolor corporal prolongado no alcanza un punto máximo suele conducir al mismo estado de ánimo. Si esperamos sufrir, estamos ansiosos; y si no tenemos esperanzas de alivio, nos desesperamos.

Las personas que sufren una gran pena buscan aliviarse frecuentemente con movimientos violentos y casi frenéticos, tal como he descrito en un capítulo anterior, pero cuando el sufrimiento se va atenuando, aunque se prolongue, prefieren permanecer inmóviles y pasivos o meciéndose en ocasiones de un lado a otro. La circulación se torna lánguida, la cara palidece, los músculos se vuelven fláccidos, los párpados caen, la cabeza se inclina sobre el pecho hundido, los labios, las mejillas y la mandíbula inferior descienden por su propio peso. De ahí que todos los rasgos parezcan alargados, y por eso se dice que la cara de una persona que recibe malas noticias se derrumba. Un grupo de nativos de Tierra de Fuego se esforzaba por explicarnos cómo había perdido el ánimo un amigo suyo, capitán de un pesquero de focas, y lo hacían presionando hacia abajo sus mejillas con las dos manos para que sus caras pareciesen lo más largas posible. Mr. Bunnet me ha informado de que los aborígenes australianos presentan un aspecto abatido cuando se desaniman. Tras un largo sufrimiento, los ojos se apagan y pierden la expresión y es frecuente que se humedezcan con lágrimas. No es raro que las cejas se pongan oblicuas, lo cual se debe a la elevación del extremo interno. Esto produce unas peculiares arrugas en la frente, cuya forma es muy distinta a la de un simple fruncimiento de ceño, aunque en ciertos casos se manifiesta solamente el ceño fruncido. Los ángulos de la boca caen, lo cual es tan universalmente reconocido como síntoma de pérdida de ánimo que resulta casi proverbial.

La respiración se vuelve lenta y débil y se interrumpe a menudo con profundos suspiros. Como señala Gratiolet, olvidamos respirar cuando nuestra atención está concentrada durante mucho rato sobre algún objeto, y después nos recuperamos con una profunda inspiración; pero los suspiros de una persona apesadumbrada son muy característicos porque van acompañados de una respiración lenta y una circulación lánguida[1]. Cuando la pena de una persona en ese estado vuelve y aumenta hasta el paroxismo, los espasmos afectan a los músculos respiratorios y la persona siente como si eso que suele llamarse *globus hystericus* creciera en su garganta. En los niños, esos movimientos espasmódicos están asociados indudablemente al sollozo y son el residuo de aquellos espasmos fuertes que se producen cuando se dice de una persona que está ahogada por una gran pena[2].

Oblicuidad de las cejas

Sólo dos puntos de la descripción anterior requieren más aclaraciones. Se trata de puntos muy curiosos: la elevación de los extremos internos de las cejas y la caída de los ángulos de la boca. Respecto a las cejas, puede verse en ocasiones cómo adoptan una posición oblicua en personas que sufren un profundo desaliento o

1

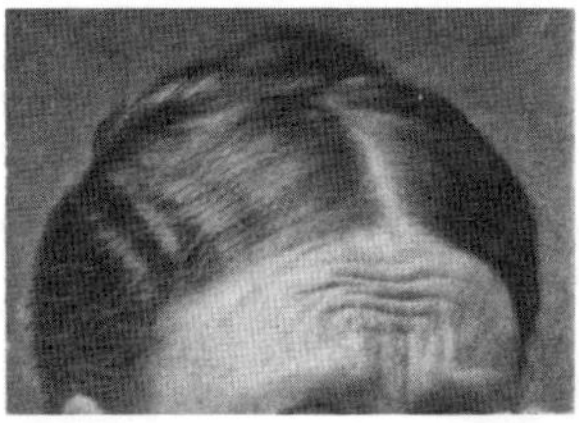

3

2

4

5

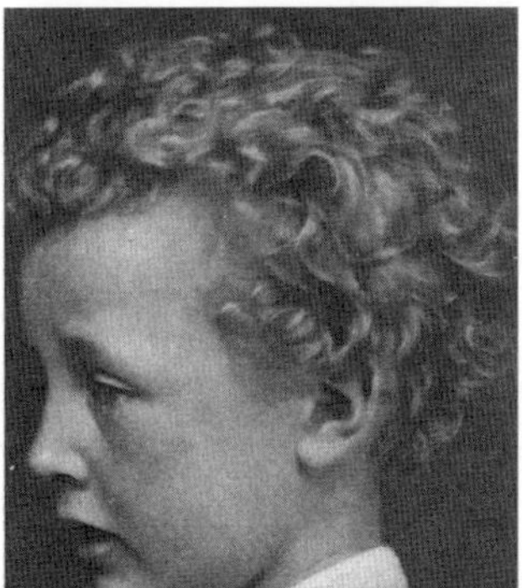

6

7

Lámina II

ansiedad (he observado ese movimiento, por ejemplo, en una madre mientras está hablando sobre su hijo enfermo), y a veces se produce por causas absolutamente triviales o momentáneas de desazón real o simulada. Las cejas adoptan esta posición debido a la contracción de determinados músculos —a saber, los orbiculares, superciliares y piramidales de la nariz, que tienden a bajar conjuntamente y contraer las cejas—, controlados en parte por la acción más poderosa del fascículo central del músculo frontal. Debido a la contracción, ese último fascículo eleva sólo los extremos internos de las cejas, y como los superciliares tiran de ambas cejas simultáneamente, sus extremos internos llegan a arrugarse en un pliegue o abultamiento. Ese pliegue es un punto muy característico del aspecto de las cejas cuando adquieren una posición oblicua, tal como puede verse en las figuras 2 y 5 de la lámina II. Al mismo tiempo, las cejas están arrugadas debido a la proyección de los pelos hacia afuera. En pacientes melancólicos que mantienen continuamente las cejas oblicuas, el Dr. J. Crichton Browne ha observado también con frecuencia "un peculiar y agudo arqueamiento del párpado superior". Se puede observar un indicio de ello comparando los párpados izquierdo y derecho del joven de la fotografía (figura 2 de la lámina II), ya que no fue capaz de actuar de igual modo sobre ambas cejas. También puede observarse en las desiguales arrugas de los dos lados de su frente. Me parece que el pronunciado arqueamiento de los párpados depende solamente del extremo interno de la ceja que se levanta ya que, cuando se eleva y se arquea toda la ceja, el párpado superior reproduce ese movimiento sólo en un grado muy pequeño.

Pero el resultado más llamativo de la contracción opuesta de los músculos mencionados más arriba se manifiesta en las peculiares arrugas que se forman sobre la frente. Cuando esos músculos se ponen así en acción conjunta aunque opuesta, pueden denominarse, en expresión resumida, los músculos de la pena. Cuando una persona eleva las cejas por la contracción completa del músculo frontal, se extienden arrugas longitudinales por toda la frente, pero en el caso presente sólo está contraído el fascículo medial, y como consecuencia las arrugas longitudinales se forman solamente en la parte media de la frente. Al mismo tiempo, debido a la contracción de las porciones exteriores de los músculos orbiculares, la piel que cubre la parte exterior de ambas cejas se dirige hacia abajo y se alisa. Las cejas también son arrastradas conjuntamente en virtud de las contracciones simultáneas de los superciliares[3], y esa última acción produce arrugas verticales que separan la parte exterior y más baja de la piel de la frente de la parte central y elevada. La unión de esas arrugas verticales con las centrales y longitudinales (véanse las figuras 2 y 3) produce una marca en la frente que ha sido comparada con una herradura, pero de modo más estricto dichas arrugas forman tres lados de un cuadrilátero. Suelen ser muy evidentes en la frente de personas adultas cuando las cejas se ponen oblicuas, pero en los niños pequeños es difícil poder verlas o, si acaso, pueden detectarse ligeras señales debido a que su piel no se arruga fácilmente.

Esas peculiares arrugas están mejor representadas en la figura 3 de la lámina II, en la frente de una joven que poseía en grado inusual esa facultad de actuar a voluntad sobre los músculos requeridos. Dado que mientras se hacía la fotografía estaba absorta en el intento, su expresión no es de pena, por eso muestro tan sólo la frente. La figura 1 de la misma lámina, copiada de la obra de Duchenne[4], representa, en estado normal y a escala reducida, la cara de un joven que era un buen actor. En la figura 2 está mostrando una pena simulada, pero las dos cejas, como hemos señalado anteriormente, no están activadas por igual. Que la expresión es auténtica puede deducirse del hecho de que, tras mostrar la fotografía original, sin ninguna indicación de lo que se pretendía, a 15 personas, 14 de ellas contestaron inmediatamente: "sentimiento de desesperación", "sufrimiento", "melancolía" y así sucesivamente. La historia de la figura 5 es bastante curiosa: vi la fotografía en el escaparate de una tienda y se la llevé a Mr. Rejlander con el fin de averiguar quién la había hecho y le hice advertir lo patético de la expresión. Él me contestó: "La hice yo, y debía de ser muy patética porque el muchacho se echó a llorar a los pocos instantes". Me enseñó entonces una fotografía que reproduzco (figura 4) del mismo muchacho en estado tranquilo. En la figura 6 puede detectarse un rasgo de oblicuidad en las cejas, pero esta figura, así como la figura 7, está puesta para mostrar la caída de los ángulos de la boca, cuestión a la que voy a referirme ahora.

Pocas personas pueden actuar a voluntad sobre los músculos de la pena sin alguna práctica, pero tras repetidos ensayos un número importante lo consigue aunque otros no lo logran. El grado de oblicuidad de las cejas, tanto si se adopta voluntariamente como de forma inconsciente, difiere mucho en las distintas personas. En algunas que parecen tener unos músculos piramidales más fuertes de lo normal, la concentración del fascículo central del músculo frontal, aunque sea enérgica, como se ve por las arrugas cuadrangulares de la frente, no eleva los extremos internos de las cejas sino que únicamente evita que desciendan demasiado, tal como podría ocurrir de no ser así. Por lo que yo he podido observar, los músculos de la pena entran en acción con mucha mayor frecuencia en los niños y las mujeres que en los hombres. Al menos en personas mayores es raro que se activen con el dolor corporal, y lo hacen casi tan sólo a causa de desasosiego mental. Dos personas que consiguieron activar los músculos de la pena tras alguna práctica, notaron al mirarse al espejo que cuando ponían las cejas oblicuas simultáneamente caían de manera involuntaria los ángulos de la boca. Así suele ocurrir cuando la expresión se adopta de forma espontánea.

La capacidad de hacer actuar voluntariamente los músculos de la pena parece ser hereditaria, como casi todas las demás facultades humanas. Una dama perteneciente a una familia famosa por haber dado un extraordinario número de grandes actores y actrices y que es capaz de configurar esa expresión "con singular exactitud" contaba al Dr. Crichton Browne que toda su familia poseía esa facultad en grado notable. Tal como he escuchado asimismo al Dr. Browne, la misma tendencia hereditaria se ha extendido, al parecer, a los últimos descendientes de la familia, lo cual ha dado origen a la novela de sir Walter Scott *El guantelete rojo*, donde se describe que el héroe, cuando experimenta cualquier emoción fuerte, contrae el ceño en forma de herradura. También he visto a una joven cuya frente parecía estar contraída así casi siempre, con independencia de que sintiese o no alguna emoción en ese momento.

Los músculos de la pena no suelen entrar en acción a menudo, y dado que su actividad suele ser momentánea escapan fácilmente a la observación. Sin embargo, cuando se logra observarlos, todo el mundo reconoce al instante que esa expresión se debe a la pena o la ansiedad, aunque, si exceptuamos el centenar de personas que han estudiado el asunto, nadie es capaz de exponer con precisión los cambios que se producen en el rostro del afectado. De ahí que no haya referencias, que yo sepa, a esta expresión en ninguna obra de ficción, excepto en *El guantelete rojo* y en otra novela, y me he enterado de que la autora de esta última pertenece a la famosa familia de actores a la que acabo de aludir, de modo que su atención pudo haber sido atraída especialmente hacia este tema.

Los escultores de la antigua Grecia estaban familiarizados con la expresión, cosa que puede apreciarse en las estatuas de Laocoonte y Arrotino. Pero, como señala Duchenne, muestran las arrugas longitudinales en toda la anchura de la frente, cometiendo así un gran error anatómico, y sucede lo mismo con algunas estatuas modernas. De todos modos, es más probable que estos observadores de tan maravillosa agudeza hayan sacrificado de forma intencionada la verdad en aras de la belleza, aunque hayan caído en un error, pues las arrugas rectangulares sobre la frente no habrían tenido en el mármol un aspecto tan llamativo. Por lo que he podido descubrir, en las pinturas de los antiguos maestros no se suele representar la expresión en el momento de su pleno desarrollo, sin duda por la misma razón. Sin embargo, una dama completamente familiarizada con dicha expresión me ha advertido que *El descendimiento de la cruz* de Fra Angélico la reproduce con claridad en una de las figuras de la derecha, y yo aún podría añadir unos pocos ejemplos más.

El Dr. Crichton Browne observó cuidadosamente a petición mía esa expresión en los numerosos pacientes dementes que están a su cargo en el sanatorio de West Riding. Además, está familiarizado con las fotografías de Duchenne sobre la acción de los músculos de la pena. El Dr. Browne me ha informado de que pueden verse constantemente en enérgica actividad en casos de melancolía, y especialmente de hipocondría, y que las líneas persistentes o arrugas que se forman debido a su contracción habitual son características de la fisonomía de los dementes que pertenecen a esos dos tipos. A requerimiento mío y durante un considerable período de tiempo, el Dr. Browne observó cuidadosamente tres casos de hipocondría en los cuales los músculos de la pena se hallaban contraídos de modo persistente. Uno de ellos, una viuda de 51 años, imaginaba haber perdido todas sus vísceras y que todo su cuerpo estaba vacío. Mostraba una expresión de gran angustia y entrechocaba de forma rítmica las manos semicerradas durante horas. Los músculos de la pena estaban siempre contraídos y las cejas superiores arqueadas. Ese estado se mantuvo durante meses. Después se recuperó y su semblante cobró otra vez la expresión natural. Un segundo caso presentaba casi las mismas peculiaridades, con el añadido de que los ángulos de la boca estaban caídos.

Mr. Patrick Nicol también ha tenido la amabilidad de observar para mí varios casos en el manicomio de Sussex y me ha proporcionado detalles completos respecto a tres, que no es necesario reproducirlos aquí. A partir de sus observaciones sobre pacientes melancólicos, Mr. Nicol concluye que los extremos internos de las cejas están casi siempre elevados en mayor o menor medida y las arrugas de la frente están marcadas con mayor nitidez. En el caso de una joven podía verse que esas arrugas presentaban una actividad o movimiento constante y suave. En algunos casos, los ángulos de la boca estaban caídos, aunque por lo general solamente en grado muy ligero. En la expresión de varios pacientes melancólicos se podían observar casi siempre algunas diferencias. Generalmente los párpados estaban caídos, y la piel cercana a sus extremos internos, y por debajo de ellos, arrugada; el pliegue nasolabial que va desde las aletas de la nariz a los extremos de la boca, y que es tan visible en los niños cuando lloran, aparecía a menudo marcado con nitidez en estos pacientes.

Aunque en los dementes los músculos de la pena actúan a menudo de modo persistente, en los casos normales son puestos a veces en acción momentánea e inconsciente por causas absolutamente triviales. Un caballero agradecía a una joven dama un regalo insignificante; ella se pretendía ofendida y, conforme se lo reprochaba, sus cejas adquirieron una oblicuidad extrema y en consecuencia la frente se arrugó. Otra dama y un joven, ambos de muy buen humor, conversaban con vehemencia y extraordinaria rapidez; entonces advertí que a medida que la joven se sentía apabullada y no podía proferir las palabras con suficiente rapidez, sus cejas se ponían oblicuas hacia arriba y se le formaban arrugas rectangulares en la frente. Ésa era su manera de izar una bandera de apuro, cosa que hizo una media docena de veces en el transcurso de pocos minutos. Yo no aludí a ello, pero en una ocasión posterior le pedí que moviese los músculos de la pena, y otra muchacha que estaba presente y que podía moverlos a voluntad le mostró lo que yo le pedía. Lo intentó repetidamente pero fracasó por completo, y sin embargo una causa tan débil de apuro como no ser capaz de hablar con suficiente rapidez bastó para hacer entrar en enérgica acción esos músculos una y otra vez.

La expresión de tristeza debida a la contracción de los músculos de la pena no está restringida en absoluto a los europeos sino que parece ser común a todas las razas del género humano. Al menos he recibido informes fidedignos referidos a los hindúes, dhangares —una de las tribus indígenas de las colinas de la India, pertenecientes por tanto a una raza totalmente distinta de los hindúes—, malayos, negros y australianos. Respecto a estos últimos, dos observadores respondieron de modo afirmativo a mis preguntas, si bien no entraron en detalles. Sin embargo, Mr. Taplin apostilló mis observaciones descriptivas con las palabras: "Eso es, exactamente". Por lo que se refiere a los negros, la señora que me habló del cuadro de Fra Angélico vio a un negro que remolcaba una barca por el Nilo, y al encontrar un obstáculo observó cómo se le contraían con fuerza los músculos de la pena, con la zona media de la frente arrugada por completo. Mr. Geach vio en Malaca a un malayo con los extremos de la boca muy caídos, las cejas oblicuas y surcos cortos y profundos en la frente. La expresión duró muy poco, y Mr. Geach señaló que "fue muy extraña, muy similar a cuando una persona está a punto de llorar por alguna gran pérdida".

En la India Mr. Erskine advirtió que los nativos estaban familiarizados con esa expresión, y Mr. Scout, del Jardín Botánico de Calcuta, ha tenido la gentileza de enviarme una descripción de dos casos. Durante algún tiempo observó sin ser visto a una mujer dhangar de Nagpur, muy joven y esposa de uno de los jardineros, mientras amamantaba a su niño que estaba a punto de morir. Observó claramente sus cejas levantadas por el extremo interno, los párpados caídos, la frente arrugada en la zona media, la boca ligeramente abierta y con los ángulos muy caídos. Entonces él salió de detrás de un macizo de plantas y se dirigió a la pobre mujer, quien se incorporó prorrumpiendo en un amargo río de lágrimas e implorándole que curase a su hijo. El segundo caso fue el de un indostaní quien, afectado por la enfermedad y la pobreza, se vio obligado a vender su cabra favorita. Después de recibir el pago miró repetidas veces el dinero en sus manos y después a la cabra, como dudando si devolverlo. Se acercó a la cabra, que estaba atada y presta para ser llevada, y el animal se levantó y lamió sus manos. Sus ojos oscilaron entonces de un lado a otro, "su boca estaba cerrada sólo en parte, con los ángulos marcadamente caídos". Finalmente el pobre hombre pareció aceptar que debía deshacerse de su cabra y entonces, tal como observó Mr. Scout, las cejas se pusieron un poco oblicuas con el característico fruncido y abultamiento de la parte interna, si bien no se produjeron arrugas en la frente. El hombre permaneció así durante un minuto; después, dirigiendo una profunda mirada rompió a llorar, elevó las dos manos, bendijo a la cabra, se dio media vuelta y se marchó sin mirar de nuevo.

Sobre la causa de la oblicuidad de las cejas por el sufrimiento

Me parece que durante varios años ninguna expresión me dejó tan perplejo como ésta que ahora consideramos. ¿Por qué la pena o la ansiedad podrían producir la contracción de sólo el fascículo central del músculo frontal, junto con los que rodean los ojos? Aquí parece que nos hallamos ante un movimiento complejo que tiene la exclusiva finalidad de expresar pena, y sin embargo es una expresión comparativamente rara, que pasa a menudo desapercibida. Pero creo que la explicación no es tan difícil como parece a primera vista. Mr. Duchenne me proporcionó una fotografía del joven al que me referí antes, quien contraía sin querer los músculos de la pena de un modo exagerado cuando miraba de frente una superficie iluminada. Me había olvidado por completo de esta fotografía cuando un día muy luminoso me encontré, teniendo el sol a mis espaldas, con una muchacha que montaba a caballo y cuyas cejas, según miraba hacia mí, se pusieron oblicuas en grado sumo, con los consiguientes pliegues en la frente. He advertido el mismo movimiento en circunstancias similares en varias ocasiones posteriores. A mi vuelta a casa, y sin dar ninguna indicación de mis objetivos, hice que tres de mis hijos mirasen todo el tiempo, y todo lo atentos que pudieran, la punta de un árbol alto que destacaba frente a un cielo muy luminoso. En los tres se produjo la contracción enérgica de los músculos orbicular, superciliar y piramidal por una acción refleja a partir de la estimulación de la retina, de modo que sus ojos pudieran protegerse de la luz brillante. No obstante, hicieron lo posible por intentar mirar al frente y pude observar entonces una curiosa lucha, con contracciones espasmódicas, entre el músculo frontal completo o su parte central y los otros diversos músculos que sirven para bajar las cejas y cerrar los párpados. La contracción involuntaria del músculo piramidal hacía que la zona basal de la nariz se arrugase transversal y profundamente. En uno de mis hijos el conjunto de las cejas se elevó y bajó momentáneamente debido a contracciones alternativas de todo el músculo frontal y de los músculos que rodean los ojos, de modo que toda la anchura de la frente se fue arrugando y alisando de forma alternativa. En los otros dos niños, la frente sólo se llegó a arrugar en la parte media, produciéndose así unos pliegues rectangulares, y las cejas adquirieron una posición oblicua con los extremos inferiores fruncidos y abultados, en uno de los niños en grado muy débil y en otro de modo muy acusado. Esta diferencia en la oblicuidad de las cejas parecía depender de una diferencia en su movilidad general y en la fuerza de los músculos piramidales. En ambos casos, las cejas y la frente fueron activadas bajo la influencia de una intensa luz exactamente igual, en todos sus detalles particulares, que bajo la influencia de la ansiedad o la pena.

Duchenne afirma que el músculo piramidal de la nariz está menos controlado por la voluntad que los otros músculos que rodean los ojos. Señala que el joven que podía mover tan bien sus músculos de la pena, así como muchos otros de sus músculos faciales, no era capaz de contraer los piramidales[5]. Esta facultad, sin embargo, es sin duda diferente según las personas. El músculo piramidal sirve para tensar hacia abajo la piel del entrecejo, junto con los extremos internos de las cejas. El fascículo central del frontal es el antagonista del piramidal, y para inhibir en particular la acción de este último se debe contraer el fascículo central. Así, en las personas que poseen unos músculos piramidales poderosos, si, bajo la influencia de una luz brillante, se produce un deseo inconsciente de impedir la caída de las cejas, debe ser puesto en acción el fascículo central del músculo frontal; y si su contracción es lo suficientemente intensa como para dominar los piramidales, actuará sobre las cejas y la frente exactamente como se ha descrito junto con la contracción de los músculos superciliar y orbicular.

Cuando los niños chillan o lloran a gritos contraen, según sabemos, los músculos orbicular, superciliar y piramidal con el fin de, en primer lugar, comprimir los ojos y protegerlos así de que se inunden de sangre y, en segundo lugar, a causa del hábito. Por tanto, esperaba encontrarme con que, cuando los niños intentasen prevenir la llegada de un acceso de llanto o quisiesen dejar de llorar, controlarían la contracción de los músculos citados, del mismo modo que cuando miran de frente una luz brillante, y por consiguiente que el fascículo central del músculo frontal entraría en acción a menudo. Así pues, empecé a observar a niños en tales situaciones y pedí a algunos conocidos, incluyendo a algunos médicos, que hicieran lo mismo. Conviene observar con cuidado, ya que la peculiar acción opuesta de estos músculos no es tan clara en los niños debido a que su frente no se arruga con tanta facilidad como en los adultos. Pero pronto observé que los músculos de la pena entraban con frecuencia en acción en dichas ocasiones. Sería superfluo exponer todos los casos que he observado, por lo que mencionaré tan sólo algunos. Una niña pequeña, de año y medio, fue molestada por otros niños, y antes de romper a llorar sus cejas se pusieron claramente oblicuas. En una niña de más edad se observó la misma forma oblicua, con los extremos interiores de las cejas fruncidos con nitidez, al tiempo que los ángulos de la boca se dirigían hacia abajo. Tan pronto como prorrumpió en llanto, todos los rasgos cambiaron y esa peculiar expresión desapareció. De igual modo, tras haber puesto una vacuna a un chico pequeño, cosa que le hizo llorar y gritar con violencia, el niño recibió del médico una naranja preparada con ese fin que le gustó mucho; el llanto cesó y se observaron todos los movimientos característicos, incluida la formación de arrugas rectangulares en la mitad de la frente. Por último, yo mismo encontré en la calle a una niña de tres o cuatro años a la que había asustado un perro, y cuando le pregunté qué sucedía dejó de gimotear y sus cejas se pusieron oblicuas inmediatamente en un grado extremo.

No me cabe duda de que tenemos aquí la clave del problema de por qué el fascículo central del músculo frontal y los músculos que rodean los ojos se contraen de modo contrapuesto bajo la influencia de la pena, tanto si la contracción es prolongada, como ocurre en el demente melancólico, como si es momentánea a causa de algún disgusto insignificante. Cuando éramos niños, todos hemos contraído muchas veces los músculos orbicular, superciliar y piramidal a fin de proteger los ojos mientras gritábamos, y nuestros antepasados han hecho lo mismo antes que nosotros durante muchas generaciones; y aunque con el paso de los años, cuando nos sentimos molestos, reprimimos el llanto con facilidad en virtud de un hábito prolongado, no siempre podemos evitar una ligera contracción de los músculos mencionados; si es ligera, tampoco podemos observar su contracción en nosotros mismos ni intentar reprimirla. Pero los músculos piramidales parecen estar menos controlados por la voluntad que otros músculos relacionados, y si están bien desarrollados, su contracción sólo puede ser contrarrestada por la contracción antagónica del fascículo central del músculo frontal. Si este fascículo se contrae con energía, el resultado que se produce forzosamente es el desplazamiento oblicuo de las cejas, el fruncimiento de sus extremos internos y la formación de pliegues rectangulares en medio de la frente. Como los niños y las mujeres lloran mucho más libremente que los hombres, y como es raro que las personas ya desarrolladas de uno y otro sexo derramen lágrimas, excepto por afecciones mentales, podemos comprender por qué vemos entrar en acción los músculos de la pena con mayor frecuencia, según me parece, en los niños y las mujeres que en los hombres, produciéndose en los adultos de ambos sexos sólo cuando hay afecciones mentales. En alguno de los casos registrados anteriormente, como en la pobre mujer dhangar y el hombre indostaní, la acción de los músculos de la pena fue seguida inmediatamente por un amargo llanto. En todos los casos de aflicción, grande o pequeña, nuestro cerebro tiende a enviar, a causa del prolongado hábito, una orden a determinados músculos para que se contraigan, como si todavía fuéramos niños a punto de llorar, pero somos capaces de contrarrestarla debido al sorprendente poder de la voluntad y el hábito, aunque ello se efectúa de modo inconsciente, al menos por lo que se refiere a la acción de reprimir el llanto.

Sobre la caída de los ángulos de la boca

Esta acción es ejecutada por los *depressores anguli oris* (véase la letra K en las figuras 1 y 2). Las fibras de ese músculo divergen hacia abajo, con los extremos convergentes superiores unidos en torno a los ángulos de la boca y el labio inferior situado más o menos entre los mismos[6]. Algunas de estas fibras parecen ser antagonistas del músculo cigomático mayor, mientras que otras parecen serlo de los diversos músculos que discurren por la parte externa del labio superior. La contracción de ese músculo tensa hacia abajo y hacia afuera los ángulos de la boca, incluyendo en alguna medida la parte externa del labio superior e incluso las aletas de la nariz.

Cuando la boca está cerrada y actúa ese músculo, la comisura o línea de unión de los labios forma una curva con la concavidad hacia abajo[7] y, en general, los mismos labios se proyectan hacia afuera, sobre todo el inferior. La boca en esa posición está bien representada en las dos fotografías (figuras 6 y 7 de la lámina II) de Mr. Rejlander. El muchacho mayor (figura 6) acaba de dejar de llorar tras haber recibido una bofetada propinada por otro muchacho, y al fotografiarlo quedó plasmado el momento preciso.

La expresión de abatimiento, pena o desaliento producida por la contracción de ese músculo ha sido advertida por todos quienes han escrito sobre el tema. Decir que una persona está "con la boca caída" es sinónimo de haber perdido el ánimo. Tal como ya establecieron con autoridad el Dr. Crichton Browne y Mr. Nicol, la caída de las comisuras puede verse a menudo en el demente melancólico, y se aprecia con claridad en algunas fotos de pacientes con una marcada tendencia al suicidio que me envió el primero de ellos. Se ha observado en hombres pertenecientes a razas diversas, como hindúes, tribus de piel oscura de las colinas de la India, malayos y, según me informa el reverendo Hagenauer, aborígenes de Australia.

Cuando los niños gritan, contraen con firmeza los músculos que rodean los ojos, lo cual empuja hacia arriba al labio superior, y como tienen que mantener la boca abierta de par en par, los músculos depresores que pasan por los extremos de la boca entran también en acción enérgicamente. En general, aunque no en todos los casos, eso produce un ligero pliegue angular a ambos lados del labio inferior, cerca de los extremos de la boca. El resultado de esa acción sobre el labio superior e inferior es que la boca adopta un contorno cuadrangular. La contracción del músculo depresor se observa mejor en los niños cuando no chillan violentamente, en especial inmediatamente antes de empezar a gritar o cuando acaban de hacerlo. Sus pequeños rostros adquieren entonces una expresión muy lastimera, tal como he observado constantemente en mis propios hijos cuando tenían entre unas seis semanas y dos o tres meses. A veces, cuando están empeñados en evitar un acceso de llanto, el contorno de la boca se curva de un modo tan exagerado que parece una herradura, y la expresión de desdicha llega a convertirse entonces en una mueca cómica.

La explicación de que se contraiga ese músculo bajo la influencia del abatimiento o el desaliento sigue aparentemente los mismos principios generales que en el caso de la oblicuidad de las cejas. El Dr. Duchenne me ha comunicado que, de sus observaciones, realizadas a lo largo de muchos años, concluye que ése es uno de los músculos faciales menos sometidos al control de la voluntad. Esto puede deducirse realmente de lo que acabamos de afirmar respecto a los niños que se muestran indecisos de iniciar el llanto o intentan dejar de gimotear, ya que, por lo general, entonces controlan todos los demás músculos faciales más eficazmente que los depresores de los ángulos de la boca. Dos excelentes observadores que no han teorizado al respecto, uno de ellos cirujano, observaron con cuidado y a requerimiento mío a algunos niños mayores y mujeres en momentos en que, a causa de algún problema de sentimientos contradictorios, se hallaban casi a punto de romper a llorar, y ambos consideraron seguro que los depresores comenzaron a actuar antes que otro músculo cualquiera. Ahora bien, dado que los depresores han entrado repetidas veces en acción enérgica durante la infancia a lo largo de muchas generaciones, la fuerza nerviosa, en virtud del principio del hábito por asociación prolongada, tenderá a fluir hacia éstos así como hacia otros diversos músculos faciales cuando, en el transcurso de la vida, se experimente un sentimiento de disgusto, aunque sea ligero. Pero como los depresores están algo menos controlados por la voluntad que la mayoría de los demás músculos, cabría esperar que se contrajeran a menudo ligeramente mientras los otros permanecen pasivos. Resulta llamativo lo ligera que es la caída requerida de los ángulos de la boca para dar al semblante la expresión de decaimiento o desaliento, de tal modo que una contracción muy débil de esos músculos sería suficiente para delatar dicho estado de ánimo.

Quiero mencionar aquí una observación insignificante porque creo que puede ser útil para resumir el asunto que nos ocupa. Una anciana dama estaba sentada casi frente a mí en un vagón de ferrocarril con una expresión plácida aunque absorta. Mientras la miraba, observé que sus *depressores anguli oris* se iban contrayendo ligera aunque claramente, pero como su semblante seguía tan tranquilo como antes, reflexioné sobre el sinsentido de esa contracción y la facilidad con la que podemos engañarnos. Apenas se me había ocurrido ese pensamiento cuando vi que de repente sus ojos se inundaban de lágrimas a punto de derramarse y que todo su semblante se deprimía. No podía haber ninguna duda de que algún recuerdo doloroso, quizá el de un hijo perdido hace tiempo, cruzaba por su mente. Tan pronto como su sensorio se vio afectado, determinadas células nerviosas transmitieron al instante, debido a un hábito prolongado, una orden a todos los músculos respiratorios y a los que rodean la boca preparándolos para un acceso de llanto. Pero la orden fue contrarrestada por la voluntad o, más bien, por un hábito adquirido después, y todos los músculos obedecieron con la ligera excepción de los *depressores anguli oris*. La boca ni siquiera se abrió, la respiración no se aceleró y ningún músculo fue afectado excepto aquellos que tensan hacia abajo los ángulos de la boca.

Tan pronto como la boca de esa dama comenzó a adoptar, de un modo involuntario e inconsciente por su parte, la forma adecuada para un acceso de llanto, podemos estar casi seguros de que alguna influencia nerviosa hubo de transmitirse a través de los canales más habituales a los diversos músculos respiratorios, así como a los que rodean los ojos y al centro vaso-motor que regula el suministro de sangre que se dirige a las glándulas lacrimales. De esta última circunstancia tenemos realmente una clara prueba ya que sus ojos se inundaron de lágrimas, y podemos comprenderlo en la medida en que las glándulas lacrimales están menos sometidas al control de la voluntad que los músculos faciales. Indudablemente, existía a la vez cierto impulso de los músculos que rodean los ojos a contraerse, como para protegerlos de la inundación de la sangre, pero esa contracción fue completamente anulada y las cejas permanecieron sin fruncir. Si los músculos piramidal, superciliar y orbicular hubiesen sido tan poco obedientes a la voluntad como lo son en muchas personas, se habrían activado ligeramente; entonces, el fascículo central del músculo frontal se habría contraído de forma antagónica y las cejas habrían adquirido una posición oblicua, con pliegues rectangulares en la frente. Su semblante habría expresado entonces un estado de abatimiento con más claridad de lo que lo hizo, o más bien una expresión de pena.

Mediante pasos como éstos podemos comprender cómo, en cuanto algún pensamiento melancólico pasa por el cerebro, se produce un desplazamiento hacia abajo, casi imperceptible, de los ángulos de la boca o una ligera elevación de los extremos internos de las cejas o ambos movimientos combinados, e inmediatamente después se produce una ligera secreción de lágrimas. Entonces se transmite a través de varios canales habituales un impulso de fuerza nerviosa que produce un efecto en cualquier punto donde la voluntad no haya adquirido, por un hábito prolongado, demasiada capacidad de interferencia. Dichas acciones pueden ser consideradas vestigios rudimentarios de accesos de llanto a gritos, que son tan frecuentes y prolongados durante la infancia. En tal caso, así como en otros muchos, las conexiones son, como es lógico, aquellas tan sorprendentes que ligan causa y efecto para dar lugar a varias expresiones del rostro humano, y ellas nos explican el significado de determinados movimientos que realizamos involuntariamente y de forma inconsciente cada vez que ciertas emociones pasajeras atraviesan nuestra mente.

Capítulo 8
Alegría, buen humor, amor, ternura, devoción

La risa como expresión primaria de la alegría. Ideas hilarantes. Movimientos de las facciones durante la risa. Naturaleza del sonido producido. Secreción de las lágrimas en la risa a carcajadas. Gradación entre la risa a carcajadas y la sonrisa suave. Buen humor. La expresión de amor. Sentimientos de ternura. Devoción.

Cuando es intensa, la alegría conduce a diversos movimientos sin finalidad (bailar, palmotear, patalear, etc.) y a la risa a mandíbula batiente. La risa parece ser la expresión de la mera alegría o felicidad. Lo vemos claramente en los niños cuando juegan, que ríen casi sin parar. Una vez transcurrida la infancia, los jóvenes prorrumpen siempre en risas carentes de significado cuando están de buen humor. Homero describe la risa de los dioses como "la exhuberancia de su alegría celestial después de su banquete cotidiano". Un hombre sonríe (y sonreír es, como veremos, un paso hacia la risa) al encontrar a un viejo amigo en la calle o ante cualquier placer trivial, como oler un perfume agradable[1]. Laura Bridgman no pudo haber adquirido ninguna expresión por imitación, debido a su ceguera y sordera, y sin embargo, cuando se le comunicó mediante el lenguaje de gestos la llegada de la carta de un amigo a quien quería, "rió y aplaudió, y el color subió a sus mejillas". En otras ocasiones se le había visto patear de alegría[2].

Las personas idiotas o imbéciles proporcionan también buenas pruebas de que la risa o la sonrisa expresan ante todo pura felicidad o alegría. El Dr. Crichton Browne, con quien estoy en deuda, como en tantas otras ocasiones, por los resultados de su amplia experiencia, me dice que en los idiotas la risa es la expresión emocional prevaleciente y la más frecuente. Muchos idiotas son malhumorados, apasionados, inquietos, de un estado de ánimo doliente o bien estólidos por completo, y en tales casos nunca se ríen. Otros ríen frecuentemente sin demasiado sentido. Así, un muchacho idiota incapaz de hablar se quejaba al Dr. Browne, por medio de signos, de que otro muchacho del sanatorio le había hinchado un ojo, y la queja se acompañaba con "explosiones de risa y con el rostro mostrando la más franca de las sonrisas". Existe otra amplia clase de idiotas que está siempre alegre y afable y ríe o sonríe continuamente[3]. Sus semblantes muestran con mucha frecuencia una sonrisa estereotipada, su contento tiende a aumentar y hacen muecas alegres, emiten risas ahogadas y retozonas cuando se les pone delante la comida o cuando se les acaricia, y se les muestran colores chillones o escuchan música. Algunos ríen más de lo habitual cuando deambulan de un lado para otro o intentan algún ejercicio muscular. Es probable que el contento de muchos de estos idiotas no pueda asociarse, según señala el Dr. Browne, a ideas concretas: simplemente experimentan placer y lo expresan con risas o sonrisas. En los casos de imbecilidad más bien profunda, la vanidad personal parece ser el motivo más corriente de risa, y en relación con ello también el placer derivado de la aprobación de su conducta.

En las personas adultas, la risa es provocada por causas considerablemente distintas de las que bastan durante la infancia, pero esta consideración difícilmente puede aplicarse a la sonrisa. En ese sentido, la risa es análoga al llanto, que en los adultos queda casi limitado a la enfermedad mental, mientras que en los niños se produce por un dolor corporal o cualquier sufrimiento así como a causa del miedo o la rabia. Se han escrito muchas páginas curiosas sobre las causas de la risa en las personas adultas. El tema es extremadamente complicado. La causa al parecer más común es que algo incongruente o inexplicable provoca sorpresa y cierto sentimiento de superioridad en el que ríe, el cual debe estar de buen humor[4]. Las circunstancias no deben de tener una naturaleza trascendental: ningún hombre pobre reiría o sonreiría al enterarse repentinamente de que le han legado una gran fortuna. Tal como señala Mr. Herbert Spencer[5], si el ánimo resulta conmovido con fuerza por sentimientos de placer y sobreviene cualquier pequeño suceso o idea inesperados, "se impide de repente el flujo de una gran cantidad de energía nerviosa, en vez de permitir que se agote por sí misma produciendo una cantidad equivalente de nuevos pensamientos y emociones nuevas que estaban surgiendo [...]. El exceso debe descargarse en otra dirección, y de ahí que se produzca un flujo a través de los nervios motores hacia diversos tipos de músculos, produciendo las acciones semiconvulsivas que denominamos risa". Una observación conectada con este punto fue realizada por un corresponsal durante el reciente sitio de París: los soldados alemanes, tras una violenta excitación producida por haber estado expuestos a un peligro extremo, eran especialmente propensos a estallar en carcajadas ante la menor broma. Asimismo, cuando los niños pequeños están empezando a llorar, un hecho inesperado puede transformar repentinamente su llanto en risa, lo cual parece que sirve igual de bien para liberar la energía nerviosa superflua.

A veces se dice que la imaginación siente un cosquilleo agradable ante ideas divertidas; el así llamado "cosquilleo de la mente" tiene un curioso parecido con el del cuerpo. Todo el mundo conoce la desmesura de las risas de los niños y hasta qué punto sus cuerpos se convulsionan cuando se les hace cosquillas. Como ya hemos visto, los monos antropomorfos emiten igualmente un sonido reiterado que se corresponde con nuestra risa cuando se les cosquillea, sobre todo en las axilas. En una ocasión toqué con un trozo de papel la planta del pie de uno de mis hijos, cuando sólo tenía siete días, y lo retiró inmediatamente encogiendo los dedos como un niño mayor. Dichos movimientos, así como la risa producida por las cosquillas, son manifiestamente movimientos reflejos, y ello queda igualmente demostrado por la acción de los diminutos músculos lisos que sirven para erizar cada pelo del cuerpo, contrayéndose en torno a la zona estimulada[6]. Sin embargo, la risa por una idea cómica, aunque sea involuntaria, no puede considerarse en sentido estricto una acción refleja. En ese caso, y en el de la risa por cosquilleo, la mente debe estar en situación tranquila; si quien le hace cosquillas es un extraño, un niño pequeño se echará a llorar de miedo. El toque debe ser suave, y la idea o caso divertido no debe tener gran relevancia. Las zonas del cuerpo más sensibles a las cosquillas son aquellas que se hallan menos expuestas al roce habitual, como las axilas, la zona interdigital del pie o zonas que normalmente están en contacto con superficies más amplias, como las plantas de los pies, aunque la superficie sobre la que nos sentamos representa una notable excepción a esa regla. Según Gratiolet[7], algunos nervios son mucho más sensibles a las cosquillas que otros. Si consideramos el hecho de que un niño apenas consigue hacerse cosquillas a sí mismo, o puede hacerlo en mucha menor medida que cuando se las hace otra persona, parece que el lugar preciso que va a ser tocado no debe ser conocido. Lo mismo sucede con la mente: algo inesperado —una idea nueva o incongruente que rompa la secuencia habitual del pensamiento— parece ser un factor de peso para la hilaridad.

El sonido de la risa se produce por una profunda inspiración seguida de contracciones cortas, interrumpidas y espasmódicas del pecho y en especial del diafragma[8]. Debido a las sacudidas del cuerpo, la cabeza se mueve de un lado a otro. La mandíbula inferior tiembla de arriba abajo tal como sucede en algunas especies de babuinos cuando están muy contentos. De ahí la expresión "reírse a mandíbula batiente".

Durante la risa, la boca se abre más o menos ampliamente, con los ángulos muy dirigidos hacia atrás y también un poco hacia arriba, y el labio superior aparece algo elevado. La retracción de los ángulos de la boca se aprecia mejor en la sonrisa moderada y en especial en la sonrisa abierta (este último epíteto reafirma que la boca se abre). En las imágenes 1 y 3 de la lámina III se han fotografiado diferentes grados de risa moderada y de sonrisa. La imagen de la pequeña muchacha con el sombrero es del Dr. Wallich y la expresión es verdaderamente genuina; las otras dos son de Mr. Rejlander. El Dr. Duchenne insiste repetidamente[9] en que, bajo la

1

2

3

4

5

6

Lámina III

emoción de la alegría la boca es activada exclusivamente por los músculos cigomáticos mayores, que sirven para tensar los ángulos de la boca hacia atrás y hacia arriba. Sin embargo, a juzgar por el modo en que quedan siempre expuestos los dientes superiores durante la risa y la sonrisa abierta, así como a partir de mis propias sensaciones, no me cabe duda de que entran también en acción moderada algunos de los músculos que se dirigen al labio superior. Al mismo tiempo, los músculos orbiculares de los ojos, el superior y el inferior, están contraídos en mayor o menor medida, y tal como se explicó en el capítulo sobre el llanto, hay una estrecha conexión entre los orbiculares, sobre todo los superiores, y algunos de los músculos que pasan junto al labio superior. Henle señala[10] al respecto que cuando una persona cierra con fuerza un ojo, no puede evitar retraer el labio superior del mismo lado; por el contrario, si alguien sitúa el dedo sobre el párpado inferior y después exhibe los incisivos superiores todo lo que puede, a medida que el labio superior es empujado firmemente hacia arriba sentirá que los músculos del párpado inferior se contraen. En el dibujo de Henle (mostrado en la figura 2) puede verse cómo el *musculus malaris* (H), situado en el labio superior, casi forma parte integrante del músculo orbicular inferior.

El Dr. Duchenne me ha proporcionado una fotografía de gran formato de un hombre mayor en su estado pasivo habitual (fotografía reducida en la lámina III, imagen 4), y otra del mismo hombre sonriendo con naturalidad (imagen 5). Todo aquel a quien se la muestro reconoce al instante la naturalidad de esta última. Como ejemplo de sonrisa no natural o falsa, también me ha proporcionado otra fotografía del mismo hombre mayor con los ángulos de la boca muy retraídos por la galvanización de los músculos cigomáticos mayores (imagen 6). Está claro que esa expresión no es natural, pues mostré esta fotografía a 24 personas, de las cuales tres no pudieron decir lo que significaba en absoluto, mientras que las demás, aunque percibieron que la expresión era una especie de sonrisa, contestaron con expresiones tales como: "un chiste malicioso", "un intento de risa", "una risa burlona", "una risa medio asombrada", etc. El Dr. Duchenne atribuye toda la falsedad de la expresión a los músculos orbiculares del párpado inferior, que no se hallan suficientemente contraídos, pues da acertadamente gran importancia a esa contracción en la expresión de alegría. Sin duda, hay mucho de cierto en esa opinión, aunque a mi juicio no es toda la verdad. La contracción de los orbiculares inferiores va acompañada siempre, según hemos visto, por el desplazamiento hacia arriba del labio superior. Si en la imagen 6 el labio superior hubiese sido activado de ese modo, aunque sólo fuese ligeramente, su curvatura habría sido menos rígida, el surco nasolabial resultaría un poco diferente y la expresión en conjunto habría resultado, a mi entender, más natural, independientemente del efecto más visible producido por la contracción más firme de los párpados inferiores. Además, en la imagen 6 el músculo superciliar está demasiado contraído y produce un pliegue, pero ese músculo nunca actúa bajo la influencia de la alegría, excepto en una risa muy pronunciada o en el carcajeo.

Las mejillas se desplazan hacia arriba por el desplazamiento hacia atrás y hacia arriba de los ángulos de la boca debido a la contracción de los músculos cigomáticos mayores, y por la elevación del labio superior. Se forman entonces arrugas bajo los ojos y, en las personas mayores en los extremos externos, arrugas que son muy características de la risa y la sonrisa. A medida que una débil sonrisa se transforma en otra más fuerte o incluso en risa, cualquiera puede sentir y observar, atendiendo a sus propias sensaciones y mirándose al espejo, que cuando el labio superior va siendo empujado hacia arriba y los orbiculares inferiores se van contrayendo, las arrugas de los párpados inferiores y las de debajo de los ojos se van intensificando o aumentando mucho. Al mismo tiempo, y según he observado repetidamente, las cejas se hallan ligeramente bajadas, lo cual demuestra que tanto los orbiculares superiores como los inferiores se contraen al menos en alguna medida, aunque esto pase desapercibido en lo que se refiere a nuestras propias sensaciones. Si se compara la fotografía original del hombre mayor cuyo semblante se halla en un estado de placidez normal (imagen 4) con aquella en que está sonriendo con naturalidad, podrá verse que en esta última las cejas están ligeramente caídas. Considerando la fuerza del prolongado hábito asociado, supongo que ello se debe a que los orbiculares superiores son empujados a actuar en cierta medida en conjunción con los orbiculares inferiores, los cuales se contraen a su vez en conjunción con el empuje hacia arriba del labio superior.

La tendencia de los músculos cigomáticos a contraerse por emociones placenteras se manifiesta en un hecho curioso que me ha sido comunicado por el Dr. Browne y que se refiere a pacientes que sufren la *parálisis general del demente*[11]. "En esta enfermedad existe casi invariablemente optimismo —ilusiones de riqueza, posición, grandeza—, gozo anormal, benevolencia y prodigalidad, mientras que su síntoma físico más precoz es el temblor de los extremos de la boca y del ángulo interno de los ojos. Se trata de un hecho bien conocido. La constante agitación trémula de los músculos palprebral inferior y cigomático mayor constituye la patognomía de las primeras fases de la parálisis general. El semblante muestra una expresión plácida y benevolente. A medida que la enfermedad avanza se ven afectados otros músculos, pero hasta que se alcanza la necedad total, la expresión que predomina es de una suave benevolencia".

Dado que en la risa y la sonrisa abierta las mejillas y el labio superior están muy elevados, la nariz parece acortarse y la piel del puente se llena de finas arrugas transversales, además de otras líneas oblicuas longitudinales a los lados. La hilera superior de dientes queda normalmente expuesta. Se forma un surco nasolabial muy marcado que va desde cada una de las aletas de la nariz hasta el ángulo correspondiente de la boca, y en las personas de cierta edad ese pliegue suele ser doble.

El brillo y chispeo de los ojos es característico de un estado de ánimo placentero o divertido, y también lo es la retracción de los ángulos de la boca y del labio superior, con las arrugas que se originan. Incluso los ojos de los idiotas microcéfalos, que se hallan en tan mal estado que nunca aprenden a hablar, brillan un poco cuando se sienten satisfechos[12]. Durante el carcajeo, los ojos están demasiado inundados por las lágrimas como para chispear, pero la humedad que segregan las glándulas durante la risa moderada o la sonrisa puede contribuir a darles brillo, aunque esto debe de tener una importancia menor dado que en el caso de la pena aparecen apagados, a pesar de que entonces suelen estar humedecidos. Su brillo parece deberse sobre todo a la tirantez [13] provocada por la contracción de los músculos orbiculares y a la presión de las mejillas elevadas. Sin embargo, según el Dr. Piderit, que ha tratado este asunto más extensamente que ningún otro autor [14], la tirantez puede atribuirse en gran medida a que los globos oculares acaban llenos de sangre y de otros fluidos como consecuencia de la aceleración circulatoria que produce la excitación del placer. El Dr. Piderit subraya el contraste entre la apariencia de los ojos de un paciente héctico con una circulación rápida y la de un enfermo de cólera, cuando casi todos los fluidos de su cuerpo están drenados. Cualquier causa que haga decaer la circulación apaga los ojos. Recuerdo haber visto a un hombre profundamente postrado a causa de un esfuerzo continuo y duro en un día muy caluroso, y cómo alguien que pasaba comparó sus ojos con los de un bacalao hervido.

Volvamos a los sonidos que se producen durante la risa. Podemos entender de una manera vaga cómo la emisión de sonidos de cierto tipo podría haber llegado a asociarse de forma natural a un estado de ánimo placentero, ya que por todo el reino animal se utilizan sonidos vocales o instrumentales como reclamo o como atracción entre los sexos. También se emplean para exteriorizar el gozo en un encuentro entre los padres y sus crías, y entre miembros relacionados de un mismo grupo social. Pero no sabemos por qué los sonidos que emite el hombre cuando está contento tienen la peculiar y reiterada característica de la risa. Sin embargo, podemos considerar como algo natural que sean diametralmente distintos de los chillidos o gritos de disgusto. Como en la producción de estos últimos las espiraciones son prolongadas y continuas y las inspiraciones breves y entrecortadas, podría tal vez esperarse que en los sonidos producidos por la alegría las espiraciones fueran cortas y bruscas y las inspiraciones prolongadas, y así es en realidad.

Una cuestión igualmente oscura es por qué en la risa habitual los ángulos de la boca se retraen y el labio superior se eleva. La boca no debe estar abierta en su máxima amplitud, pues cuando esto ocurre durante el paroxismo de una risa excesiva, difícilmente se emite sonido alguno, o bien se produce un cambio de tono que parece originarse en lo más profundo de la garganta. Los músculos respiratorios, e incluso los de las extremidades, son sacudidos al mismo tiempo por movimientos vibratorios rápidos. La mandíbula inferior participa casi siempre de este movimiento, lo cual tiende a impedir probablemente que la boca se abra demasiado. Pero como debe emitirse un volumen de sonido considerable, el orificio de la boca debe ser grande y quizá sea éste el propósito por el que se retraen los ángulos de la boca y se eleva el labio superior. Aunque resulta difícil explicar la forma de la boca durante la risa, que hace que se formen arrugas bajo los ojos, así como el sonido peculiar y reiterado de la risa o el estremecimiento de las mandíbulas, podemos suponer, no obstante, que todos esos efectos se deben a alguna causa común. De hecho, todos ellos son característicos y expresivos de un estado de ánimo placentero en diversos tipos de monos.

Se puede observar una secuencia gradual desde la risa violenta y la moderada pasando por la sonrisa amplia y la suave hasta la simple expresión de buen humor. Durante la risa desmedida, todo el cuerpo suele echarse hacia atrás y sacudirse o casi convulsionarse, la respiración está muy alterada, la cabeza y la cara se inundan de sangre con las venas dilatadas, los músculos orbiculares se contraen de modo espasmódico para proteger los ojos, y se producen lágrimas en abundancia. De ahí que, tal como señalé anteriormente, difícilmente podremos hallar diferencias entre el rostro bañado en lágrimas de una persona tras un ataque de risa desmedida y tras un amargo acceso de llanto [15]. El hecho de que los pacientes histéricos rían y lloren violentamente de forma alterna, y que los niños pequeños pasen a veces repentinamente de un estado a otro se debe, probablemente, a la estrecha similitud entre los movimientos espasmódicos causados por esas dos emociones tan diferentes. Mr. Swinhoe me dice que ha visto a menudo cómo los chinos rompen en accesos histéricos de risa cuando sufren una pena profunda.

Me interesaba mucho saber si las lágrimas se derraman libremente durante los excesos de risa en la mayoría de razas humanas cuando mis corresponsales me informaron de que así era. Uno de los ejemplos fue observado en los hindúes, y ellos mismos afirman que sucede a menudo. También ocurre así entre los chinos. Las mujeres de una tribu salvaje malaya de la península de Malaca derraman a veces lágrimas cuando ríen abiertamente, aunque ello ocurre en raras ocasiones. Entre los dayaks de Borneo debe de ser muy frecuente, al menos entre las mujeres, dado que oí del rajá C. Brooke que es una expresión muy corriente decir: "casi lloramos de risa". Los aborígenes de Australia expresan sus emociones espontáneamente, y mis corresponsales los describen saltando de un lado a otro y aplaudiendo con las manos a causa de la alegría y a menudo riéndose a carcajadas. Al menos cuatro observadores han visto cómo sus ojos se inundaban abiertamente en tales ocasiones, y en uno de los casos las lágrimas les caían por las mejillas. Mr. Bulmer, misionero de una zona remota de Victoria, señala que "tienen un agudo sentido del ridículo, son excelentes mimos y cuando uno de ellos es capaz de imitar las peculiaridades de algún miembro de la tribu ausente es muy habitual oírles a todos en el campo retorciéndose de risa". Entre los europeos es difícil hallar algo que provoque con tal facilidad la risa como la mímica, y es un tanto curioso encontrar el mismo hecho en los salvajes de Australia, que constituyen una de las razas más diferentes del mundo.

En dos tribus de cafres de Sudáfrica, sobre todo entre las mujeres, los ojos se llenan de lágrimas durante la risa. Gaika, el hermano del jefe Sandilli, respondió a mis preguntas sobre la cuestión con estas palabras: "Sí, es su costumbre". Sir Andrew Smith ha visto la cara pintada de una mujer hotentote toda arrugada y con lágrimas después de un acceso de risa. En el norte de África, entre los abisinios se vierten lágrimas en esas mismas circunstancias. Por último, en Norteamérica se ha observado el mismo hecho en una tribu de las más aisladas y salvajes, aunque se da sobre todo en las mujeres. En otra tribu se observó tan sólo en una ocasión.

Como he señalado anteriormente, de la risa desmedida se pasa gradualmente a la risa moderada. En este último caso los músculos que rodean los ojos están mucho menos contraídos y aparecen pocas arrugas o ninguna. Entre una risa abierta y una sonrisa suave no hay casi diferencia, excepto que en la sonrisa no se emite ningún sonido reiterado, aunque al comienzo de la sonrisa puede escucharse con frecuencia una espiración simple y un tanto intensa o un ligero ruido, un esbozo de risa. En un semblante moderadamente sonriente puede detectarse aún la contracción de los músculos orbiculares superiores por un débil descenso de las cejas. La contracción del músculo orbicular inferior y del palpebral es mucho más clara y se manifiesta por las arrugas de los párpados inferiores y de la piel debajo de ellos, junto con un débil desplazamiento del labio superior hacia arriba. Desde la sonrisa más amplia pasamos, mediante gradaciones imperceptibles, a la sonrisa más amable. En este último caso las facciones se mueven mucho menos y mucho más despacio y la boca se mantiene cerrada. La curvatura del pliegue nasolabial es también ligeramente distinta en ambos casos. Vemos así que no puede dibujarse ninguna línea rígida de delimitación entre el movimiento de las facciones durante la risa más desmedida y una sonrisa muy tenue[16].

Así pues, se puede decir que una sonrisa es la primera fase del desarrollo de una risa. Sin embargo, cabe sugerir una concepción diferente y más plausible, a saber, que el hábito de proferir sonidos fuertes y repetidos derivados de una sensación de placer condujo primero a la retracción de los ángulos de la boca y del labio superior y a la contracción de los músculos orbiculares, y que ahora, debido a la asociación y a un hábito prolongado, los mismos músculos entran ligeramente en actividad cuando una causa provoca en nosotros un sentimiento que, si fuese más intenso, habría conducido a la risa, aunque el resultado es una sonrisa.

Tanto si entendemos la risa como el desarrollo completo de una sonrisa como si, lo que es más probable, consideramos una sonrisa suave como el último resto del hábito de reír, fijado con firmeza a través de muchas generaciones, cuando estamos alegres, podremos seguir en nuestros hijos el paso gradual entre una y otra. Quienes tienen niños pequeños a su cargo saben muy bien que es muy difícil estar seguros de cuándo determinados movimientos de la boca son realmente expresivos, es decir, cuándo sonríen realmente. De ahí que haya escrutado cuidadosamente a mis propios hijos. Uno de ellos sonrió, es decir, los ángulos de la boca se retrajeron y al mismo tiempo sus ojos se pusieron claramente brillantes a los 45 días y en un momento en que su estado de ánimo era alegre. Observé lo mismo al día siguiente, pero al tercer día el niño no se sentía bien del todo y no hubo ningún indicio de sonrisa, lo cual hace más probable que las sonrisas precedentes fueran reales. Ocho días después, y durante la semana siguiente, observé muy claramente que sus ojos brillaban cada vez que sonreía y al mismo tiempo su nariz se arrugaba de forma transversal. Esta expresión era acompañada ahora de un ligero sonido como un balido que quizá representase una risa. A los 113 días esos pequeños sonidos, que se producían casi siempre durante la espiración, adoptaron un carácter un poco distinto y fueron más abruptos o interrumpidos, como en los sollozos. Se trataba, sin duda, de una risa incipiente. En ese momento me pareció que el cambio de tono estaba relacionado con la mayor extensión lateral de la boca a medida que las sonrisas se hacían más abiertas.

En un segundo hijo observé la primera sonrisa real en torno a la misma edad, es decir, a los 45 días, y en un tercero a una edad algo más precoz. Cuando el segundo niño tenía 65 días, sonreía mucho más abierta y claramente que el primero, a quien mencioné cuando tenía la misma edad, e incluso es esa época tan temprana profería sonidos muy parecidos a la risa. En esta adquisición gradual del hábito de reír por parte de los niños tenemos un caso en cierta medida análogo al del llanto. Así como la práctica es un requisito para los movimientos ordinarios del cuerpo como el de andar, con la risa y el llanto parece ocurrir lo mismo. Por otro lado, el arte de chillar se desarrolla perfectamente en los niños desde los primeros días debido a que les es de gran utilidad.

Buen humor, jovialidad

Un hombre de buen humor, aunque puede que no sonría realmente, muestra en general cierta tendencia a retraer los ángulos de la boca. Debido a la estimulación del placer, la circulación se hace más rápida, los ojos brillan y el color de la cara se aviva. Al ser estimulado por un creciente flujo sanguíneo, el cerebro reacciona sobre las facultades mentales, las ideas vivaces pasan con mayor rapidez a través de la mente y los afectos se estimulan. Cuando se le preguntó a un niño de casi cuatro años qué significaba estar de buen humor, oí que respondía: "Es reír, hablar y dar besos". Sería difícil dar una definición más adecuada y práctica. Un hombre en ese estado mantiene el cuerpo erguido, la cabeza alzada y los ojos abiertos. No hay decaimiento de las facciones ni contracción de las cejas. Por el contrario, el músculo frontal, como observa Moreau[17], tiende a contraerse ligeramente, lo cual alisa el ceño, elimina cualquier traza de fruncimiento, arquea ligeramente las cejas y eleva los párpados. De aquí que la frase latina *exporrigere frontem* (desarrugar el ceño) signifique estar jovial o alegre. La expresión global de un hombre de buen humor es exactamente opuesta a la de alguien que sufre una aflicción. Según sir C. Bell, "en todas las emociones de regocijo se elevan las cejas, párpados, ventanas de la nariz y ángulos de la boca. En las pasiones deprimentes ocurre todo lo contrario". Bajo la influencia de estas últimas el ceño se torna pesado y descienden los párpados, mejillas, boca y toda la cabeza. Los ojos se muestran apagados, el semblante pálido y la respiración lenta. En la alegría la cara se ensancha y en la pena se alarga. No puedo decir si el principio de la antítesis ha tenido alguna función en la existencia de esas expresiones opuestas, ayudando a las causas inmediatas que ya se han especificado y que están suficientemente claras.

La expresión de buen humor parece ser igual en todas las razas humanas, y se reconoce fácilmente. Desde diversas partes del Viejo y el Nuevo Mundo, mis informadores contestan de modo afirmativo a mis preguntas y proporcionan detalles sobre hindúes, malayos, y neozelandeses. El brillo de los ojos en los australianos ha sorprendido a cuatro informadores, y el mismo hecho ha sido observado en hindúes, neozelandeses y dayaks de Borneo.

A veces los salvajes expresan su satisfacción no sólo sonriendo sino por gestos originados en el placer de comer. Así Mr. Wedgwood[18] dice citando a Petherick que los negros del Alto Nilo empezaban a frotarse el vientre cuando les mostraba sus abalorios, y Leichardt dice que los australianos se relamen y chasquean la lengua a la vista de sus caballos y bueyes, y sobre todo ante sus perros canguro. Los groenlandeses, "cuando afirman algo con placer, succionan aire hacia dentro con un cierto sonido" [19]; podría tratarse de una imitación del acto de tragar una comida sabrosa.

La risa se corta con una contracción firme de los músculos orbiculares de la boca, lo cual impide al cigomático mayor y a otros músculos tirar de los labios hacia atrás y hacia arriba. A veces el labio inferior se sujeta con los dientes, lo cual confiere a la cara una expresión pícara, como se observa en la ciega y sorda Laura Bridgman [20]. A veces el músculo cigomático mayor es variable en su acción; he visto en una mujer joven cómo los *depressores anguli oris* entraban en acción con fuerza para suprimir una sonrisa, aunque, debido al brillo de sus ojos, esto no confería en absoluto a su semblante una expresión melancólica.

La risa se emplea con frecuencia de modo forzado para esconder o enmascarar algún otro estado de ánimo, incluida la cólera. A menudo vemos personas que ríen para ocultar su vergüenza o timidez. Cuando una persona frunce la boca como para impedir la posibilidad de una sonrisa, aunque no haya nada que la provoque o nada por lo que evitar su expresión abierta, ofrece un aire afectado, solemne o pedante, pero no considero necesario añadir aquí nada más sobre tales expresiones híbridas. Cuando alguien se mofa, se suelen mezclar una sonrisa o una risa, reales o fingidas, con la expresión propia del desprecio, y esa expresión puede acabar siendo de desprecio airado o desdén. En tales casos, el significado de la risa o la sonrisa es demostrar a la persona a la que se ofende que sólo provoca diversión.

Amor, ternura, etc.

Aunque la emoción del amor, como por ejemplo el de una madre por su hijo, es una de las más intensas de que es capaz la mente, difícilmente se puede decir que tenga algún modo de expresión peculiar o propio, lo cual es comprensible, pues habitualmente no ha conducido a ningún modo de acción especial. No hay duda de que, como el afecto es una sensación placentera, produce en general sonrisas suaves y cierto brillo en los ojos. Normalmente se siente un intenso deseo de tocar a la persona querida, y el amor se expresa por este medio con mayor claridad que por cualquier otro[21]. De ahí que anhelemos estrechar en nuestros brazos a aquellos a quienes amamos tiernamente. Quizá debamos ese deseo a un hábito heredado, asociado a la crianza y cuidado de nuestros hijos y a las caricias mutuas de los amantes.

En los animales inferiores observamos el mismo principio de placer derivado del contacto asociado con el amor. Los perros y los gatos sienten manifiestamente placer al frotarse contra sus amos o sus amas y ser acariciados o palmeados por ellos. Según me han asegurado los cuidadores del Parque Zoológico, muchos tipos de monos disfrutan acariciando y siendo acariciados por otros y por personas con las que tienen algún vínculo. Mr. Bartlett me ha descrito la conducta de dos chimpancés, ejemplares de mayor edad que los que suelen importarse a este país, cuando fueron alojados juntos al principio. Se sentaron uno frente a otro tocándose entre sí con los labios muy proyectados hacia fuera y uno de ellos puso la mano en el hombro del otro. Después se entrelazaron con los brazos. Más tarde se levantaron, cada uno con una mano en el hombro del otro, elevaron la cabeza, abrieron la boca y dieron un aullido de satisfacción.

Los europeos estamos tan acostumbrados a besarnos como signo de afecto que lo consideramos innato en el género humano, pero no es así. Steele estaba equivocado cuando dijo: “La naturaleza fue su autor, y comenzó con el primer cortejo”. El fueguino Jemmy Button me dijo que tal práctica era desconocida en su tierra. También es desconocida por los neozelandeses, tahitianos, papúes, australianos, somalíes de África y esquimales[22]. Pero es tan innato o natural que depende aparentemente del placer del contacto estrecho con la persona amada, y en diversas partes del mundo se sustituye por el gesto de restregar las narices, como en los neozelandeses y lapones, o frotar y acariciar los brazos, el pecho, el estómago, o por palmearse la propia cara con las manos o los pies de otro. Quizá la costumbre de soplar sobre varias partes del cuerpo como señal de afecto dependa del mismo principio[23].

Los sentimientos llamados de ternura son difíciles de analizar, parecen estar compuestos de afecto y alegría y, especialmente, de simpatía. Estos sentimientos son en sí mismos de naturaleza placentera, excepto en casos de una compasión demasiado profunda o de horror, como cuando se nos cuentan las torturas infligidas a un hombre o un animal. Resultan notables para la cuestión aquí tratada, pues provocan fácilmente la secreción de lágrimas. Muchos padres e hijos han llorado al reunirse después de una larga separación, especialmente si el encuentro ha sido imprevisto. La alegría extrema tiende, sin duda, a activar por sí sola las glándulas lacrimales, pero también es posible que en esas ocasiones pasen por la mente los previsibles vagos sentimientos de pena que se habrían tenido de no haberse encontrado nunca, y la pena conduce de forma natural al derramamiento de lágrimas. Así sucede en el retorno de Ulises:

> Telémaco
> se levantó y se abrazó llorando al pecho de su padre.
> Entonces la pena encerrada se desató sobre ellos entre vivos suspiros.
> [...]
> Así gimieron amargamente con un dolor sin descanso,
> y con su llanto hubiera finalizado el día
> si Telémaco, al final, no hubiera encontrado las palabras que decir.
> ([*Odisea*], XVI, 27)

Así, también, cuando Penélope acaba reconociendo a su esposo:

> Entonces irrumpieron con facilidad las lágrimas de sus párpados,
> corrió hacia él desde donde estaba y echó
> los brazos en torno a su cuello; y un cálido rocío
> de besos descendió sobre él y habló así.
> ([*Odisea*], XXIII, 27)

Rememorar intensamente nuestro primer hogar o los felices días de antaño provoca fácilmente que los ojos se llenen de lágrimas, pero aquí también surge de forma natural el pensamiento de que aquellos días nunca volverán. En tales casos puede decirse que nos sentimos mejor con nosotros mismos en nuestro presente que en nuestras situaciones pasadas. La simpatía ante las calamidades de otros, incluso ante las calamidades imaginarias de una heroína de una historia patética por la que no sentimos afecto alguno, provoca fácilmente las lágrimas. Así ocurre con la simpatía ante la felicidad de los demás o ante la de un amante que triunfa finalmente tras varios intentos difíciles en una historia bien relatada.

La simpatía parece constituir una emoción distinta o especial, y es particularmente capaz de activar las glándulas lacrimales. Esto es válido tanto si se ofrece simpatía como si se recibe. Cualquiera habrá notado con qué facilidad rompen a llorar los niños cuando nos compadecemos de ellos por algún pequeño golpe. Según me dijo el Dr. Crichton Browne, una palabra amable provoca a menudo un llanto incontenible en los dementes melancólicos. Las lágrimas vienen inmediatamente a nuestros ojos en cuanto expresamos nuestra compasión por la pena de un amigo. El sentimiento de simpatía suele explicarse suponiendo que, cuando vemos el sufrimiento de otro u oímos hablar de él, la idea de sufrir es evocada de un modo tan intenso en nuestra propia mente que nosotros también sufrimos. Pero es difícil que esa explicación sea suficiente, ya que no da cuenta de la íntima alianza entre simpatía y afecto. Simpatizamos, sin duda, más profundamente con una persona querida que con una que nos resulta indiferente, y la simpatía de la primera nos proporciona mucho más alivio que la de la otra, aunque está claro que podemos simpatizar con personas por las que no sentimos ningún afecto.

En un capítulo anterior he analizado cómo el sufrimiento provoca el llanto cuando lo experimentamos en nosotros mismos. Respecto a la alegría, su expresión natural y universal es la risa, y las carcajadas conducen en todas las razas humanas a la secreción de lágrimas con más facilidad que cualquier otra causa, excepto la aflicción. Creo que el hecho de que los ojos se inunden de lágrimas, lo cual ocurre indudablemente bajo una gran alegría, aunque no haya risas, se puede explicar por el hábito y la asociación, los mismos principios que en la secreción de lágrimas a causa de la pena, aunque en este caso no haya gemidos. De todos modos, no deja de ser notable que la simpatía por la aflicción de otros pueda excitar las lágrimas con más facilidad que nuestra propia aflicción, según parece. Muchos hombres a los que sus propios sufrimientos no fueron capaces de provocar una lágrima las han derramado por los sufrimientos de un amigo querido. Todavía es más notable el hecho de que la simpatía por la felicidad o buena suerte de aquellos a quienes amamos con ternura puede conducir al mismo resultado, mientras que una felicidad similar sentida por nosotros mismos dejaría secos nuestros ojos. Debemos tener en cuenta, sin embargo, que el hábito prolongado y continuo de reprimir, tan poderoso en el control del derramamiento efusivo de lágrimas a causa del dolor corporal, no ha sido usado para impedir el derramamiento moderado de lágrimas a causa de la simpatía con el sufrimiento o la felicidad de otros.

Según he intentado mostrar en otra parte[24], la música tiene un poder sorprendente para evocar de un modo vago e indefinido aquellas emociones intensas que se experimentaron en épocas muy lejanas, cuando, muy probablemente, nuestros antepasados primitivos practicaban el cortejo con la ayuda de tonos vocales. Y dado que varias de nuestras emociones más intensas (pena, gran alegría, amor y simpatía) conducen a la efusión franca de lágrimas, no es sorprendente que la música pueda ser capaz de hacer que nuestros ojos lleguen a inundarse de ellas, sobre todo cuando hemos sido ablandados ya por alguno de nuestros sentimientos más tiernos. La música produce con frecuencia otro efecto peculiar. Sabemos que las sensaciones, emociones o excitaciones fuertes (dolor extremo, ira, terror, alegría o la pasión del amor) llevan consigo un impulso especial para provocar temblor en los músculos, y el estremecimiento o ligero escalofrío que recorre de arriba abajo el espinazo y las extremidades de muchas personas cuando se hallan profundamente afectadas por la música parece encajar con ello, del mismo modo que una ligera efusión de lágrimas provocada por el poder de la música se relaciona con el llanto nacido de una emoción real e intensa.

Devoción

Como la devoción está relacionada en alguna medida con el afecto, aunque consiste sobre todo en una veneración combinada a menudo con el miedo, trataré aquí brevemente la expresión de este estado de ánimo. En algunas sectas, tanto del pasado como del presente, la religión y el amor se han combinado de forma extraña, y resulta incluso, por lamentable que el hecho pueda parecer, que el beso sagrado del amor difiere muy poco del que un hombre da a una mujer o una mujer da a un hombre[25]. La devoción se expresa sobre todo dirigiendo el rostro hacia el cielo con los globos oculares vueltos hacia arriba. Sir C. Bell observa que cuando se aproxima el sueño, un desvanecimiento o la muerte, las pupilas se dirigen a lo alto y hacia adentro, y cree que "cuando estamos dominados por sentimientos de devoción y las impresiones externas pasan inadvertidas, los ojos se elevan por una acción que no es ni enseñada ni adquirida", y que ello se debe a la misma causa que en los casos anteriores[26]. Según he oído decir al profesor Donders, es cierto que los ojos se orientan hacia arriba durante el sueño. En los bebés, mientras succionan el pecho de la madre, ese movimiento de los globos oculares les confiere un aspecto absurdo de éxtasis placentero, y aquí puede percibirse claramente que se establece una pugna con la posición adoptada de forma natural durante el sueño. Pero la explicación que da de este hecho sir C. Bell, basada en la hipótesis de que determinados músculos están menos controlados por la voluntad que otros, es incorrecta, según he oído al profesor Donders. Dado que en la oración los ojos están vueltos a menudo hacia arriba, sin que la mente se halle tan absorta en el pensamiento como para adentrarse en la inconsciencia o el sueño, es probable que el movimiento sea convencional: el resultado de la creencia común de que el cielo, la fuente del poder divino al que imploramos, está situado por encima de nosotros.

Una humilde postura de rodillas, con las manos vueltas y las palmas juntas, nos parece, debido a un hábito prolongado, un gesto tan propio del fervor que se puede pensar que es innato, pero no he hallado ninguna prueba de esa impresión en las diversas razas no europeas del género humano. Según he oído decir a un excelente especialista en historia antigua, no parece que durante el período clásico de la historia de Roma se juntaran así las manos en la oración. Mr. Hensleigh Wedgwood ha dado, al parecer, la verdadera explicación[27], aunque ello implique que esa postura sea la del sometimiento del esclavo: "Cuando el suplicante se arrodilla y eleva sus manos con las palmas juntas, representa a un cautivo que muestra su total sumisión al ofrecer las manos para ser atadas por el vencedor. Es la representación pictórica del *dare manus* latino en señal de sumisión". De ahí que no sea probable que la elevación de los ojos o la unión de las manos abiertas bajo el influjo de sentimientos devotos sean acciones innatas o verdaderamente expresivas. De hecho, difícilmente podría haberse esperado que lo fueran, pues es muy dudoso que sentimientos como los que hoy calificaríamos de devotos puedan haber afectado a los corazones de los hombres en tiempos pasados. cuando se hallaban en un estado no civilizado.

Capítulo 9
Reflexión, meditación, malhumor, resentimiento, determinación

La acción de fruncir el ceño. Reflexión con esfuerzo o con la percepción de algo difícil o desagradable. Meditación abstracta. Malhumor. Acritud. Obstinación. Actitud huraña y mohína. Decisión o determinación. Acción de cerrar firmemente la boca.

Cuando se contraen, los musculos superciliares hacen bajar las cejas y las acercan una a la otra produciendo pliegues verticales en la frente, es decir, el ceño fruncido. Sir C. Bell, quién pensaba erróneamente que el superciliar era peculiar del hombre, lo califica como "el músculo más notable del rostro humano. Frunce las cejas con un esfuerzo enérgico que transmite la idea de la mente de forma inexplicable pero irresistible". O como dice en otra parte: "Cuando las cejas están fruncidas se evidencia la energía de la mente y el pensamiento y la emoción se entrelazan entonces con la furia salvaje y brutal del simple animal" [1]. En estas observaciones hay mucho de cierto, pero no dicen toda la verdad. El Dr. Duchenne ha denominado al superciliar el músculo de la reflexión [2], pero utilizar ese nombre sin poner alguna limitación no puede considerarse del todo correcto.

Una persona puede estar absorta en los más profundos pensamientos y su ceño seguirá liso hasta que se tope con algún obstáculo en la secuencia del razonamiento o hasta ser interrumpido por algo que le distraiga; entonces, una arruga pasará como una sombra por su ceño. Una persona medio muerta de hambre puede pensar intensamente en cómo conseguir alimento y, sin embargo, no fruncirá el ceño a menos que encuentre alguna dificultad en el pensamiento o la acción, o que, tras conseguir la comida, descubra que es nauseabunda. He observado que casi todo el mundo frunce inmediatamente el ceño cuando percibe un sabor malo o extraño en lo que come. Sin explicarles mis intenciones, pedí a varias personas que escuchasen con atención un sonido de golpeteo muy suave, cuya fuente y naturaleza conocían muy bien, y ninguna frunció el ceño, pero un hombre que se acercó a nosotros, y que no acertaba a comprender qué estábamos haciendo en profundo silencio, frunció mucho el ceño, aunque no con mal humor, cuando se le pidió que escuchara y confesó no poder comprender en absoluto lo que pretendíamos. El Dr. Piderit[3], que ha publicado observaciones en el mismo sentido, añade que los tartamudos fruncen generalmente el ceño al hablar, y que un hombre que hace algo tan trivial como calzarse una bota lo frunce si la encuentra demasiado apretada. Algunas personas fruncen el ceño tan a menudo que el mero esfuerzo de hablar provoca con frecuencia la contracción de sus cejas.

Según deduzco de las respuestas que he recibido a mis cuestionarios, los hombres de todas las razas fruncen el ceño ante cualquier pensamiento que les cause perplejidad, pero debo decir que los planteé mal, pues confundí la meditación abstraída con la reflexión en estado de perplejidad. Sin embargo, resulta claro que los australianos, malayos, hindúes y cafres de Sudáfrica fruncen el ceño cuando se sienten confundidos. Dobritzhoffer observa[4] que los guaraníes de Sudamérica arrugan el ceño en ese tipo de situaciones.

De estas consideraciones podemos concluir que fruncir el ceño no expresa simplemente reflexión, por profunda que sea, o atención, aun cuando estén muy relacionadas, sino algo difícil o desagradable con lo que uno se topa en una secuencia de pensamiento o actividad. Sin embargo, la reflexión profunda raramente podrá llevarse muy lejos sin cierta dificultad, de modo que irá acompañada generalmente por fruncimiento del ceño. A ello se debe, como señala sir C. Bell, que el ceño fruncido confiere normalmente al semblante un aspecto de energía intelectual. Pero para que este efecto se produzca, los ojos deben estar despejados y fijos, aunque pueden estar vueltos hacia abajo, como ocurre con frecuencia cuando pensamos profundamente. El semblante no debe ser perturbado por ningún otro motivo, como en el caso de un hombre de mal humor o enfadado, o de alguien que muestre los efectos de un sufrimiento prolongado, con los ojos apagados y las mandíbulas caídas, o de quien percibe un mal sabor en su comida, o de quien ve difícil realizar alguna tarea trivial, como enhebrar una aguja. En esos casos es frecuente ver el ceño fruncido, aunque vaya acompañado por alguna otra expresión que impide totalmente que el semblante tenga un aire de energía intelectual o de meditación profunda.

Podemos indagar ahora cómo el ceño fruncido expresa la percepción de algo difícil o desagradable en el pensamiento o en la acción. Del mismo modo que los naturalistas consideran aconsejable trazar el desarrollo embriológico de un órgano para comprender cabalmente su estructura, también lo es seguir el mismo plan, dentro de lo posible, respecto a los movimientos de la expresión. La expresión más precoz y casi exclusiva que vemos durante los primeros días de la infancia, y que después se muestra con frecuencia, es la exhibida durante el llanto a gritos; y el llanto a gritos es provocado, tanto al principio como después, por cualquier sensación o emoción molesta o desagradable, como hambre, dolor, rabia, celos, miedo, etc. En tales ocasiones, los músculos que rodean los ojos están fuertemente contraídos, y creo que ello explica en buena medida la acción de fruncir el ceño durante el resto de nuestras vidas. He observado repetidamente a mis propios hijos desde que tenían una semana hasta los dos o tres meses, y he hallado que cuando un acceso de llanto a gritos se presenta de forma gradual, el primer indicio es la contracción de los superciliares, que producen una débil arruga, seguida inmediatamente por la contracción de los demás músculos que rodean los ojos. Cuando un niño se siente incómodo o indispuesto —tal como tengo registrado en mis notas—, pueden notarse pequeños fruncimientos del ceño que pasan incesantemente como sombras por su rostro, y en general, aunque no siempre, son seguidas tarde o temprano por un acceso de llanto. Observé, por ejemplo, durante un rato a un niño de siete u ocho semanas que sorbía leche fría y que, por tanto, no le gustaba. El niño mantuvo todo el tiempo un ligero fruncimiento inmóvil que nunca llegó hasta un acceso real de llanto, aunque se podían observar ocasionalmente todos los pasos que conducen a él.

Como los niños han practicado durante innumerables generaciones el hábito de contraer las cejas, el comienzo de cada grito o acceso de llanto ha llegado a quedar firmemente asociado al sentimiento incipiente de algo molesto o desagradable. De ahí que bajo circunstancias similares pueda haber sido adecuado mantenerlo durante la madurez, aunque entonces no conduzca nunca a un acceso de llanto. El grito o el llanto empiezan a ser reprimidos de modo voluntario en un período temprano de la vida. Quizá sea conveniente advertir que en niños muy dados a llorar, cualquier cosa que les causa perplejidad y que a muchos otros niños les produciría tan sólo un mero fruncimiento del ceño no tarda en provocarles llanto. Lo mismo sucede en determinados tipos de dementes, a quienes cualquier esfuerzo mental, aunque sea débil y que en una persona corriente sólo produciría un débil fruncimiento, les lleva a llorar de un modo irrefrenable. El hecho de que la costumbre de contraer las cejas a la menor sensación de algo molesto, aunque adquirida durante la infancia, haya sido mantenida durante el resto de nuestras vidas no es más sorprendente que muchos otras costumbres asociadas a una edad temprana que han persistido de modo permanente tanto en el hombre como en los animales inferiores. Por ejemplo, los gatos ya desarrollados, cuando se sienten calientes y cómodos, conservan con frecuencia el hábito de adelantar alternativamente sus patas delanteras con los dedos extendidos, hábito que practicaban con un objetivo definido cuando mamaban de sus madres.

Hay otra causa diferente y peculiar que ha reforzado probablemente el hábito de fruncir el ceño cuando la mente se enfrenta con algún problema y topa con alguna dificultad. La visión es el más importante de todos los sentidos, y en los tiempos primitivos la atención más estricta debió de haberse dirigido continuamente hacia objetos distantes con el fin de obtener una presa o evitar el peligro. Cuando viajaba por algunas partes de Sudamérica, peligrosas por la presencia de indios, recuerdo que me impresionó cómo los gauchos medio salvajes oteaban atentamente el horizonte en todo momento, aunque al parecer de forma inconsciente. Hoy en día, cuando alguien que no se cubre la cabeza (como debió haber ocurrido en los orígenes del género humano) se esfuerza al máximo para distinguir un objeto distante a plena luz del día, sobre todo si el cielo está luminoso, contraerá casi con toda seguridad las cejas para evitar una entrada excesiva de luz, y al mismo tiempo se elevarán sus párpados inferiores, las mejillas y el labio superior para disminuir la abertura de los ojos. Pedí intencionadamente a varias personas, jóvenes y mayores, que mirasen objetos distantes en tales circunstancias haciéndoles creer que sólo deseaba poner a prueba su agudeza visual, y todas se comportaron de la manera que acabo de describir. Algunas pusieron la mano sobre los ojos para evitar el exceso de luz. Gratiolet, después de hacer algunas observaciones prácticamente en el mismo sentido, dice[5]: "Se trata de actitudes ante una visión difícil". Concluye que los músculos que rodean los ojos se contraen en parte para evitar el exceso de luz (lo cual me parece la finalidad más importante) y en parte para impedir que todos los rayos alcancen la retina, y no aquellos que vengan directamente del objeto observado. Mr. Bowman, a quien consulté sobre este punto, piensa que la contracción de los músculos que hay en torno a los ojos puede, además, "mantener parcialmente la coordinación de los movimientos de ambos ojos, proporcionando para ello un soporte más firme mientras los globos oculares se disponen para la visión binocular mediante sus propios músculos".

Dado que el esfuerzo de mirar con detenimiento un objeto distante bajo una luz intensa es tan difícil como fastidioso, y como ese esfuerzo ha venido acompañado habitualmente durante innumerables generaciones por la contracción de las cejas, el hábito de fruncir se habrá reforzado mucho, aunque originalmente se haya practicado durante la infancia por causas más bien independientes, a saber, como primer paso para proteger los ojos cuando se grita. En lo que se refiere al estado de ánimo, hay realmente una gran analogía entre escrutar detenidamente un objeto distante y seguir una oscura secuencia de pensamiento o realizar algún trabajo mecánico pequeño pero complicado. La creencia de que el hábito de contraer el ceño se prolonga cuando no hay ninguna necesidad de protegerse por un exceso de luz recibe el apoyo de los casos antes aludidos, en los cuales las cejas o los párpados se activan en determinadas circunstancias sin utilidad alguna por haber sido utilizados de forma parecida en circunstancias análogas aunque con fines provechosos. Por ejemplo, cuando no deseamos ver un objeto cerramos voluntariamente los ojos, y estamos dispuestos a cerrarlos cuando rechazamos una proposición, como si no pudiésemos o no quisiésemos verla, o también cuando pensamos en algo horrible. Cuando deseamos ver con rapidez todo lo que nos rodea, levantamos las cejas y solemos hacer lo mismo cuando deseamos recordar intensamente alguna cosa, actuando como si nos esforzásemos en verla.

Abstracción, meditación

Cuando una persona está abstraída con la mente ausente o, como se dice a veces, cuando alguien está "ensimismado", no frunce el ceño pero sus ojos parecen vacíos. Generalmente los párpados inferiores se elevan y arrugan del mismo modo que cuando una persona corta de vista trata de distinguir un objeto distante, y al mismo tiempo los músculos orbiculares superiores están un poco contraídos. En algunos salvajes, como en los australianos de Queensland observados por Mr. Dyson Lacy, y en los malayos del interior de Malaca, observados en varias ocasiones por Mr. Geach, se ha visto que arrugan el párpado inferior es esas situaciones. Por el momento no se puede explicar el significado o la causa de esa acción, pero tenemos aquí otro caso de movimiento del entorno del ojo en relación con el estado de ánimo.

La expresión vacía de los ojos es muy peculiar y aparece de repente cuando un hombre se halla absorto totalmente. El profesor Donders ha investigado esta cuestión a requerimiento mío con su habitual amabilidad. Ha observado a otros en esas circunstancias, y el profesor Engelmann le ha observado a él. Los ojos no se fijan en ningún objeto y, por tanto, tampoco en objetos distantes, tal como yo había imaginado. Es frecuente, incluso, que las líneas de visión de ambos ojos diverjan ligeramente; si la cabeza se mantiene vertical y el plano de visión horizontal, la divergencia alcanza un ángulo máximo de 2º. Este dato fue verificado observando el entrecruzamiento de la doble imagen de un objeto lejano. Cuando la cabeza cae hacia adelante —como ocurre a menudo en un hombre absorto en sus pensamientos, a causa de la relajación general de los músculos—, si el plano de la visión sigue siendo horizontal, y los ojos están ligeramente vueltos hacia arriba, entonces la divergencia llega a ser de 3º o 3º 5'; y si los ojos se vuelven aun más hacia arriba alcanza entre los 6º y 7º. El profesor Donders atribuye esa divergencia a la relajación casi total de determinados músculos oculares especialmente propensos a responder a la mente cuando está totalmente absorta[6]. El estado activo de los músculos de los ojos es el de convergencia, y el profesor Donders señala, en relación con su divergencia durante un período de absoluto ensimismamiento, que cuando un ojo queda ciego se desvía hacia afuera después de un corto lapso de tiempo, ya que dejan de utilizarse los músculos para mover el globo ocular hacia adentro con el fin de obtener la visión binocular.

La reflexión en estado de perplejidad va acompañada a menudo de determinados movimientos o gestos. En tales ocasiones nos llevamos normalmente las manos a la cabeza, la boca o el mentón, pero, por lo que he observado, no actuamos así cuando nos hallamos absortos en una meditación que no ofrece dificultades. Plauto dice, al describir en una de sus comedias[7] a un hombre desconcertado: "Ahora mira cómo apoya su barbilla en la mano". Un gesto tan trivial y aparentemente sin significado como llevar la mano a la cara ha sido observado, incluso, en algunos salvajes. Mr. J. Mansel Weale lo ha visto en los cafres de Sudáfrica, y el jefe nativo Gaika añade que entonces los hombres "se mesan a veces la barba". Mr. Washington Matthews, que se ha ocupado de algunas de las tribus más salvajes de indios de las regiones occidentales de Estados Unidos, señala que cuando se concentraban en sus pensamientos, se les veía a veces poner "las manos, por lo general el dedo pulgar y el índice, en contacto con alguna parte de la cara, normalmente el labio superior". Podemos entender por qué presionamos o frotamos la frente cuando los pensamientos profundos ponen a prueba nuestro cerebro, pero no está nada clara la razón de por qué nos llevamos la mano a la cara o la boca.

Malhumor

Ya hemos visto que fruncir el ceño es la expresión natural cuando surge alguna dificultad o cuando se experimenta algo desagradable, sea en el pensamiento o en los actos, y quien vea afectada así su mente con facilidad y frecuencia será propenso a estar de mal humor o algo enfadado o molesto y mostará normalmente el ceño fruncido. Pero la expresión mohína causada por el ceño fruncido puede contrarrestarse si la boca aparece amable, porque habitualmente dibuja una sonrisa, y si los ojos brillan y están animados. También sucede lo mismo si los ojos aparecen despejados y sin sombras y se tiene un aire de atenta reflexión. El ceño fruncido, unido a una ligera depresión de los ángulos de la boca, síntoma de pena, da un aire de enojo. Si un niño frunce mucho el ceño cuando llora a gritos (véase la imagen 2 de la lámina IV[8]), pero no contrae los músculos orbiculares con la intensidad habitual, muestra una expresión muy acentuada de ira e incluso de rabia mezclada con aflicción.

Si todo el fruncimiento del ceño se dibuja más abajo por la contracción de los músculos piramidales de la nariz, lo que produce arrugas transversales o pliegues a lo largo de su base, la expresión se torna arisca. Duchenne cree que la contracción de ese músculo sin que se arrugue el ceño produce un aspecto de dureza extrema y agresiva[9]. Pero dudo mucho de que esta sea una expresión verdadera o natural. He enseñado a once personas, incluidos algunos artistas, la fotografía tomada por Duchenne de un joven con este músculo muy contraído por la galvanización, y ninguna de ellas pudo formarse una idea de lo que se pretendía, excepto una muchacha que contestó correctamente: "circunspección, sin duda". Cuando vi por primera vez esa fotografía sabiendo qué era lo que se había pretendido, creo que mi imaginación añadió lo que faltaba, es decir, un ceño fruncido, y por consiguiente la expresión me pareció espontánea y muy arisca.

Una boca firmemente cerrada, además de un ceño fruncido y hacia abajo, da determinación a la expresión o puede hacerla obstinada y hosca. Analizaré ahora por qué el cierre firme de la boca produce un aire de determinación. Mis informantes han reconocido una clara expresión de terquedad huraña en nativos de seis regiones diferentes de Australia. Según Mr. Scout, es muy marcada entre los hindúes. Se ha observado en los malayos, chinos, cafres, abisinios y, según el Dr. Rothrock, es muy visible entre los indios salvajes de Norteamérica, así como entre los aimarás de Bolivia, según el Dr. Forbes. Yo he podido observarlo asimismo en los araucanos del sur de Chile. Mr. Dyson Lacy señala que los nativos de Australia, cuando se hallan en ese estado de ánimo, cruzan a veces los brazos sobre el pecho, una actitud que podemos ver también en nosotros mismos. Una firme determinación tendente a la obstinación se expresa también en ocasiones manteniendo ambos hombros levantados, un gesto cuya significación se explicará en el siguiente capítulo.

En los niños pequeños, la actitud huraña se demuestra proyectando los labios hacia afuera o, como se dice a veces, "poniéndose de morros"[10]. Cuando los ángulos de la boca están muy deprimidos, el labio inferior aparece un poco vuelto hacia fuera, lo cual también puede denominarse un puchero. Pero los pucheros a los que nos referimos consisten en proyectar hacia afuera ambos labios en forma de tubo, a veces hasta el extremo de alcanzar la punta de la nariz, si ésta es corta. Los pucheros suelen ir acompañados de ceño fruncido y a veces de la emisión de un sonido parecido a *buuu* o *muuu*. Esta expresión es notable por cuanto, hasta donde se me alcanza, es casi la única que se manifiesta mucho más claramente durante la infancia que en la madurez, al menos entre los europeos. Sin embargo, en los adultos de todas las razas existe cierta tendencia a echar los labios hacia afuera bajo la influencia de una gran rabia. Algunos niños hacen pucheros cuando están asustados y cuando difícilmente podría decirse de ellos que se muestran huraños.

A partir de indagaciones realizadas por mí en algunas familias numerosas, hacer pucheros no parece muy común en los niños europeos, pero se da a lo largo de todo el mundo y debe de estar tan extendido como acentuado en muchas razas salvajes, pues ha llamado la atención a numerosos observadores. Ha sido observado en ocho distritos diferentes de Australia, y uno de mis informantes resalta el modo tan intenso con que los niños proyectan los labios en esas circunstancias. Dos observadores han visto hacer pucheros a niños hindúes, tres a niños cafres y fingos de África del Sur y a hotentotes, y dos a los niños de los indios salvajes de Norteamérica. También se ha observado hacer pucheros a chinos, abisinios, malayos de Malaca, dayaks de Borneo y con frecuencia a los neozelandeses. Mr. Mansel Weale me informa de que ha visto los labios muy echados hacia afuera no sólo en niños de cafres sino también en adultos de ambos sexos cuando se muestran huraños, y Mr. Stack lo ha observado a veces en hombres y frecuentemente en mujeres neozelandesas. Un indicio de la misma expresión puede detectarse en ocasiones incluso en europeos adultos.

Vemos, pues, así que proyectar los labios, en especial en los niños, es característico de la actitud huraña en la mayor parte del mundo. Este movimiento parece deberse a la conservación, sobre todo en edades tempranas, de un hábito primitivo o a una ocasional reversión al mismo. Tal como he descrito en un capítulo anterior, los orangutanes y chimpancés jóvenes proyectan los labios hacia afuera hasta un nivel extraordinario cuando están descontentos o algo irritados o huraños, y también cuando se les sorprende, cuando están un poco asustados e incluso cuando están algo contentos. Al parecer, la boca se proyecta hacia afuera con el fin de ejecutar los variados sonidos propios de estos distintos estados de ánimo, y he observado en el chimpancé que la configuración difiere ligeramente cuando el grito es de placer y cuando se profiere por irritación. En cuanto esos animales se irritan, la forma de la boca cambia totalmente y los dientes quedan expuestos. Se dice que cuando un orangután adulto es herido emite "un grito peculiar, al principio consistente en notas agudas que se van tornando graves al final y acaban en un rugido suave. Cuando está emitiendo las notas altas, echa los labios hacia afuera poniéndolos en forma de embudo, mientras que al emitir las notas graves mantiene la boca abierta de par en par" [11]. Respecto al gorila, se dice que es capaz de proyectar mucho el labio inferior. Entonces, si nuestros ancestros semihumanos proyectaban los labios hacia afuera cuando se ponían huraños o se irritaban un poco, tal como lo hacen los actuales monos antropomorfos, no resulta anormal, aunque sea un hecho curioso, que nuestros niños puedan exhibir un esbozo de la misma expresión, junto con cierta tendencia a proferir un ruido, cuando sienten algo similar. En los animales no es en absoluto inusual retener de forma más o menos perfecta durante la edad temprana, aunque se pierdan después, caracteres que poseían originalmente sus antepasados adultos y que todavía retienen varias especies parientes cercanas.

Tampoco es un hecho anómalo que cuando los niños de los salvajes se sienten huraños muestren una tendencia mayor a echar los labios hacia afuera que los niños de los civilizados europeos, pues la esencia de la condición salvaje parece consistir en retener caracteres primordiales, y ello incluye en ocasiones incluso peculiaridades corporales [12]. A este punto de vista sobre el origen de los pucheros puede objetarse que los monos antropomorfos proyectan también hacia afuera los labios cuando están asombrados, e incluso cuando están algo contentos, mientras que entre nosotros la expresión ha quedado confinada generalmente a un estado de ánimo huraño. Sin embargo, en un capítulo posterior veremos que en hombres de diversas razas la sorpresa conduce a menudo a proyectar ligeramente los labios, aunque es más frecuente que una sorpresa grande o asombro se manifiesten abriendo la boca de par en par. Así como al sonreír o al reír echamos hacia atrás los ángulos de la boca, hemos perdido toda tendencia a proyectar hacia afuera los labios cuando estamos contentos, si es que realmente nuestros primeros antepasados expresaban el placer de esa manera.

Deseo comentar aquí un pequeño gesto realizado por niños huraños, a saber, el de "desairar con el hombro". Creo que posee un significado distinto del que tiene mantener levantados ambos hombros. Un niño en actitud mohína, sentado en las rodillas de su padre, eleva el hombro más cercano, después lo retira hacia fuera como evitando una caricia y, a continuación, lo empuja hacia atrás como si quisiera rechazar a quien le ofende. He visto cómo un niño que se hallaba en pie a cierta distancia de otra persona expresaba claramente sus sentimientos levantando un hombro, imprimiéndole un ligero movimiento hacia atrás y después dando media vuelta a todo el cuerpo.

Decisión o determinación

Cerrar la boca con firmeza tiende a dar al semblante un aire de determinación o decisión. Ningún hombre decidido suele estar habitualmente con la boca abierta. De ahí también que una mandíbula inferior pequeña o débil —que da la impresión de que la boca no puede cerrarse con fuerza— se suele considerar como característica de debilidad de carácter. Un esfuerzo prolongado de cualquier tipo, sea del cuerpo o de la mente, implica decisión previa, y si consideramos que la boca está cerrada normalmente con firmeza antes y durante un esfuerzo intenso y continuo del sistema muscular, entonces, y casi con toda certeza, la boca debería estar cerrada en cuanto se adoptase cualquier resolución decidida en virtud del principio de asociación. Ahora bien, varios observadores han comprobado que, al iniciar cualquier esfuerzo muscular violento, un hombre empieza invariablemente hinchando los pulmones de aire y comprimiéndolos después con una fuerte contracción de los músculos del pecho; y para hacer eso, la boca debe estar firmemente cerrada. Además, en cuanto un hombre se ve impulsado a recuperar el aliento, procura mantener el pecho tan distendido como sea posible.

Se han atribuido varias causas a ese modo de actuar. Sir C. Bell sostiene[13] que en esas situaciones el pecho está distendido por el aire y se mantiene así para ofrecer un soporte firme a los músculos anclados en él. De aquí que cuando dos hombres se enzarzan en un enfrentamiento mortal, prevalezca un terrible silencio, según señala, roto tan sólo por la respiración fuerte y jadeante. Hay silencio porque expulsar aire con el fin de proferir un sonido podría relajar el soporte de los músculos de los brazos. Si se oye un grito, suponiendo que la lucha ocurra en la oscuridad, sabremos inmediatamente que uno de los dos ha sido vencido por la desesperación.

Gratiolet admite[14] que cuando un hombre debe luchar con otro hasta el límite o sostener un gran peso o mantener durante mucho tiempo una misma postura forzada, no tiene más remedio que hacer una profunda inspiración y después dejar de respirar, pero piensa que la explicación de sir C. Bell es errónea. Afirma que contener la respiración retarda la circulación de la sangre, cosa de la que, en mi opinión, no puede dudarse, y aduce ciertas pruebas curiosas tomadas de la estructura de los animales inferiores, mostrando, por un lado, que se necesita una circulación reposada para realizar un esfuerzo muscular prolongado y, por otro, que se precisa de una circulación rápida para los movimientos rápidos. Según este punto de vista, cuando iniciamos un gran esfuerzo cerramos la boca y dejamos de respirar con el fin de hacer más lenta la circulación de la sangre. Gratiolet resume el asunto diciendo: "Ésta es la verdadera teoría del esfuerzo continuado", pero no sé hasta qué punto esta teoría es aceptada por otros fisiólogos.

El Dr. Piderit explica[15] que la boca se cierra firmemente durante los esfuerzos musculares intensos en función del principio de que la influencia de la voluntad se extiende a otros músculos, además de aquellos que han de entrar necesariamente en acción para llevar a cabo el esfuerzo concreto, y es natural que los músculos de la respiración de la boca, al ser usados de modo tan habitual, sean los más propensos para activarse de esa manera. Me parece probable que ese punto de vista contenga algo de verdad, pues durante un esfuerzo violento tendemos a apretar los dientes con fuerza, sin que sea un requisito para impedir la respiración, mientras que los músculos del pecho se hallan fuertemente contraídos.

Por último, cuando un hombre tiene que realizar una operación delicada y difícil, a pesar de que no requiera fuerza alguna, suele cerrar la boca y dejar de respirar durante un rato; no obstante, actúa así para que el movimiento del pecho no perjudique al de las manos. Por ejemplo, cuando una persona enhebra una aguja puede verse cómo comprime los labios y deja de respirar o respira lo más despacio posible. Esto es lo que ocurría, según comenté al principio, con un chimpancé joven y enfermo mientras se entretenía matando con los nudillos las moscas que zumbaban sobre los cristales de la ventana. Realizar una acción difícil, por trivial que sea, supone cierta dosis de decisión previa.

No parece nada improbable que todas las causas arriba apuntadas hayan intervenido en diferente medida, juntas o por separado y según las ocasiones. El resultado sería un hábito bien establecido, que actualmente podría ser ya hereditario, de cerrar firmemente la boca al inicio y de cualquier esfuerzo violento y prolongado durante su realización o en cualquier operación delicada. Por el principio de asociación podría existir también una fuerte tendencia hacia ese mismo hábito cuando la mente se decide por cualquier acción o línea de conducta concreta, incluso antes de que se produzca ningún esfuerzo corporal o aunque no se requiera ninguno. El cierre habitual y firme de la boca podría llegar a expresar así decisión de carácter, y la decisión se convierte fácilmente en obstinación.

Capítulo 10
Odio y cólera

Odio. Furia, efectos sobre el sistema. Exhibición de los dientes. La furia de los dementes. Cólera e indignación. Su expresión en las diversas razas humanas. Burla y provocación. La exhibición del diente canino de un lado de la cara.

Si hemos sufrido o pensamos que vamos a sufrir algún daño intencionado por parte de una persona, o si es de algún modo ofensiva hacia nosotros, esa persona no nos gusta y ese disgusto se convertirá con facilidad en odio. Cuando se experimentan de forma moderada, tales sentimientos no se expresan claramente mediante movimientos del cuerpo o las facciones, excepto quizá en una cierta gravedad del talante o con algo de mal humor. Sin embargo, pocos individuos pueden reflexionar mucho tiempo sobre una persona odiada sin experimentar y mostrar signos de indignación o de cólera. Pero si la persona que nos ofende es más bien insignificante, experimentamos sólo desdén o menosprecio. Si, por el contrario, es muy poderosa, entonces el odio se transforma en terror, como cuando un esclavo piensa en un amo cruel o un salvaje en una deidad maligna sedienta de sangre[1]. Muchas de nuestras emociones están conectadas de forma tan estrecha con su expresión correspondiente que difícilmente pueden existir si el cuerpo se mantiene pasivo; la naturaleza de la expresión depende en gran parte de la naturaleza de las acciones que se hayan ejecutado habitualmente bajo ese estado de ánimo concreto. Un hombre puede saber, por ejemplo, que su mujer se halla en el peligro más extremo y sentir un intenso deseo de salvarla, pero también puede exclamar, como hizo Luis XVI cuando estaba rodeado por una turba enfurecida: "¿Tengo miedo? Tomad mi pulso". Así pues, un hombre puede odiar intensamente a otro, pero si la condición de su cuerpo no se altera, no puede decirse que esté enfurecido.

Furia

He tenido ya ocasión de tratar sobre esta emoción en el capítulo 3, al hablar de la influencia directa del sensorio excitado sobre el cuerpo en combinación con los efectos de acciones asociadas por el hábito. La furia se manifiesta de las maneras más diversas. El corazón y la circulación se ven siempre afectados y la cara enrojece o se torna púrpura, con las venas de la frente y el cuello dilatadas. El enrojecimiento de la piel se ha podido observar en los indios cobrizos de Sudamérica[2] e incluso, como se ha dicho, en las cicatrices blancas de antiguas heridas en los negros[3]. Los monos también enrojecen de furor. En uno de mis propios hijos, cuando tenía cuatro meses, observé repetidamente que el primer síntoma de que iba a enfadarse era la afluencia de sangre a su cabeza pelada. Por otro lado, la acción del corazón se ve a veces tan impedida por un gran enojo que el semblante se vuelve pálido o lívido[4], y no pocos hombres con enfermedades del corazón han caído muertos bajo esta potente emoción.

La respiración se ve igualmente afectada, el pecho se alza y las dilatadas ventanas de la nariz tiemblan[5]. Como escribe Tennyson, "agudos jadeos de cólera resoplaban por las dilatadas ventanas de la nariz". De ahí que existan expresiones tales como "respirar venganza" [*breathing out vengeance*] y "echar humo de rabia" [*fuming with anger*][6].

El cerebro excitado da fuerza a los músculos y, al mismo tiempo, energía a la voluntad. El cuerpo se mantiene normalmente erguido, dispuesto para la acción inmediata, aunque a veces se incline hacia el ofensor, con las extremidades más o menos rígidas.

La boca se halla generalmente cerrada con firmeza, mostrando una determinación inflexible, y los dientes se aprietan o rechinan. Son corrientes gestos tales como levantar las manos con los puños apretados como para golpear al ofensor. Pocas personas pueden resistirse a actuar como si intentaran pegar o empujar violentamente a otra en un momento de gran cólera o mientras dicen a alguien que se marche. El deseo de golpear llega realmente a ser a menudo tan irresistiblemente fuerte que se golpean o tiran al suelo objetos inanimados, aunque los gestos resulten a menudo frenéticos o carentes de sentido. Cuando los niños pequeños se enfurecen mucho, se revuelcan por el suelo sobre la espalda o el vientre chillando, pataleando, arañando o mordiendo todo lo que se pone a su alcance. Por lo que he oído decir a Mr. Scott, sucede lo mismo a los niños hindúes y, según hemos visto, a las crías de los monos antropomorfos.

Pero el sistema muscular se ve afectado a menudo de un modo totalmente distinto, ya que el temblor es una consecuencia frecuente de una furia excesiva. Los labios paralizados se niegan entonces a obedecer a la voluntad y "la voz se encalla en la garganta"[7] o se hace ruidosa, áspera y discordante. Si se habla mucho y muy rápido, la boca echa espuma. A veces se eriza el pelo, aunque volveré de nuevo sobre este punto en otro capítulo, cuando trate de las emociones en que se mezclan furia y terror. En muchos casos se produce un fruncimiento muy marcado del ceño, derivado del sentimiento de algo desagradable o difícil, unido a la concentración de la mente. Pero a veces el ceño, en vez de aparecer muy contraído y hacia abajo, se mantiene liso, con los ojos fulgurantes y muy abiertos. Los ojos están siempre muy brillantes o, según lo expresa Homero, resplandecen como fuego. A veces aparecen inyectados en sangre y se dice que se salen de sus órbitas, consecuencia sin duda de que la cabeza está inundada de sangre, como puede verse por las venas dilatadas. Según Gratiolet[8], las pupilas se contraen siempre con la furia, y he oído decir al Dr. Crichton Browne que eso mismo ocurre en el terrible delirio de la meningitis, aunque los movimientos del iris bajo el influjo de las distintas emociones es un asunto muy oscuro.

Shakespeare recapitula las principales características de la furia como sigue:

En tiempo de paz, nada conviene al hombre tanto
como la modestia tranquila y la humildad;
pero cuando la tempestad de la guerra sopla en nuestros oídos,
nos es preciso imitar la acción del tigre;
poner en tensión nuestros nervios, hacer llamamiento a nuestra sangre,
así pues, dotad a vuestros ojos de una terrible mirada;
disimulad el noble carácter bajo una máscara de furia y de rasgos crueles;
Vamos, ¡enseñad los dientes y abrid de par en par las ventanas de vuestras narices!
¡Contened vuestro aliento y elevad vuestro espíritu a la mayor altura!
¡Adelante, adelante, nobles ingleses!
(*Enrique V*, III, 1)

Durante los estados de furia, los labios se proyectan a veces hacia afuera de un modo que no logro entender, a menos que derive del hecho de que descendemos de algún animal parecido a los monos antropomorfos. Se han observado ejemplos no sólo en europeos sino también en australianos e hindúes. Sin embargo, es mucho más frecuente que los labios estén retraídos en una mueca que deja a la vista los dientes apretados. Esto ha sido observado por casi todos los que han escrito sobre la expresión[9]. El aspecto es como si los dientes estuviesen a la vista y listos para desgarrar o apresar a un enemigo, aun cuando no exista intención de actuar así. Mr. Dyson Lacy ha visto esa mueca de los dientes en los australianos cuando están en plena reyerta, y Gaika en los cafres de África del Sur. Dickens[10], hablando de un atroz asesino que acababa de ser capturado y se hallaba rodeado por una multitud furiosa, describe a la gente "saltando por encima de la cabeza de los demás, gruñendo entre dientes e inclinándose hacia él como si fueran bestias salvajes". Cualquiera que haya tenido mucho trato con niños pequeños debe de haber visto con qué naturalidad se lanzan a morder cuando se enfurecen. Parece tan instintivo en ellos como en los cocodrilos de corta edad, que hacen chasquear sus pequeñas mandíbulas en cuanto emergen del huevo.

La mueca de enseñar los dientes y de proyectar los labios hacia afuera parecen darse juntas en algunas ocasiones. Un observador minucioso dice haber visto muchos ejemplos de odio intenso (difícil de distinguir de la rabia más o menos contenida) en los orientales, y en una ocasión en una mujer inglesa de cierta edad. En todos esos casos "se produjo la mueca de enseñar los dientes pero no el ceño fruncido: los labios se alargaron, las mejillas se desplazaron hacia abajo y se entrecerraron los ojos, mientras que el ceño se mantuvo tranquilo" [11].

Considerando lo poco que usa el hombre los dientes para luchar, esta retracción de los labios descubriendo los dientes en un arrebato de furia, como si se quisiera morder al ofensor, es tan llamativa que he preguntado al Dr. Crichton Browne si este hábito se da con frecuencia en los dementes, cuyas pasiones no tienen freno. Me contó que lo ha observado repetidamente tanto en dementes como en idiotas y me ha ofrecido los siguientes casos ilustrativos.

Poco antes de recibir mi carta presenció un arranque incontrolable de ira y celos injustificados en una mujer demente. Al principio insultó a su marido, y mientras lo hacía echaba espuma por la boca. Después se acercó a él con los labios apretados y el ceño violentamente fruncido. Luego echó los labios hacia atrás, especialmente los extremos del labio superior, y mostró los dientes al tiempo que le dirigía un bufido maligno. Un segundo caso es el de un viejo soldado a quien cada vez que se amonesta para que se atenga a las reglas de la institución da rienda suelta a su descontento hasta enfurecerse. Normalmente empieza preguntando al Dr. Crichton Browne si no le da vergüenza tratarle de ese modo. Después reniega y blasfema, camina arriba y abajo, hace aspavientos con los brazos y amenaza a cualquiera que esté a mano. Finalmente, cuando culmina su exasperación, se abalanza sobre el Dr. Browne con un peculiar movimiento de balanceo lateral, alzando los puños y amenazando con destruirle. Entonces se ve cómo eleva el labio superior, sobre todo en los extremos, hasta dejar a la vista sus enormes dientes caninos. Escupe sus maldiciones entre dientes y toda su expresión adopta un aire de extrema ferocidad. Una descripción similar encaja con otro hombre, excepto que este último escupe generalmente y echa espuma por la boca, baila y salta de un lado a otro de una manera extraña y rápida, y chilla sus maldiciones con una aguda voz de falsete.

El Dr. Browne me informa también del caso de un idiota epiléptico incapaz de efectuar movimientos de forma independiente y que se pasa el día jugando con algunos juguetes, aunque su humor es ácido y se enfurece fácilmente. Cuando alguien toca sus juguetes, levanta lentamente la cabeza de su posición inclinada habitual y fija los ojos en su ofensor con un fruncimiento de ceño lento aunque airado. Si la molestia se repite, retrae sus torpes labios y muestra una prominente hilera de dientes temibles (llaman especialmente la atención los largos caninos) y después realiza un movimiento rápido y agresivo de agarrar con la mano abierta al ofensor. Como señala el Dr. Browne, la rapidez de este movimiento es sorprendente en alguien de ordinario tan torpe que necesita unos 15 segundos para hacer girar la cabeza a uno y otro lado cuando algún ruido llama su atención. Si cuando está irritado se pone en sus manos un pañuelo, un libro o cualquier otra cosa, lo lleva hasta la boca y lo muerde. Mr. Nicol me ha descrito igualmente dos casos de pacientes dementes cuyos labios se retraían durante los arrebatos de furia.

Tras describir detalladamente varios rasgos animaloides extraños en los idiotas, el Dr. Maudsley se pregunta si no serán debidos a la reaparición de instintos primitivos, "un débil eco de un pasado muy lejano, testimonio de un parentesco que el hombre casi no ha superado". Añade que en cada ser humano el cerebro pasa en el curso de su desarrollo por las mismas fases que tienen lugar en los animales vertebrados inferiores, y como el cerebro del idiota está en una condición retrasada, podemos suponer que "manifestará sus funciones más primitivas y no funciones superiores". El Dr. Maudsley cree que el mismo punto de vista puede extenderse al cerebro degenerado de ciertos pacientes dementes, y se pregunta: ¿De dónde proceden "los gruñidos feroces, las tendencias destructivas, el lenguaje obsceno, los aullidos salvajes y los hábitos ofensivos que exhiben algunos dementes? Un ser humano privado de su razón, ¿por qué habría adquirido un carácter tan brutal, a menos que la naturaleza del bruto esté dentro de él?" [12]. Parece que la pregunta debería ser contestada afirmativamente.

Cólera, indignación

Estos estados de la mente se distinguen sólo de la furia cuantitativamente y no existe una diferencia notable en sus síntomas característicos. Bajo una cólera moderada, la actividad del corazón se incrementa un tanto, el color se intensifica y los ojos se vuelven brillantes. Asimismo, la respiración se acelera un poco y, como todos los músculos que sirven a esa función actúan coordinadamente, las aletas de la nariz se dilatan ligeramente para permitir la libre entrada del aire, un signo muy característico de la indignación. Normalmente la boca está apretada y el ceño casi siempre muestra arrugas. En vez de los signos frenéticos de la furia extrema, un hombre indignado cae sin darse cuenta en una actitud lista para atacar o golpear a su enemigo, al cual quizá escrutará desafiante de la cabeza a los pies. Lleva la cabeza erguida, con el pecho muy henchido, y apoya firmemente los pies en el suelo. Mantiene los brazos en varias posiciones, con uno o los dos codos flexionados o con los brazos suspendidos rígidamente a ambos lados. Por lo general, los europeos aprietan los puños [13]. Las imágenes 1 y 2 de la lámina VI son representaciones bastante certeras de hombres que simulan indignación. Cada cual puede mirarse al espejo imaginando intensamente que le han insultado y que pide una explicación con un tono de voz enfadado, y de repente e inconscientemente se verá empujado a adoptar alguna de esas actitudes.

Furia, cólera e indignación se manifiestan casi de la misma manera en todo el mundo: las siguientes descripciones pueden ser oportunas como prueba de ello y como ilustración de algunos de los comentarios que vienen a continuación. Existe, sin embargo, una excepción respecto a cerrar los puños y es que este gesto parece confinado principalmente a los hombres que pelean con ellos. A los australianos sólo uno de mis informantes les ha visto apretar los puños. Todo el mundo está de acuerdo en que el cuerpo se mantiene erguido, y todos, con dos excepciones, afirman que las cejas aparecen fuertemente contraídas. Algunos aluden al cierre firme de la boca, a la dilatación de las aletas de la nariz y a los ojos fulgurantes. Según el reverendo Mr. Taplin, la furia se expresa entre los australianos echando los labios hacia afuera y abriendo mucho los ojos y, en el caso de las mujeres, por su bailoteo de un lado para otro y por arrojar tierra al aire. Otro observador dice que cuando los nativos están enfurecidos mueven violentamente los brazos a un lado y otro.

He recibido relatos similares, excepto en lo que se refiere a apretar los puños, sobre los malayos de la península de Malaca, los abisinios y los nativos de África del Sur. También sobre los indios dakota de América del Norte, quienes, según Mr. Matthews, mantienen en esos casos la cabeza erguida, fruncen el ceño y suelen marcharse airados caminando a grandes zancadas. Mr. Bridges afirma que cuando los fueguinos se enfurecen patean frecuentemente el suelo, deambulan de un lado a otro, y a veces gritan y palidecen. El reverendo Mr. Stack observó a un hombre y una mujer neozelandeses riñendo e hizo la siguiente anotación en su cuaderno de notas: "Ojos dilatados, cuerpo oscilando violentamente adelante y atrás, cabeza inclinada hacia adelante, puños apretados, colocados detrás del cuerpo o dirigidos hacia la cara del otro". Mr. Swinhoe dice que mis descripciones coinciden con lo que él ha observado entre los chinos, excepto que un hombre enfadado suele inclinar el cuerpo hacia su antagonista y le suelta una sarta de improperios apuntando hacia él.

Por último, respecto a los nativos de la India Mr. J. Scott me ha enviado una descripción completa de sus gestos y su expresión cuando se enfurecen. Dos bengalíes de casta inferior disputaban sobre un préstamo. Al principio estaban tranquilos pero pronto creció su furia y se dirigieron los insultos más groseros sobre los parientes y progenitores de cada uno en muchas generaciones. Sus gestos eran muy distintos de los europeos, pues si bien el pecho estaba henchido y los hombros levantados, los brazos se mantenían rígidamente suspendidos, con los codos hacia fuera y las manos abriéndose y cerrándose alternativamente. Los hombros se elevaban a menudo y bajaban a continuación. Se miraban fieramente entre sí, con el ceño sombrío y muchas arrugas, y con los labios proyectados hacia afuera y firmemente cerrados. Se acercaron uno a otro con la cabeza y el cuello extendidos hacia adelante y se empujaron, arañaron y zarandearon. Esta proyección de la cabeza y del cuerpo hacia adelante parece ser un gesto común en situaciones de furia, y he podido observarlo en mujeres inglesas de vida degradada mientras reñían violentamente en la calle. En tales casos cabe suponer que ninguna de las partes espera recibir un golpe de la otra.

Un bengalí empleado en el Jardín Botánico fue acusado, en presencia de Mr. Scott, por el supervisor nativo de haber robado una valiosa planta. Escuchaba en silencio y desdeñosamente la acusación, erguido, con el pecho hinchado, la boca cerrada, los labios proyectados hacia afuera y los ojos penetrantes mirando con firmeza. Después defendió su inocencia de manera desafiante con los puños cerrados levantados, teniendo en ese momento la cabeza echada hacia adelante, con los ojos muy abiertos y las cejas alzadas. En el Sikim, Mr. Scott observó también a dos mechis riñendo sobre el reparto de su paga. Pronto montaron en cólera y entonces sus cuerpos se pusieron menos erguidos, con la cabeza echada hacia adelante, se hicieron muecas entre sí y levantaron los hombros, con los brazos rígidamente encorvados hacia adentro por los codos y las manos cerradas de forma espasmódica, aunque sin apretar propiamente los puños. Se aproximaban y separaban continuamente uno de otro, y a menudo levantaban los brazos como para golpear, aunque mantuvieron las manos abiertas y no se propinaron ningún golpe. Mr. Scott realizó observaciones similares entre los lepchas, a quienes vio a menudo riñendo, y notó que mantenían los brazos rígidos y casi paralelos respecto al cuerpo, con las manos ligeramente retiradas hacia atrás y cerradas en parte aunque sin apretar.

Burla, provocación: descubrir el diente canino de un lado

La expresión que quiero considerar ahora casi no se distingue de la que acabo de describir, en la que los labios están retraídos y se muestran los dientes en una mueca. La diferencia consiste únicamente en que el labio superior está retraído de tal modo que sólo se exhibe el diente canino de un lado de la cara, que se halla generalmente un poco vuelta hacia arriba y medio oculta frente a la persona que provoca la ofensa. Los demás signos de furia no se hallan necesariamente presentes. Esta expresión puede observarse en ocasiones en una persona que se burla o desafía a otra, aunque no haya enfado real, como cuando alguien es acusado con ligereza de alguna falta y responde: "Me río de la acusación". Esta expresión no es frecuente, pero yo he visto con perfecta claridad cómo la mostraba una mujer que encajaba las mofas de otra. Fue descrita por Parsons hace mucho tiempo, en 1746, en un grabado que mostraba el canino descubierto en un lado del rostro[14]. Mr. Rejlander me preguntó, sin haberle hecho ninguna alusión previa sobre el tema, si había advertido alguna vez esa expresión, ya que a él le había sorprendido mucho. A requerimiento mío, ha fotografiado (imagen 1 de la lámina IV) a una señora que a veces muestra sin querer el canino de un lado y que puede hacerlo a voluntad con una claridad inusual.

La expresión de una burla medio en broma se transforma gradualmente en un gesto de gran ferocidad cuando se muestra el canino junto a un ceño fruncido con firmeza y una mirada torva. Un muchacho bengalí fue acusado ante Mr. Scott de un delito. El delincuente no se atrevió a dar rienda suelta a su cólera con palabras, aunque la manifestó claramente en su rostro, a veces por un ceño desafiante y otras "por un gruñido enseñando el canino". Cuando mostró el canino, "el extremo del labio del lado del diente, que en ese caso era largo y saliente, se elevó por el lado del acusador mientras mantenía el ceño fuertemente fruncido". Sir C. Bell afirma[15] que el actor Cooke podía expresar el odio más acentuado "cuando con una caída oblicua de los ojos levantaba la parte externa del labio superior y mostraba un diente angular y afilado".

1

2

Lámina IV

Mostrar el canino es el resultado de un doble movimiento. El ángulo del extremo de la boca se dirige un poco hacia atrás y, al mismo tiempo, un músculo que discurre paralelo y próximo a la nariz empuja hacia arriba la parte exterior del labio superior y expone el canino de ese lado de la cara. La contracción de ese músculo forma un claro pliegue en la mejilla y produce fuertes arrugas bajo el ojo, sobre todo en su ángulo interno. La acción es la misma que en el gruñido de un perro; cuando un perro pretende pelear empuja a menudo hacia afuera el labio por uno de los lados, concretamente el que se halla frente a su oponente. La palabra inglesa *sneer* (burla, desprecio) es de hecho la misma que *snarl* (gruñido), que fue en sus orígenes *snar*, siendo la *ele* "tan sólo un elemento que implica continuidad en la acción" [16].

Sospecho que queda una reminiscencia de esa misma expresión en lo que se denomina una sonrisa burlona o sardónica. En ella los labios se mantienen juntos o casi juntos, pero un extremo de la boca se retrae por el lado que se halla frente a la persona objeto de burla, y esa retracción de la boca forma parte de una auténtica burla. Aunque algunas personas sonríen más de un lado de la cara que del otro, no es fácil entender por qué es tan común que en casos de desprecio la sonrisa, si es que se trata de una sonrisa, queda limitada a un lado. En estas ocasiones he observado también una débil crispación del músculo que tensa hacia arriba la parte externa del labio superior, un movimiento que, de desarrollarse por completo, descubriría el canino produciendo un verdadero gesto de burla.

En respuesta a mi pregunta sobre el hecho de enseñar el canino de un lado, Mr. Bulmer, misionero australiano en una remota región de Gippsland, dice: "Veo que los nativos cuando se lanzan gruñidos hablan en general con los dientes apretados y el labio superior desplazado hacia un lado y con una expresión airada en el rostro, aunque miran directamente a la persona a la que se dirigen". Otros tres observadores —uno en Australia, otro en Abisinia y otro en China— responden afirmativamente a mis preguntas sobre este punto, pero como la expresión es rara y no entran en detalles me temo que no puedo estar seguro de su fiabilidad. Sin embargo, no es en absoluto improbable que esa expresión animaloide sea más común en las razas salvajes que en las civilizadas. Mr. Geach es un observador que merece toda confianza y la ha observado en una ocasión en un malayo del interior de Malaca. El reverendo S. O. Glenie responde: "Hemos visto esa expresión en los nativos de Ceilán, aunque no muy a menudo". Por último, en América del Norte, el Dr. Rothrock la ha notado en algunos indios salvajes y con frecuencia en una tribu de los atnahs.

Aunque hay ocasiones, desde luego, en que el labio superior se eleva de un lado en una burla despectiva o de desafío, no sé si ocurre siempre así, ya que la cara suele estar medio vuelta y la expresión es a menudo momentánea. El hecho de que el movimiento se limite a uno de los dos lados puede no ser parte esencial de la expresión, sino que depende, quizá, de que los propios músculos son sólo capaces de moverse en uno de los lados. Pedí a cuatro personas que intentasen realizarlo de forma voluntaria y dos pudieron mostrar tan sólo el canino del lado izquierdo, uno del derecho y el cuarto ninguno de los dos. Ello, sin embargo, no quiere decir en absoluto que esas mismas personas, si desafiaran de verdad a alguien, no fueran capaces de mostrar inconscientemente el diente canino de uno de los dos lados, cualquiera que sea, dirigiéndolo hacia su ofensor, pues hemos visto que algunas personas no pueden poner las cejas en posición oblicua a voluntad y sin embargo lo consiguen instantáneamente cuando se ven afectadas por cualquier causa real que les disguste, aunque sea muy trivial.

El hecho de que en muchos casos se haya perdido totalmente la capacidad de mostrar de forma voluntaria el canino de un lado de la cara indica que se trata de una acción poco ejecutada y prácticamente ineficaz. Es un hecho realmente sorprendente que el hombre haya podido poseer esa facultad o haya mostrado alguna tendencia a hacer uso de ella, pues Mr. Sutton nunca vio la acción de gruñir en nuestros parientes no humanos más cercanos, en especial los monos del Parque Zoológico, y afirma categóricamente que los babuinos, aunque están dotados de grandes caninos, no actúan nunca así sino que enseñan los dientes sólo cuando se vuelven violentos y se disponen a atacar. Ignoramos si los machos adultos de los monos antropomorfos, cuyos caninos son mucho más largos que los de las hembras, los descubren cuando se preparan para pelear.

La expresión considerada aquí, sea de desprecio burlón o de gruñido feroz, es una de las más curiosas que se producen en el hombre. Revela su ascendencia animal, pues incluso rodando por el suelo en un forcejeo a muerte con un enemigo e intentando morderlo, no intentaría usar el diente canino más que cualquier otro diente. Debido a nuestra afinidad con los monos antropomorfos, podemos suponer fácilmente que nuestros antepasados machos semihumanos poseyeron grandes dientes caninos, e incluso ahora a veces algún recién nacido los tiene inusualmente grandes, con intersticios en la mandíbula opuesta para que encajen[17]. Además, aun cuando no tengamos ninguna analogía en que apoyarnos, podemos suponer que nuestros antepasados semihumanos mostraban los caninos cuando se disponían a pelear, como hacemos nosotros cuando estamos enfurecidos, o cuando simplemente nos burlamos o provocamos a alguien sin intención de llevar a cabo un verdadero ataque con los dientes.

Capítulo 11
Desdén, desprecio, disgusto, culpabilidad, orgullo, etc. Impotencia, paciencia, afirmación y negación

Desprecio, menosprecio y desdén, variedades de su expresión. Sonrisa despectiva. Gestos que expresan desprecio. Disgusto. Culpabilidad, disimulo, orgullo, etc. Incapacidad o impotencia. Paciencia. Obstinación. El encogimiento de hombros, común a muchas razas humanas. Signos de afirmación y de negación.

El menosprecio y el desdén casi no pueden distinguirse del desprecio, excepto en que implican una disposición de ánimo algo más airada. Tampoco pueden diferenciarse claramente de los sentimientos tratados en el capítulo anterior bajo los epígrafes de burla y provocación. El disgusto es una sensación de naturaleza más bien diferente y tiene que ver en primer lugar con algo que repugna al sentido del gusto, algo percibido realmente o imaginado intensamente, y en segundo lugar con algo que produce una sensación similar en el sentido del olfato, del tacto o incluso de la vista. Sin embargo, el desprecio extremo o, como a menudo se le denomina, el asco, no difiere casi del disgusto. Estas distintas disposiciones de la mente están por tanto muy relacionadas y cada una de ellas puede manifestarse de formas muy diversas. Algunos autores han insistido sobre todo en una forma de expresión y otros en otra diferente. Basándose en esa circunstancia, M. Lemoine ha argumentado [1] que las descripciones no son fiables. Pero veremos inmediatamente que es natural que los sentimientos que vamos a considerar ahora se expresen de tantas maneras distintas, del mismo modo que varias acciones habituales son igualmente útiles para la expresión debido al principio de asociación.

El menosprecio y el desdén, así como la burla despectiva y la provocación, pueden manifestarse enseñando un poco el diente canino de un lado de la cara, y ese movimiento pasa gradualmente a algo muy parecido a una sonrisa. La sonrisa o la risa pueden ser reales aunque despectivas, y ello implica que el ofensor es tan insignificante que sólo provoca diversión, aunque por lo general tal diversión sea sólo simulada. Gaika, en sus respuestas a mi encuesta, señala que en sus compatriotas los cafres el desprecio se manifiesta normalmente sonriendo, y el rajá Brooke hace la misma observación respecto a los dayaks de Borneo. Dado que la risa es primordialmente la expresión de la alegría sin más, creo que los niños pequeños nunca se ríen despectivamente.

Como insiste Duchenne[2], el cierre parcial de los párpados, la desviación de los ojos o del cuerpo entero, son también una expresión clara de desdén. Estas acciones parecen significar que la visión de la persona despreciada no merece la pena es desagradable. La fotografía que se acompaña (imagen 1 de la lámina V), de Mr. Rejlander, muestra esa forma de desdén. Representa a una joven dama que se diría quiere romper la fotografía de un amante despreciado.

El método más común de expresar desprecio consiste en realizar movimientos con la nariz o el entorno de la boca, aunque estos últimos, cuando son muy pronunciados, indican disgusto. La nariz puede estar ligeramente vuelta hacia arriba, lo cual parece derivar del hecho de volver hacia arriba el labio superior, aunque el movimiento puede reducirse sólo a arrugarla. La nariz suele estar un poco contraída, como para cerrar en parte su entrada[3], gesto que suele ir acompañado de un ligero resoplido o expiración. Todas estas acciones son las mismas que empleamos cuando percibimos un olor desagradable y queremos evitarlo o repelerlo. Según señala el Dr. Piderit[4], en casos extremos proyectamos y elevamos ambos labios o sólo el labio superior, de modo que obstruimos los orificios nasales como si fueran una válvula, quedando así la nariz vuelta hacia arriba. Es como si quisiéramos decir a la persona des-

1

2

3

Lámina V

preciada que huele mal[5], como si le manifestáramos casi, medio cerrando los párpados o volviendo la cara, que no merece la pena que la miremos. Sin embargo, no hay por qué suponer que tales ideas pasan realmente por nuestra mente cuando exhibimos nuestro desprecio; ahora bien, como cada vez que hemos percibido un olor desagradable o tenido una visión desagradable hemos ejecutado este tipo de acciones, han llegado a fijarse o hacerse habituales, y en la actualidad las usamos bajo cualquier estado de ánimo análogo.

Hay varios gestos menores y curiosos que indican desprecio, por ejemplo chasquear los dedos. Según señala Mr. Tylor[6], "no es muy inteligible de la manera como solemos verlo, pero cuando advertimos que el mismo signo ejecutado con cierta delicadeza, como si hiciéramos rodar un objeto menudo entre el pulgar y otro dedo, o el signo de lanzarlo con la uña del pulgar y el índice, son gestos comunes y bien comprendidos entre los sordomudos para dar a entender que algo es minúsculo, insignificante o despreciable, parece como si hubiéramos exagerado y convertido en convencional una acción completamente natural, hasta el punto de perder de vista su sentido original. Hay una curiosa mención a este gesto en Estrabón". Mr. Washington Matthews me cuenta que, entre los indios dakota de América del Norte, el desprecio se muestra no sólo con movimientos de la cara como los descritos más arriba sino también, "de forma convencional, con la mano cerrada cerca del pecho y después, en cuanto se extiende súbitamente el antebrazo, se abre la mano y se separan los dedos entre sí. Si la persona a la que se dirige el signo se halla presente, la mano se dirige hacia ella y a veces la cabeza se desvía de ella". Esta repentina extensión y cierre de la mano indica quizá el acto de soltar o arrojar un objeto sin valor.

El término *disgusto*, en su sentido más simple, significa algo desagradable al gusto. Es curiosa la facilidad con que se produce ese sentimiento por algo desacostumbrado en la apariencia, el olor o la naturaleza de nuestra comida. En Tierra de Fuego, un nativo tocó con los dedos una porción de carne fría en conserva que yo estaba comiendo en nuestro campamento y manifestó claramente su absoluto disgusto por su blandura, mientras que yo sentí un profundo disgusto porque mi comida hubiese sido tocada por un salvaje desnudo, aunque sus manos no parecían estar sucias. Un hilo de sopa que cae por la barba de un hombre provoca disgusto, aunque naturalmente no hay nada desagradable en la sopa por sí misma. Deduzco que ese sentimiento se deriva de la fuerte asociación existente en nuestra mente entre la visión del alimento, no importa en qué circunstancias, y la idea del comerlo.

Dado que la sensación de disgusto surge en primer lugar en conexión con la acción de comer o saborear, es natural que su expresión consista sobre todo en movimientos en torno a la zona de la boca. Pero como el disgusto produce también malestar, suele ir acompañado por fruncimiento de ceño y a menudo por gestos tales como querer expulsar el objeto ofensivo o protegernos de él. Mr. Rejlander ha simulado la expresión con cierto éxito en dos fotografías (imágenes 2 y 3 de la lámina V). Por lo que respecta a la cara, el disgusto moderado se muestra de varias formas: abriendo mucho la boca como para dejar caer un bocado desagradable, escupiendo, soplando con los labios proyectados hacia afuera o por un sonido como el de aclarar la garganta. Tales sonidos guturales pueden transcribirse como *ag* o *ug*, y su emisión va acompañada a veces de un estremecimiento, con los brazos apretados a los costados del cuerpo y los hombros levantados de la misma manera que cuando se experimenta horror[7]. El disgusto extremo se expresa con movimientos en torno a la boca, idénticos a los que preceden al acto de vomitar. La boca se abre mucho, con el labio superior fuertemente retraído, arrugas a los lados de la nariz y el labio inferior proyectado y vuelto al máximo hacia afuera. Este último movimiento exige la contracción de los músculos que tensan hacia arriba los ángulos de la boca[8].

Es notable la facilidad y rapidez con que se producen arcadas y vómitos en algunas personas ante la mera idea de tener que probar un alimento inusual o un animal que no se tiene costumbre de comer, aunque no haya nada en tales alimentos que induzca al estómago a rechazarlos. Cuando el vómito se produce por acción refleja debido a una causa real —una comida demasiado copiosa, una carne en descomposición o un emético—, no ocurre de modo inmediato sino tras un considerable intervalo de tiempo. Así pues, al explicar el hecho de que las arcadas o el vómito se provocan con tanta rapidez y facilidad por una mera idea, surge la sospecha de que nuestros antepasados debieron haber tenido en un principio la capacidad (como poseen los rumiantes y algunos otros animales) de rechazar voluntariamente un alimento que les desagradaba. En la actualidad, aunque se haya perdido esa capacidad (al menos en lo que respecta a su uso voluntario), entra en acción involuntariamente, debido a la fuerza de un hábito antiguamente bien establecido, cuando la mente se rebela ante la idea de haber probado algún tipo de alimento o algo que le disgusta. Esta sospecha viene apoyada por el hecho, confirmado por Mr. Sutton, de que los monos del Parque Zoológico vomitan con frecuencia aunque estén completamente sanos, lo cual hace pensar que se trata de actos voluntarios. Podemos ver que, como el hombre es capaz de comunicar por medio del lenguaje a sus hijos y a otros el conocimiento de los tipos de alimento que deben evitarse, tendrá escasas ocasiones de utilizar la facultad de expulsión voluntaria, de modo que esa capacidad tenderá a perderse debido al desuso.

Como el sentido del olfato está tan íntimamente conectado con el del gusto, no es sorprendente que un olor extremadamente desagradable pueda provocar arcadas o vómitos en alguna persona con tanta facilidad como la idea de un alimento asqueroso, y por tanto que un olor no muy molesto pueda provocar los diversos movimientos que expresan el disgusto. La tendencia a tener arcadas por un olor fétido se refuerza inmediatamente y de un modo curioso por cierto nivel de hábito, aunque pronto se pierde en virtud de la familiaridad con la causa de la molestia o por evitarlo voluntariamente. Yo quise por ejemplo limpiar una vez el esqueleto de un ave cuya maceración no había sido suficiente, y el olor nos provocó a mi criado y a mí (que no teníamos mucha experiencia en ese trabajo) unas arcadas tan violentas que nos vimos obligados a desistir. Durante los días anteriores, había examinado algunos otros esqueletos que olían ligeramente y el olor no me había afectado lo más mínimo; sin embargo, en los días siguientes la manipulación de esos mismos esqueletos me provocaba arcadas.

Por las respuestas recibidas de mis corresponsales, parece ser que los diversos movimientos que acabo de describir como expresiones de desprecio y disgusto existen en gran parte del mundo. El Dr. Rothrock, por ejemplo, responde con una afirmación decidida respecto a determinadas tribus de indios salvajes de América del Norte. Crantz dice que cuando un groenlandés niega algo con desprecio o con horror, levanta la nariz y emite un ligero sonido nasal[9]. Mr. Scott me ha enviado una gráfica descripción de la cara de un muchacho hindú ante la visión del aceite de ricino que se le obligaba a tomar. Mr. Scott ha visto también la misma expresión en la cara de nativos de casta alta que se han acercado mucho a un objeto impuro. Mr. Bridges dice que los fueguinos "manifiestan desprecio proyectando los labios, expulsando aire por ellos y levantando la nariz". Varios de mis corresponsales han señalado la tendencia tanto a resoplar por la nariz como a emitir un ruido expresado como *uf* o *aj*.

Escupir parece ser un signo casi universal de desprecio o disgusto, y es obvio que representa expulsar algo desagradable de la boca. Shakespeare hace decir al duque de Norfolk: "Yo le escupo, le llamo cobarde infamador y villano". Del mismo modo, Falstaff dice: "A ti te digo, Hal, si te digo una mentira escúpeme a la cara". Leichhardt señala que los australianos "interrumpen sus discursos escupiendo y profiriendo un ruido como *¡puf, puf!* que parece expresar su disgusto". Y el capitán Burton habla de ciertos negros que "escupen en el suelo con disgusto"[10]. El capitán Speedy me informa de que esto sucede igualmente entre los abisinios. Mr. Geach dice que entre los malayos de Malaca la expresión de disgusto "se manifiesta escupiendo por la boca", y en los fueguinos, "escupir a alguien es la mayor muestra de desprecio", según Mr. Bridges.

Nunca vi un disgusto expresado con mayor claridad que en la cara de uno de mis hijos a la edad de cinco meses cuando probó por vez primera el agua fría, y de nuevo un mes después, cuando se le puso en la boca una cereza madura. Se manifestó con los labios y toda la boca, adoptando una forma que dejó salir o caer enseguida todo el contenido, sacando además la lengua hacia afuera. Estos movimientos estuvieron acompañados de un pequeño estremecimiento. Todo fue de lo más cómico, hasta el punto de que dudo si el niño sentía un disgusto real, pues los ojos y la frente expresaban gran sorpresa y deliberación. Sacar la lengua para echar fuera de la boca algo desagradable puede explicar por qué el acto de enseñar la lengua se usa como signo universal de desprecio y odio[11].

Hemos visto, pues, cómo la mofa despectiva, el desdén, el desprecio y el disgusto se expresan de muy diferentes maneras con movimientos de la cara y mediante gestos diversos, y que éstos son los mismos en todo el mundo. Todos consisten en acciones que representan la expulsión o exclusión de un objeto real que nos disgusta o que aborrecemos, pero que no provoca en nosotros otras emociones más intensas tales como la cólera o el terror, y en virtud de la fuerza de la costumbre y la asociación se ejecutan acciones similares cuando surge en nuestra mente una sensación análoga.

Celos, envidia, avaricia, rencor, suspicacia, impostura, disimulo, culpabilidad, vanidad, engreimiento, ambición, orgullo, humildad, etc.

Es dudoso que muchos de los complejos estados de ánimo aquí mencionados se manifiesten mediante una expresión fija lo suficientemente clara como para poder ser descrita o esbozada. Cuando Shakespeare habla de la envidia en términos de "cara enjuta", "oscura" o "pálida", y de los celos como "el monstruo de los ojos verdes", y cuando Spenser describe la suspicacia como "sucia, maloliente y torva", deben de haber sentido esa dificultad. Sin embargo, dichos sentimientos —o, al menos, muchos de ellos— pueden detectarse a simple vista; por ejemplo, el engreimiento. No obstante, solemos guiarnos por nuestro conocimiento previo de las personas o las circunstancias en mucha mayor medida de lo que suponemos.

A mis preguntas sobre si la expresión de culpabilidad o impostura puede reconocerse en las distintas razas humanas, mis corresponsales responden casi unánimemente de manera afirmativa, y confío en sus respuestas ya que por lo general niegan que puedan reconocerse los celos. En aquellos casos en que se aportan detalles, casi siempre hacen referencia a los ojos. Se dice que la persona que se siente culpable evita mirar a su acusador o lo observa a hurtadillas. Se dice que los ojos "se vuelven recelosos" o que "oscilan de un lado a otro" o que "los párpados caen y se cierran parcialmente". Esta última observación es de Mr. Hagenauer respecto a los australianos y de Gaika respecto a los cafres. Tal como explicaré al hablar del sonrojo, los movimientos incesantes de los ojos se deben a que el hombre culpable no aguanta la mirada de su acusador. Puedo añadir que yo mismo he observado una expresión de culpabilidad sin sombra de miedo alguno en mis propios hijos en edades muy tempranas. En uno de los casos, con un niño de dos años y siete meses, la expresión fue de una claridad inequívoca y condujo al descubrimiento de su pequeño delito. Según registré en su momento en mis notas, el sentimiento se manifestó por un brillo desusado y por un talante peculiar y afectado imposible de describir.

Creo que el disimulo se manifiesta también principalmente por movimientos que implican a los ojos, ya que éstos, debido a la fuerza del hábito persistente, están menos controlados por la voluntad que los movimientos del cuerpo. Mr. Herbert Spencer señala [12] que "cuando existe un deseo de mirar algo que está a un lado del campo visual sin que se note que se mira, hay una tendencia a controlar movimientos visibles de la cabeza y efectuar el enfoque requerido enteramente con los ojos, que, por tanto, se desplazan mucho hacia un lado. De ahí que cuando los ojos se vuelven hacia un lado sin girar la cara hacia ese mismo lado, se llega a la expresión natural de lo que llamamos disimulo".

De todas las emociones complejas mencionadas más arriba, el orgullo es tal vez la que se expresa más limpiamente. Una persona orgullosa exhibe su sentimiento de superioridad sobre los demás manteniendo la cabeza y el cuerpo erguidos. Se muestra altanera, o altiva, y quiere parecer tan grande como sea posible, de tal forma que se dice metafóricamente que está hinchada o inflada de orgullo. Un pavo real o un pavo macho contoneándose con el plumaje hinchado se considera a veces emblemático del orgullo [13]. El hombre arrogante contempla desde arriba a los demás y, manteniendo los párpados caídos, no condesciende casi a mirarlos o puede mostrar su desprecio con ligeros movimientos de las aletas de la nariz o de los labios, como los que he descrito anteriormente. De ahí que el músculo que hace girar hacia afuera el labio inferior haya sido denominado *musculus superbus*. En algunas fotografías de pacientes afectados por una monomanía de orgullo que me ha enviado el Dr. Crichton Browne, la cabeza y el cuerpo se mantienen erguidos y la boca está firmemente cerrada. Deduzco que esta última actitud, que expresa decisión, deriva del sentimiento de completa autoconfianza que experimenta el hombre orgulloso. La expresión global de orgullo es directamente antitética de la de humildad, por lo que no hace falta decir aquí nada sobre este último estado de ánimo.

Incapacidad, impotencia: encogimiento de hombros

Cuando una persona desea mostrar que no puede hacer alguna cosa o no puede evitar que se haga suele levantar ambos hombros con un movimiento rápido. Al mismo tiempo, si se completa todo el gesto, dobla los codos estrechamente hacia adentro y levanta las manos abiertas volviéndolas hacia afuera y con los dedos separados. Es frecuente que incline ligeramente la cabeza hacia un lado y eleve las cejas, y que ello produzca arrugas en la frente. Generalmente la boca se mantiene abierta. Para demostrar hasta qué punto estos rasgos se activan inconscientemente, señalaré que, aunque me encogí de hombros deliberadamente muchas veces para observar cómo se situaban mis manos, no fui consciente en absoluto de que mis cejas se elevaban y de que abría la boca hasta que me miré en un espejo, y desde entonces he observado los mismos movimientos en los rostros de los demás. Mr. Rejlander ha conseguido muy bien el gesto de encogerse de hombros en las imágenes 3 y 4 de la lámina VI que se adjunta.

1

2

3

4

Lámina VI

Los ingleses son mucho menos expresivos que los hombres de muchas otras naciones europeas, y se encogen de hombros con mucha menos frecuencia y energía que los franceses o los italianos. El gesto varía gradualmente desde el complejo movimiento recién descrito hasta uno solo momentáneo y casi imperceptible de elevar ambos hombros o, como he notado en una señora sentada en una butaca, un giro simple y suave hacia afuera de las manos abiertas con los dedos separados. Nunca he visto a un niño inglés de corta edad que encoja los hombros; sin embargo, el caso que comentaré a continuación fue estudiado con gran cuidado por un profesor de medicina y observador excelente, el cual me lo explicó más tarde. El padre de este caballero era parisino y su madre escocesa. Su mujer es de origen británico por ambas ramas y mi informante no cree que se haya encogido de hombros en toda su vida. Sus hijos se han educado en Inglaterra y su niñera es una mujer inglesa de pura cepa a quien nunca se la ha visto encogerse de hombros. Ahora bien, su hija mayor fue vista encogiéndose de hombros a una edad comprendida entre los 16 y los 18 meses, y su madre exclamó en aquel momento: "¡Mira a esta pequeña francesa encogiéndose de hombros!" Al principio actuaba así a menudo, echando en ocasiones la cabeza un poco hacia atrás y a un lado, pero nunca, por lo que pudo observarse, movió las cejas y las manos del modo habitual. La costumbre desapareció gradualmente y ahora que tiene algo más de cuatro años nunca se le ve actuar de esa manera. Dicen que el padre se encoge a veces de hombros, sobre todo cuando discute con otro, pero es muy improbable que su hija pueda haberle imitado a tan corta edad, ya que, como él mismo afirma, no es fácil que le pueda haber visto hacer ese gesto muchas veces. Además, si la niña hubiese adquirido el hábito por imitación, no es probable que lo hubiera interrumpido tan pronto de forma espontánea, como veremos inmediatamente en el caso de una segunda hija, a pesar de que el padre vivía aun con su familia. Debo añadir que la primera niña se parece a su abuelo parisino en el semblante hasta un extremo casi exagerado. También presenta otro parecido muy curioso con él, pues ejecuta un gesto peculiar: cuando se impacienta porque quiere algo estira su pequeña mano y frota con rapidez el pulgar con los dedos índice y corazón. Pues bien, este mismo gesto lo realizaba frecuentemente su abuelo en las mismas circunstancias.

La segunda hija de este caballero se encogía también de hombros antes de los 18 meses y después abandonó la costumbre. Por supuesto, es posible que pueda haber imitado a su hermana mayor, pero mantuvo el hábito después de que ésta lo hubiese perdido. Al principio se parecía a su abuelo parisino en menor medida que su hermana a la misma edad, pero ahora se parece más. En la actualidad muestra igualmente el peculiar hábito de frotar el pulgar con los otros dos dedos cuando está impaciente.

En este último caso hallamos un buen ejemplo, como los que hemos visto en un capítulo anterior, de herencia de un tic o gesto, pues imagino que nadie atribuirá a una mera coincidencia un hábito tan peculiar como éste, compartido por el abuelo y sus dos nietas, aun cuando éstas no le vieron nunca.

Considerando todas las circunstancias relativas a estas dos niñas que se encogían de hombros, no puede dudarse casi de que hayan heredado el hábito de sus antepasados franceses, a pesar de que sólo tienen un cuarto de sangre francesa en sus venas y su abuelo no soliera encogerse de hombros. Aunque el hecho es interesante, no es nada inusual que estas niñas hayan recibido por herencia un hábito durante su primera infancia y lo hayan abandonado después, pues en muchos tipos de animales es frecuente que ciertos caracteres se mantengan durante el período en que son cachorros y se pierdan más tarde.

Como durante un tiempo me pareció muy improbable que un gesto tan complejo como encogerse de hombros, junto con los movimientos que lo acompañan, pudiera ser innato tenía grandes deseos de confirmar si lo practicaba la ciega y sorda Laura Bridgman, quien no podía haber aprendido el hábito por imitación. Por mediación del Dr. Innes he sabido por una señora que la ha cuidado últimamente que se encoge de hombros, dobla hacia adentro los codos y levanta las cejas del mismo modo que otras personas y en las mismas circunstancias. También estaba deseoso de saber si era un gesto que realizaban otras razas humanas, especialmente las que no han tenido mucho contacto con los europeos. Veremos que actúan del mismo modo, aunque parece ser que el gesto queda reducido a veces a levantar o encoger los hombros sin el resto de movimientos.

Mr. Scott ha observado frecuentemente ese gesto entre los bengalíes y dhangares (estos últimos son de una raza diferente) empleados en el Jardín Botánico de Calcuta, cuando manifiestan, por ejemplo, que no pueden realizar alguna tarea como levantar una carga pesada. Mr. Scott ordenó a un bengalí subirse a un árbol muy alto, pero el hombre dijo, con un encogimiento de hombros y una sacudida lateral de la cabeza, que no podía. Como sabía que se trataba de una persona perezosa, pensó que no era cierto e insistió en que lo intentara. Entonces el rostro del bengalí palideció, los brazos cayeron a los costados, la boca y los ojos se abrieron mucho y, examinando de nuevo el árbol, miró de soslayo a Mr. Scott, encogió los hombros, giró los codos hacia adentro, extendió las manos abiertas y declaró su incapacidad con algunas sacudidas laterales y rápidas de cabeza. Mr. H. Erskine ha observado igualmente a los nativos de la India encogerse de hombros, pero nunca ha visto que vuelvan tanto los codos hacia adentro como lo hacemos nosotros, y mientras se encogen de hombros colocan a veces las manos sobre el pecho sin cruzarlas.

Mr. Geach ha observado frecuentemente este gesto en los malayos salvajes del interior de Malaca y en los bugis (malayos auténticos, aunque hablan una lengua diferente). Supongo que el gesto es completo, ya que en su respuesta a mi petición de que describiese los movimientos de los hombros, brazos, manos y rostro, Mr. Geach señala que "se ejecuta con un bello estilo". He perdido el resumen de un viaje científico donde se describía muy bien el gesto de encogerse de hombros de algunos nativos (micronesios) del archipiélago de las Carolinas en el Océano Pacífico. El capitán Speedy me informa de que los abisinios se encogen de hombros, aunque no entra en detalles. Mrs. Asa Gray vio en Alejandría a un árabe dragomán que, cuando un viejo caballero a quien atendía no iba en la dirección precisa que le había indicado, actuó exactamente igual a como se describe en mi cuestionario.

Respecto a las tribus de indios salvajes de las regiones occidentales de Estados Unidos, Mr. Washington Matthews dice: "En ciertas ocasiones he visto a hombres que realizaban un leve encogimiento como justificación, pero no he presenciado el resto de gestos descritos por usted". Fritz Müller me informa de que ha visto a negros de Brasil encogerse de hombros, aunque es posible, por supuesto, que lo hayan aprendido imitando a los portugueses. Mrs. Barber nunca ha visto este gesto entre los cafres de África del Sur, y Gaika, a juzgar por su respuesta, ni siquiera entiende lo que significa mi descripción. Mr. Swinhoe se muestra también dudoso respecto a los chinos, aunque en circunstancias que a nosotros nos harían encogernos de hombros les ha visto presionar el codo derecho en el costado, levantar las cejas, alzar las manos con las palmas vueltas hacia la persona a quien se dirigen y sacudirlas a derecha e izquierda. Por último, respecto a los australianos cuatro de mis informantes responden con una simple negativa y uno con una sencilla afirmación. Mr. Bunnett, que ha tenido excelentes oportunidades para hacer observaciones en los límites de la colonia de Victoria, responde también con un "sí", añadiendo que el gesto se realiza "de modo más suavizado y menos llamativo que en las naciones civilizadas". Esta circunstancia puede explicar que no lo hayan advertido cuatro de mis informantes.

Todas estas afirmaciones relativas a europeos, hindúes, tribus de las colinas de la India, malayos, micronesios, abisinios, árabes, negros, indios de América del Norte y, al parecer, australianos —la mayoría de los cuales no han tenido casi intercambio con europeos— son suficientes para probar que el encogimiento de hombros, acompañado en algunos casos por otros movimientos específicos, constituye un gesto natural del género humano.

Este gesto implica una acción no intencionada o inevitable por nuestra parte o algo que no podemos hacer o una acción realizada por otra persona que nosotros no podemos evitar. Acompaña a expresiones verbales como "no es culpa mía", "me es imposible hacerte ese favor", "debo dejar que siga su propio curso, no puedo pararlo". Encoger los hombros expresa también paciencia o falta de cualquier intención de resistir. De ahí que los músculos que levantan los hombros sean llamados a veces, tal como me informó un artista, "los músculos de la paciencia". El judío Shylock dice así:

> *Signor* Antonio, veces y veces, en el Rialto,
> me habéis maltratado a propósito de mi dinero
> y de los intereses que le hago producir;
> sin embargo, he soportado todo ello con paciente encogimiento
> de hombros.
> (*El mercader de Venecia*, I, 3)

Sir C. Bell ha reproducido [14] la intensa imagen de un hombre en el momento de echarse atrás ante algún terrible peligro y a punto de gritar presa del pánico. Está representado con los hombros levantados casi hasta las orejas, lo cual muestra inmediatamente que no existe ninguna intención de resistir.

Como encoger los hombros significa por lo general "no puedo hacer esto o aquello", a veces con un ligero cambio puede significar "no quiero hacerlo". En ese caso el movimiento expresa una determinación tenaz de no actuar. Olmsted describe [15] a un indio de Tejas que mostró un fuerte encogimiento de hombros al ser informado de que una partida de hombres eran alemanes y no americanos, expresando así que no quería tener nada que ver con ellos. En niños huraños y tercos puede verse que levantan ambos hombros, pero ese movimiento no está asociado a otros que suelen acompañar a un auténtico encogimiento. Una excelente observadora [16], al describir a un joven decidido a no ceder a los deseos de su padre, dice: "Metió las manos hasta el fondo de los bolsillos y levantó los hombros hasta las orejas, lo cual constituía un claro aviso de que, estuviese equivocado o no, antes volaría esa roca levantándose de su firme base que acceder él a sus deseos, y que cualquier reconvención sobre el asunto era totalmente fútil. Tan pronto como el hijo consiguió lo que quería, volvió los hombros a su posición normal".

La resignación se expresa muchas veces disponiendo las manos abiertas, una sobre otra, en la parte baja del cuerpo. No habría juzgado que este nimio gesto mereciese siquiera un comentario de pasada si el Dr. Ogle no me hubiese avisado de que lo ha notado dos o tres veces en pacientes que se estaban preparando para operaciones bajo los efectos del cloroformo. No manifestaban mucho miedo, pero parecían declarar con este gesto de sus manos que se habían hecho a la idea y que se hallaban resignados frente a lo inevitable.

Ahora podemos preguntarnos por qué en todas partes del mundo, cuando las personas sienten (quieran o no demostrarlo) que no pueden o no quieren hacer alguna cosa, o no pueden aguantar algo realizado por otros, encogen los hombros al tiempo que suelen colocar los codos hacia adentro, muestran las palmas de las manos con los dedos extendidos, echan con frecuencia la cabeza ligeramente hacia un lado, levantan las cejas y abren la boca. Estos estados de ánimo son meramente pasivos o manifiestan una determinación de no hacer nada. Ninguno de los movimientos anteriores tiene la menor utilidad. No me cabe duda de que la explicación reside en el principio de la antítesis inconsciente. Ese principio parece entrar en acción aquí de un modo tan claro como en el caso del perro, que cuando se siente salvaje adopta la actitud adecuada para atacar y aparecer terrible ante su enemigo, pero cuando se siente afectuoso pone todo el cuerpo en una actitud exactamente opuesta, aunque ello no tenga ninguna utilidad directa para él.

Podemos observar cómo un hombre indignado, ofendido y que no quiere tolerar que le hagan daño mantiene la cabeza erguida, cuadra los hombros e hincha el pecho. Aprieta los puños repetidamente y coloca uno o ambos puños en posición de ataque o defensa con los músculos de las extremidades rígidos. Frunce el ceño, es decir, contrae y baja las cejas y cierra la boca en actitud resuelta. Las acciones y actitudes de una persona indefensa son exactamente las contrarias en cada uno de esos aspectos. En la lámina VI podemos imaginar que una de las figuras del lado izquierdo acaba de decir: "¿Qué pretendes insultándome?", y que una de las figuras del lado derecho responde: "La verdad es que no puedo evitarlo". La persona indefensa contrae sin darse cuenta los músculos de la frente, que son antagonistas de los que producen el ceño fruncido, y de este modo eleva las cejas; al mismo tiempo, relaja los músculos que rodean la boca de forma que la mandíbula inferior desciende. La antítesis es completa en cada detalle, no sólo en los movimientos de las facciones sino en la posición de las extremidades y en la actitud de todo el cuerpo, tal como puede verse en la lámina adjunta. Como la persona indefensa o que trata de excusarse suele querer mostrar su estado de ánimo, actúa de un modo muy visible o llamativo.

De acuerdo con el hecho de que poner los brazos en ángulo y apretar los puños no son gestos universales en los hombres de todas las razas cuando están indignados y se aprestan a atacar a su enemigo, parece ser también que un estado mental de disculpa o indefensión se manifiesta en muchas partes del mundo por un simple encogimiento de hombros, sin volver hacia adentro los codos ni abrir las manos. Los hombres o niños obstinados o quienes se resignan ante una gran desgracia no tienen intención, en absoluto, de resistirse por medios activos y expresan dicho estado de ánimo manteniendo simplemente los hombros levantados o tal vez los brazos cruzados sobre el pecho.

Signos de afirmación o aprobación y de negación o desaprobación: afirmar y negar con la cabeza

Ha sido curioso comprobar hasta qué punto los signos comunes que usamos en la afirmación y la negación son generales en todo el mundo. Esos signos expresan realmente nuestros sentimientos en alguna medida, ya que realizamos un cabeceo vertical de aceptación con una sonrisa a nuestros hijos cuando aprobamos su conducta y sacudimos lateralmente la cabeza con el ceño fruncido cuando la desaprobamos. En los niños el primer acto de desaprobación consiste en rechazar un alimento, y he observado muchas veces cómo lo hacían mis propios hijos para apartar a un lado la cabeza del pecho de la madre o de alguien que les acercaba una cuchara. Al aceptar un alimento e introducirlo en la boca inclinan la cabeza hacia adelante. Desde que hice estas observaciones, he sido informado de que la misma idea se le había ocurrido a Charma[17]. Vale la pena señalar que al aceptar o tomar un alimento se produce tan sólo un simple movimiento hacia adelante, y que un cabeceo significa afirmación. Por otro lado, para rechazar alimentos, sobre todo si se les presiona para que coman, los niños suelen mover la cabeza de un lado a otro, tal como hacemos nosotros al sacudirla en la negación. Además, en caso de rechazo no es raro que la cabeza se eche hacia atrás o se cierre la boca, de modo que esos movimientos podrían llegar a servir igualmente como signos de negación. Mr. Wedgwood señala al respecto[18] que "cuando se expresa la voz con los dientes o los labios cerrados produce el sonido de la letra *n* o *m*. A partir de ahí podemos explicar el uso de la partícula *ne* para significar negación, y quizá también el griego *μή* en el mismo sentido".

Resulta muy probable que estos signos sean innatos o instintivos, al menos entre los anglosajones, si nos fijamos en la ciega y sorda Laura Bridgman, quien "acompaña constantemente el *sí* con el habitual cabeceo afirmativo y el *no* con nuestra sacudida negativa de la cabeza". Si Mr. Lieber[19] no hubiese asegurado lo contrario, habría imaginado que esos gestos podrían haber sido adquiridos o aprendidos por ella, habida cuenta de su maravilloso sentido del tacto y de la apreciación del movimiento de los demás. Respecto a los idiotas microcefálicos, que se hallan tan degradados que nunca aprenden a hablar, Vogt[20] describe a uno que respondía con una inclinación o una sacudida de la cabeza cuando se le preguntaba si deseaba más comida o bebida. En su notable tesis sobre la educación de los niños que están sólo un grado por encima de la idiocia, Schmalz afirma que todos son capaces tanto de hacer como de comprender los signos comunes de afirmación y negación[21].

Sin embargo, si nos fijamos en las diversas razas humanas, estos signos no tienen un empleo tan universal como yo esperaba, aunque son demasiado generales como para que se los califique de convencionales o artificiales. Mis informantes me aseguran que ambos signos se utilizan entre los malayos, los nativos de Ceilán, los chinos, los negros de la costa de Guinea y, según Gaika, entre los cafres de África del Sur, aunque en este último grupo Mrs. Barber nunca ha visto una sacudida lateral utilizada como negación. Respecto a los australianos, siete observadores están de acuerdo en que se usa una sacudida en la negación, venga o no acompañada por alguna palabra. Sin embargo, Mr. Dyson Lacy no ha visto nunca este último signo en Queensland, y Mr. Bulmer dice que en Gippsland una negación se expresa empujando la cabeza un poco hacia atrás y sacando la lengua. En el extremo norte del continente, cerca del Estrecho de Torres, cuando los nativos profieren una negación "no sacuden la cabeza sino que levantan la mano derecha y la sacuden dándole media vuelta, repitiéndolo dos o tres veces" [22]. Se dice que echar la cabeza hacia atrás con un sonido de cloqueo hecho con la lengua se usa como negación entre los griegos y turcos actuales, y que este último pueblo expresa el *sí* con un movimiento como el que hacemos nosotros cuando sacudimos la cabeza [23]. Según me ha informado el capitán Speedy, los abisinios expresan la negación doblando la cabeza hacia el hombro derecho junto con un débil cloqueo con la boca cerrada, y una afirmación se expresa echando la cabeza hacia atrás y elevando un instante las cejas. Según he oído contar al Dr. Adolf Meyer, los tagalos de Luzón, en el archipiélago filipino, cuando dicen *sí* echan también la cabeza hacia atrás. Y según el rajá Brooke, los dayaks de Borneo expresan la afirmación levantando las cejas y la negación contrayéndolas un poco, junto con una peculiar mirada de los ojos. Respecto a los árabes del Nilo, el profesor Asa Gray y su señora concluyeron que el cabeceo era raro como afirmación y que no se usaba la sacudida de cabeza como negación, gesto que ni siquiera es comprendido por ellos. Entre los esquimales [24] un cabeceo significa *sí* y un parpadeo *no*. Los neozelandeses "elevan la cabeza y la barbilla en vez del cabeceo de aquiescencia" [25].

A partir de preguntas realizadas a europeos con experiencia y a caballeros nativos, Mr. H. Erskine llega a la conclusión de que entre los hindúes los signos de afirmación y negación varían: a veces usan un cabeceo y una sacudida lateral, como hacemos nosotros, pero una negación se expresa más comúnmente echando súbitamente la cabeza hacia atrás y un poco hacia un lado con un cloqueo de la lengua. No consigo imaginar el significado que pueda tener este cloqueo de la lengua observado en varios grupos. Un caballero indígena aseguraba que la afirmación se manifiesta muy a menudo echando la cabeza hacia la izquierda. Pedí a Mr. Scott que se fijara especialmente en este punto, y tras repetidas observaciones cree que los nativos no acostumbran a usar un cabeceo vertical como afirmación, sino que primero echan la cabeza hacia atrás, sea a la derecha o a la izquierda, y después la empujan oblicuamente hacia adelante una sola vez. Un observador menos cuidadoso podría haber descrito este movimiento como una sacudida lateral. También afirma que la cabeza suele mantenerse prácticamente erguida y que se sacude varias veces en la negación.

Mr. Bridges me dice que los fueguinos ejecutan un cabeceo vertical en la afirmación y sacuden la cabeza lateralmente en la negación. Según Mr. Washington Matthews, en los indios salvajes de América del Norte el cabeceo y la sacudida de la cabeza se han aprendido de los europeos y no se emplean de modo natural. Expresan la afirmación "describiendo con la mano (con todos los dedos flexionados excepto el índice) una curva descendente y hacia fuera del cuerpo, mientras que la negación se expresa moviendo la mano abierta hacia adelante con la palma dirigida hacia adentro". Otros observadores indican que el signo de afirmación de estos indios consiste en levantar primero el índice bajándolo después apuntando al suelo, o agitando la mano hacia adelante en posición recta desde la cara; y que el signo de negación consiste en sacudir el dedo o toda la mano de un lado a otro"[26]. Este último movimiento representa probablemente en todos los casos la sacudida lateral de la cabeza. Se dice que los italianos para expresar negación mueven de esa misma manera el dedo levantado de derecha a izquierda, igual que hacemos a veces los ingleses.

En conjunto hallamos una considerable diversidad de signos de afirmación y negación en las diferentes razas humanas. Respecto a la negación, si admitimos que mover el dedo o la mano de un lado a otro simboliza el movimiento lateral de la cabeza, y si admitimos que el movimiento repentino de la cabeza hacia atrás representa una de las acciones realizadas a menudo por los niños pequeños para rechazar la comida, entonces se da una gran uniformidad en todo el mundo respecto a los signos de negación, y, además, podemos ver cómo se originaron. Las excepciones más notables las presentan los árabes, los esquimales, algunas tribus australianas y los dayaks. Entre estos últimos fruncir el ceño es un signo de negación, y entre nosotros fruncir el ceño se acompaña muchas veces de una sacudida lateral de la cabeza.

Por lo que se refiere al cabeceo afirmativo, las excepciones son bastante más numerosas, como por ejemplo entre algunos hindúes, turcos, abisinios, dayaks, tagalos y neozelandeses. A veces las cejas se alzan para afirmar, y como una persona que dobla la cabeza adelante y atrás es lógico que mire a la persona a quien se dirige, tenderá a levantar las cejas, por lo cual este signo puede haber surgido así como una abreviación. De igual modo, entre los neozelandeses, levantar la barbilla y la cabeza como signo de afirmación puede representar tal vez una suerte de movimiento abreviado de la cabeza hacia arriba después de haber realizado un cabeceo hacia adelante y hacia abajo.

Capítulo 12
Sorpresa, asombro, miedo y horror

Sorpresa, asombro. Elevación de las cejas. Apertura de la boca. Proyección de los labios. Gestos que acompañan a la sorpresa. Admiración. Miedo. Terror. Erizamiento del cabello. Contracción del músculo cutáneo. Dilatación de la pupila. Horror. Conclusión.

Si es repentina e intensa, la atención se transforma gradualmente en sorpresa, ésta en asombro y éste en pasmo estupefacto. Este último estado de ánimo tiene una estrecha analogía con el terror. La atención se manifiesta por una ligera elevación de las cejas, y cuando dicho estado crece hasta la sorpresa, se elevan a un nivel mayor, con los ojos y la boca muy abiertos. La elevación de las cejas es necesaria para que los ojos puedan abrirse rápida y ampliamente, y dicho movimiento produce arrugas transversales en la frente. El nivel de apertura de los ojos y la boca se corresponde con el nivel de sorpresa que se experimenta, aunque dichos movimientos deben ir coordinados, pues una boca muy abierta con las cejas sólo un poco elevadas produce una mueca sin sentido, tal como ha mostrado el Dr. Duchenne en una de sus fotografías[1]. Por otro lado, es frecuente ver cómo una persona simula sorpresa con una mera elevación de las cejas.

El Dr. Duchenne ha publicado la fotografía de un hombre mayor con las cejas bien elevadas y arqueadas por la galvanización del músculo frontal y con la boca abierta voluntariamente. Esa figura expresa sorpresa con gran verosimilitud. Se la mostré a 24 personas sin una sola palabra de explicación y sólo una dijo no entender de qué se trataba. Una segunda persona respondió que era de terror, lo cual no está tan lejos de la verdad, y otras añadieron a los términos de sorpresa o asombro epítetos como horrorizado, afligido, dolorido o disgustado.

Los ojos y la boca muy abiertos constituyen una expresión universalmente reconocida de sorpresa o asombro. Así, Shakespeare dice: "He visto a un herrero de pie con la boca abierta tragándose las noticias de un sastre" (*El rey Juan*, IV, 2). Y también: "Con la mirada fija uno en el otro, casi parecía que se iban a sacar los ojos de las cuencas. Existía un habla en su mudez, lenguaje en cada uno de los gestos y tenían un aire como si se hubiesen enterado de que se acercaba el fin del mundo" (*Cuento de invierno*, V, 2).

Respecto a las diversas razas humanas, mis informantes responden con notable uniformidad en el mismo sentido. Los citados movimientos de las facciones aparecen acompañados a menudo de ciertos gestos y sonidos que describiré a continuación. Doce observadores en diferentes partes de Australia están de acuerdo sobre este particular. Mr. Winwood Reade ha visto dicha expresión entre los negros de la costa de Guinea. El jefe Gaika y otros responden que *sí* a mi pregunta respecto a los cafres de África del Sur, y también lo hacen otros de forma categórica respecto a los abisinios, ceilaneses, chinos, fueguinos, varias tribus de América del Norte y neozelandeses. Respecto a estos últimos, Mr. Stack afirma que la expresión aparece con más claridad en algunos individuos que en otros, aunque todos se esfuerzan al máximo por disimular sus sentimientos. Según el rajá Brooke, los dayaks de Borneo abren mucho los ojos cuando se asombran, balancean a menudo la cabeza de un lado a otro y se golpean el pecho. Mr. Scott me dice que a los trabajadores del Jardín Botánico de Calcuta les está estrictamente prohibido fumar pero desobedecen a menudo la orden, y cuando se les sorprende de repente *in fraganti* lo primero que hacen es abrir mucho los ojos y la boca. Después lo normal es que se encojan de hombros al darse cuenta de que es ya inevitable que los hayan descubierto o fruncen el ceño y patean el suelo de rabia. Enseguida se reponen de la sorpresa y manifiestan un miedo servil, pues relajan todos los músculos, la cabeza parece hundirse entre los hombros, los ojos perdidos van de acá para allá y suplican que no se lo tengan en consideración.

El famoso explorador australiano Mr. Stuart ha ofrecido[2] un impresionante relato de un estado de estupefacción acompañado de terror en un nativo que hasta entonces nunca había visto un hombre a caballo. Mr. Stuart se aproximó a él sin ser visto y le llamó desde una corta distancia: "Se dio la vuelta y me vio. No sé lo que pensaría de mí pero nunca he visto un cuadro tan perfecto de miedo y asombro. Se quedó de pie, incapaz de mover un miembro, clavado en el sitio, la boca abierta y los ojos fijos. Permaneció inmóvil hasta que nuestro criado negro llegó a pocas yardas de él: entonces, tirando sus mazas de madera, se subió a una acacia tan alto como pudo". No podía hablar y fue incapaz de responder una sola palabra a las preguntas del criado negro; temblando de pies a cabeza, "agitó la mano hacia nosotros para que nos marcháramos".

Que las cejas se elevan por un impulso innato o instintivo puede deducirse del hecho de que Laura Bridgman actúa invariablemente así cuando se asombra, según me ha asegurado la señora encargada últimamente de cuidarla. Puesto que la sorpresa se produce por algo inesperado o desconocido, es natural que al sorprendernos deseemos conocer la causa tan rápidamente como sea posible, y en consecuencia abrimos completamente los ojos de modo que el campo de visibilidad pueda aumentar y los globos oculares se muevan fácilmente en cualquier dirección. Pero eso difícilmente sirve para explicar por qué las cejas se elevan como lo hacen ni la fijación desaforada de los ojos abiertos. Creo que la explicación se basa en la imposibilidad de abrir los ojos con mucha rapidez por la mera elevación del párpado superior. Para hacerlo las cejas deben levantarse enérgicamente. Cualquiera que intente abrir los ojos lo más rápidamente posible ante un espejo notará que actúa así, y el enérgico movimiento de las cejas hacia arriba abre los ojos tanto que quedan fijos, con todo el blanco expuesto alrededor del iris. Además, la elevación de las cejas es una ventaja para mirar hacia arriba, pues en cuanto descienden impiden que veamos en esa dirección. Sir C. Bell aporta[3] una curiosa y pequeña prueba del papel representado por las cejas en la apertura de los ojos. En un hombre borracho como una cuba, todos los músculos están relajados y por tanto los párpados caen de la misma manera que cuando no nos tenemos en pie de sueño. Para contrarrestar esta tendencia, el borracho levanta las cejas y ello le da ese aire perplejo y atontado que tan bien ha sabido representar Hogarth en uno de sus dibujos. Una vez conseguido el hábito de levantar las cejas para poder ver todo lo que nos rodea con la mayor rapidez posible, el movimiento podría reproducirse ya por la fuerza de la asociación cuando se siente asombro por alguna causa, incluso por un miedo o una idea repentinos.

En las personas adultas, toda la frente se arruga considerablemente por líneas transversales cuando se elevan las cejas, aunque en los niños esto ocurre sólo en menor medida. Las arrugas discurren en líneas concéntricas alrededor de cada ceja y confluyen parcialmente en el medio. Son muy características de la expresión de sorpresa o asombro. Como señala Duchenne[4], cuando se eleva una ceja, se arruga también un poco de lo que estaba antes.

La causa de que la boca se abra cuando se siente asombro es una cuestión mucho más compleja, ya que, al parecer, concurren varias causas para llegar a este movimiento. A menudo se ha supuesto[5] que, de esa manera, el sentido de la audición se agudiza más, pero he observado a personas escuchando atentamente un débil ruido cuya naturaleza y fuente conocían muy bien, y que no abrían la boca. Así pues, durante un tiempo imaginé que la boca abierta podía ayudar a distinguir la dirección de procedencia de un sonido al proporcionar otro canal de entrada a través de la trompa de Eustaquio. Pero el Dr. Ogle[6] ha tenido la amabilidad de estudiar los trabajos más solventes acerca de las funciones de la trompa de Eustaquio y me informa de que se ha demostrado de forma casi concluyente que permanece cerrada excepto durante el acto de deglución; y que en las personas en quienes permanece abierta anómalamente, el sentido de la audición no mejora en absoluto, al menos en lo que se refiere a los sonidos externos. Por el contrario, se ve empeorado por los sonidos respiratorios, que se vuelven entonces muy nítidos. Si se coloca un reloj dentro de la boca sin permitir que toque los lados, el tic-tac se oye con mucha menos claridad que cuando está fuera. En las personas cuya trompa de Eustaquio está cerrada de forma permanente o temporal por alguna afección o un catarro, el sentido auditivo resulta dañado, aunque ello puede explicarse por la mucosidad que se acumula en el interior del conducto y la consiguiente expulsión de aire. Por tanto, cabe pensar que bajo las sensaciones de asombro la boca no se mantiene abierta para poder oír sonidos con mayor nitidez, a pesar de que muchas personas sordas la mantienen así.

Toda emoción repentina, incluido el asombro, acelera la actividad cardíaca y con ello la respiración. En esa situación, tal como señala Gratiolet[7], y según creo yo, podemos respirar mucho más silenciosamente a través de la boca abierta que por los orificios nasales. Por tanto, cuando queremos oír con atención algún sonido dejamos de respirar o respiramos lo más silenciosamente posible abriendo la boca al tiempo que mantenemos el cuerpo inmóvil. Uno de mis hijos se despertó de noche por un ruido, circunstancia que suele producir gran preocupación, y después de unos minutos se dio cuenta de que tenía la boca muy abierta. Entonces comprendió que la había abierto con el fin de respirar lo más sigilosamente posible. Este punto de vista se refuerza en el caso de los perros, con los que ocurre lo contrario. Cuando un perro jadea después de un esfuerzo o en un día caluroso, respira profundamente, pero si su atención se despierta de pronto, levanta al instante las orejas para escuchar, cierra la boca y respira tan silenciosamente como puede a través de la nariz.

Cuando se concentra la atención durante un rato, fijándola meticulosamente en algún objeto o asunto, todos los órganos del cuerpo se olvidan y desatienden[8], y como la energía nerviosa de cada individuo es cuantitativamente limitada, se transmite poco a cada parte del sistema, excepto aquella que en ese momento es impulsada a actuar con energía. Así pues, muchos de los músculos tienden a quedar relajados y la mandíbula cae por su propio peso. Ello explica el descenso de la mandíbula y la boca abierta de una persona pasmada por el asombro, lo cual también puede ocurrir cuando está menos intensamente afectada. Según encontré registrado en mis notas, había advertido este semblante en niños muy pequeños cuando la sorpresa era sólo moderada.

Aún hay otra causa sumamente efectiva que lleva a abrir la boca cuando estamos asombrados, y en especial cuando se nos asusta de repente. Podemos realizar una inspiración completa y profunda con mucha mayor facilidad a través de la boca muy abierta que a través de las ventanas de la nariz. Ahora bien, cuando nos asustamos ante cualquier sonido o visión repentinos, casi todos los músculos del cuerpo entran en acción inmediata e involuntariamente a fin de protegernos o escapar de un peligro, que es lo que asociamos habitualmente a cualquier cosa inesperada. Ahora bien, tal como he explicado más atrás, nos preparamos siempre de manera inconsciente para cualquier gran esfuerzo realizando primero una profunda y completa inspiración, y después abrimos la boca. Si no sigue un esfuerzo y continuamos sorprendidos, dejamos de respirar por un momento o respiramos tan silenciosamente posible para poder escuchar con nitidez cualquier sonido. O también, si nuestra atención sigue estando absorta y atenta durante un rato, todos nuestros músculos se relajan y la mandíbula, que al principio se abrió de repente, se mantiene caída. Así pues, cuando se siente sorpresa, asombro o pesar, son varias las causas que concurren en ese mismo movimiento.

Aunque por lo general nuestra boca se abre cuando nos sentimos afectados de ese modo, es frecuente que los labios se proyecten ligeramente hacia afuera. Este hecho nos recuerda los mismos movimientos que se producen en los chimpancés y orangutanes cuando se asombran, aunque en un grado mucho mayor. Como a la inspiración profunda que acompaña al primer movimiento de sorpresa repentina le sucede naturalmente una fuerte espiración, y dado que es frecuente que los labios se proyecten hacia afuera, ello parece explicar los diversos sonidos que suelen emitirse. Por ejemplo, cuando Laura Bridgman se asombra, redondea y proyecta hacia afuera los labios, los abre y respira con fuerza[9]. Uno de los sonidos más comunes es un profundo *¡oh!*, que podría derivarse de forma natural, como explica Helmholtz, del hecho de que la boca está semiabierta y los labios proyectados hacia afuera. Una noche tranquila, se lanzaron algunos cohetes desde el *Beagle* en una pequeña ensenada de Tahití para entretener a los nativos, y cada vez que se disparaba uno se producía un silencio absoluto seguido siempre por un profundo *¡oh!* que resonaba por toda la bahía. Mr. Washington Matthews dice que los indios de América del Norte expresan su asombro con un gemido, y según Mr. Windwood Reade los negros de la costa oeste de África echan los labios hacia afuera y emiten un sonido que suena como *¡jey, jey!* Si la boca no se abre mucho cuando los labios están considerablemente proyectados hacia afuera, se produce un ruido como de un soplo, siseo o silbido. Mr. R. Brough Smyth me cuenta que un australiano del interior fue llevado al teatro para ver a un acróbata que daba volteretas rápidas sobre los talones: "Quedó muy asombrado y echó los labios hacia afuera haciendo un ruido con la boca como si soplara a una cerilla". Según Mr. Bulmer, cuando los australianos se sienten sorprendidos profieren la exclamación *¡korki!*, "y al hacerlo echan la boca hacia afuera como si fuesen a silbar". Los europeos solemos silbar como signo de sorpresa. Así, en una reciente novela[10] se lee: "Entonces el hombre expresó su asombro y desaprobación con un prolongado silbido". Tal como me informa Mr. J. Mansel Weale, una muchacha cafre, "al enterarse del elevado precio de un artículo, levantó las cejas y silbó tal como lo haría un europeo". Mr. Wedgwood dice que tales sonidos suelen ser transcritos al inglés como *whew* y sirven como interjecciones de sorpresa.

Según otros tres observadores, los australianos revelan a menudo su asombro mediante un sonido de cloqueo. También los europeos expresan a veces una ligera sorpresa mediante un pequeño chasquido de la lengua prácticamente del mismo tipo. Hemos visto que la boca se abre súbitamente cuando nos asustamos, y si entonces la lengua está pegada al paladar, su separación repentina producirá un sonido de este tipo que puede haber llegado así a expresar sorpresa.

Volviendo a los gestos del cuerpo, es frecuente que una persona sorprendida levante las manos abiertas por encima de la cabeza o doble los brazos hasta la altura de la cara. La superficie de las palmas se dirige hacia la persona que provoca tal sentimiento y los dedos estirados se separan. Ese gesto ha sido representado por Mr. Rejlander en la imagen 1 de la lámina VII. En *La última cena* de Leonardo da Vinci, dos de los apóstoles tienen las manos semilevantadas, en expresión clara de su asombro. Un observador de toda confianza me contó que había encontrado hacía poco a su mujer en las circunstancias más inesperadas: "Se sobresaltó, abrió mucho la boca y los ojos y colocó ambos brazos encima de la cabeza". Hace unos años quedé sorprendido al ver a varios de mis hijos pequeños juntos, haciendo algo en el suelo con mucho interés, pero la distancia era demasiado grande para poder preguntar de qué se trataba. Así pues, me llevé las manos a la cabeza, abiertas y con los dedos extendidos, e inmediatamente después de hacerlo me di cuenta de mi acción. Entonces esperé sin decir una palabra para ver si mis hijos habían comprendido el gesto, y según se acercaron corriendo hacia mí gritaron: "Hemos visto que te ha sorprendido lo que hacíamos". No sé si este gesto es común a diversas razas humanas, ya que no me he ocupado de preguntar acerca de él. Que es innato o natural puede deducirse del hecho de que, cuando Laura Bridgman se asombra, "alarga los brazos y vuelve las manos hacia arriba con los dedos extendidos"[11]; teniendo en cuenta que el sentimiento de sorpresa suele ser breve, tampoco es probable que pueda haber aprendido ese gesto gracias a su agudo sentido del tacto.

Huschke describe[12] un gesto diferente aunque combinado con él, que según dice es realizado por determinadas personas cuando se asombran. Se mantienen erguidas, con las facciones tal como acabo de describir, pero con los brazos rígidos extendidos hacia atrás, y los dedos estirados y separados. Nunca he visto yo mismo dicho gesto, pero es probable que Huschke esté en lo cierto, pues un amigo mío preguntó a un hombre cómo podía expresar un gran asombro y enseguida se colocó en esa postura.

Creo que estos gestos pueden explicarse mediante el principio de la antítesis. Hemos visto que un hombre indignado mantiene la cabeza erguida, cuadra los hombros, gira los codos hacia afuera, a menudo aprieta los puños, frunce el ceño y cierra la boca, mientras que la actitud de la persona indefensa es la contraria en cada uno de esos detalles. Ahora bien, una persona en estado de ánimo normal, que no está haciendo nada ni pensando en nada concreto, suele mantener los dos brazos suspendidos laxamente a ambos lados, con las manos algo flexionadas y los dedos juntos. Por tanto, levantar los brazos de repente, sea por completo o sólo los antebrazos, abrir las palmas y separar los dedos, o también enderezar los brazos extendiéndolos hacia atrás con los dedos separados, son movimientos en total antítesis con los que aparecen bajo un estado de ánimo indiferente, y por tanto son adoptados inconscientemente por una persona asombrada. A menudo existe también el deseo de mostrar sorpresa de forma evidente, y las anteriores actitudes son en tal caso muy adecuadas a esa intención. Cabe preguntarse por qué la sorpresa y sólo algunos otros estados de ánimo se manifiestan por movimientos que son la antítesis de otros. Sin embargo, ese principio no entrará en acción en el caso de emociones, como el terror, una gran alegría, el sufrimiento o la cólera, que conducen de forma natural a actuar de una manera particular y producen determinados efectos en el cuerpo, ya que el sistema en conjunto está ocupado en eso mismo y entonces dichas emociones se expresan con mayor claridad.

Hay otro pequeño gesto para expresar asombro del cual no puedo ofrecer ninguna explicación, a saber: colocar la mano sobre la boca o alguna parte de la cabeza. Ha sido observado en tantas razas humanas que debe de tener algún origen natural. Un salvaje australiano fue introducido en una gran sala repleta de papeles oficiales que le sorprendieron mucho y gritó *cloc, cloc, cloc*, poniendo el dorso de la mano sobre los labios. Mrs. Barber dice que los cafres y los fingos expresan asombro con una mirada seria, colocando la mano derecha sobre la boca y diciendo la palabra *mawo*, que significa "maravilloso". Se dice que los bosquimanos [13] colocan la mano derecha en el cuello y doblan la cabeza hacia atrás. Mr. Winwood Reade ha observado que, cuando se sorprenden, los negros de la costa occidental de África palmean la boca con las manos diciendo al mismo tiempo "la boca se me parte", y he oído afirmar que éste es el gesto habitual en tales ocasiones. El capitán Speedy me cuenta que los abisinios colocan la mano en la frente con la palma hacia afuera. Por último, Mr. Washington Matthews afirma que el signo convencional de asombro en las tribus salvajes de las regiones occidentales de Estados Unidos "se realiza colocando la mano semicerrada sobre la boca; al hacer esto, la cabeza suele inclinarse hacia adelante, y a veces profieren palabras o gemidos graves". Catlin [14] hace la misma observación de la mano puesta sobre la boca en los mandanes y otras tribus indias.

Admiración

Sobre este punto hay poco que decir. La admiración parece consistir en una sorpresa asociada con algún placer y un sentimiento de aprobación. Cuando se siente intensamente, los ojos se abren y las cejas se levantan, los ojos se vuelven brillantes en lugar de permanecer vacuos, como ocurre bajo el simple asombro, y la boca, en vez de embobarse abiertamente, se expande en un sonrisa.

Miedo, terror

La palabra "miedo" [*fear*] parece derivar de algo repentino y peligroso [15], y la palabra "terror" del temblor de los órganos vocales y del cuerpo. Aquí utilizo la palabra "terror" para un miedo extremo, pero algunos autores opinan que debería limitarse a los casos en que está especialmente implicada la imaginación. El miedo va precedido a menudo de asombro y por eso es tan semejante a éste, de modo que ambos conducen a la alerta inmediata de los sentidos de la vista y el oído. En ambos casos, los ojos y la boca se abren mucho y las cejas se levantan. En principio, el hombre atemorizado se queda como una estatua, inmóvil y sin respiración, o se agacha instintivamente para evitar ser observado.

El corazón late rápida y violentamente de modo que palpita o golpea contra las costillas, pero es dudoso, sin embargo, que funcione con más eficacia de lo normal para enviar mayor provisión de sangre a todas las partes del cuerpo, pues la piel se pone enseguida pálida como en un principio de desmayo. No obstante, es probable que esa palidez de la superficie se deba, en gran medida o exclusivamente, a que los centros vasomotores se ven afectados hasta el punto de producir la contracción de las pequeñas arterias de la piel. Vemos que la piel resulta muy afectada bajo la sensación de un gran miedo por la manera sorprendente e inexplicable con que comienza de inmediato a transpirar. Ese sudor es aun más llamativo por cuanto la superficie está fría (y de ahí la expresión *sudor frío*), mientras que las glándulas sudo-ríparas suelen estimularse para entrar en acción cuando la superficie corporal está caliente. También el vello de la piel se eriza y los músculos superficiales tiemblan. Paralelamente a la actividad perturbada del corazón, la respiración se acelera. Las glándulas salivales actúan de manera imperfecta, la boca se queda seca[16] y a menudo se abre y se cierra. También he notado que bajo un miedo ligero se produce una fuerte tendencia a bostezar. Uno de los síntomas más visibles es el temblor de todos los músculos del cuerpo, cosa que empieza a advertirse a menudo en los labios. Por esta causa, y dada la sequedad de la boca, la voz se vuelve ronca o confusa o puede incluso llegar a fallar por completo. *Obstupui, steteruntque comæ, et vox faucibus hæsit.*

Sobre el miedo indefinido hay una descripción espléndida y muy conocida en el libro de Job: "Oí furtivamente una palabra, apenas percibí su murmullo: en una visión de pesadilla, cuando el letargo cae sobre los hombres, me sobrecogió un terror, un temblor que estremeció todos mis huesos. Un viento me rozó la cara, el vello del cuerpo se me erizó. Estaba de pie —no conocía su aspecto—; sólo una figura ante mis ojos, un silencio; después oí una voz: ¿Puede el hombre llevar razón contra Dios?, ¿o un mortal ser puro frente a su Hacedor?" (Job, 4,12-17).

Tal como ocurre en todas las emociones violentas, cuando el miedo aumenta hasta llegar a la angustia del terror, deriva en resultados muy diversos. El corazón late con furia o puede dejar de funcionar, por lo que sobreviene el desmayo. Aparece una palidez semejante a la muerte, la respiración es trabajosa, las aletas de la nariz se dilatan mucho. "Se produce un movimiento jadeante y convulsivo de los labios, un temblor en la concavidad del pecho, un nudo que obstruye la garganta" [17]; los globos oculares expuestos y saltones se fijan en el objeto del terror, o bien pueden moverse sin descanso de un lado a otro, *huc illuc volvens oculos totumque pererrat*[18]. Se dice que las pupilas se dilatan enormemente. Todos los músculos del cuerpo pueden volverse rígidos o iniciar movimientos convulsivos. Las manos se abren y cierran alternativamente, a menudo con movimientos bruscos. Puede que los brazos se echen hacia adelante, como para ahuyentar algún peligro mortal, o que suban de forma incontrolada por encima de la cabeza. El reverendo Mr. Hagenauer ha notado este último movimiento en un australiano aterrorizado. En otros casos se produce una tendencia repentina e irreprimible a huir precipitadamente, y es tan intensa que los soldados más intrépidos pueden verse dominados por un pánico súbito.

Cuando el miedo alcanza una intensidad extrema se profiere un horrible grito de terror. Pueden verse grandes gotas de sudor sobre la piel. Todos los músculos del cuerpo están relajados. Poco después sigue una profunda postración y fallan las facultades mentales. Se ven afectados los intestinos. Los músculos de los esfínteres dejan de actuar y ya no retienen los contenidos del cuerpo.

El Dr. Crichton Browne me ha proporcionado un relato tan impresionante del miedo intenso de una mujer demente de 35 años que aunque resulte doloroso no debe ser omitido. Cuando el ataque la domina grita: "¡Esto es el infierno!", "¡hay una mujer negra!", "¡no puedo escapar!", y otras exclamaciones de esta índole. Cuando grita así, sus movimientos alternan entre la tensión y el temblor. Por unos momentos cierra con fuerza las manos, mantiene los brazos separados hacia adelante en una posición a medio flexionar, rígidos; después dobla súbitamente el cuerpo hacia adelante, se balancea rápidamente de un lado a otro, se mesa los cabellos con los dedos, se atenaza el cuello y trata de desgarrarse los vestidos. Los músculos esternocleidomastoideos (que sirven para doblar la cabeza sobre el pecho) destacan prominentes, como si se hincharan, y la piel situada sobre ellos está mucho más arrugada. Su pelo, cortado por la nuca y lacio cuando está calmada, se pone ahora de punta y ella se desmelena la parte anterior con movimientos de las manos. Su semblante expresa una gran angustia mental. La piel del rostro y el cuello hasta las clavículas enrojece y las venas de la frente y el cuello sobresalen como gruesas cuerdas. El labio inferior cuelga y se vuelve ligeramente hacia afuera. La boca permanece medio abierta, con la mandíbula inferior proyectada hacia afuera. Las mejillas están hundidas y profundamente surcadas por líneas curvas que discurren desde las aletas de la nariz hasta los extremos de la boca. Por su parte, las aletas de la nariz se elevan y estiran. Los ojos están muy abiertos y por debajo de ellos la piel aparece hinchada y las pupilas se dilatan. La frente está surcada transversalmente por muchos pliegues y el extremo interno de las cejas se arruga intensamente en líneas divergentes producidas por la contracción fuerte y continua de los superciliares.

Mr. Bell ha descrito también [19] la angustia de terror y desesperación que él mismo pudo ver en un asesino cuando lo conducían al lugar de ejecución en Turín: "A ambos lados del carro se hallaban sentados los sacerdotes oficiantes y en medio iba sentado el propio criminal. Era imposible presenciar sin terror el estado de este desdichado miserable, y sin embargo, como empujados por algún extraño impulso, resultaba también imposible no echar un vistazo a un espectáculo tan salvaje y tan lleno de espanto. Parecía tener unos 35 años, una complexión ancha y musculosa, el semblante marcado por facciones duras y salvajes; medio desnudo, pálido como un muerto, atormentado por el terror, con todas las extremidades tensas por la angustia, las manos convulsivamente apretadas, el sudor brotando de su ceño arrugado y contraído. Besaba sin cesar la imagen de Nuestro Salvador dibujada en la bandera que colgaba ante él, pero lo hacía con un desasosiego tan brutal y desesperado que nada que pueda haberse visto en una representación puede proporcionar la más ligera idea".

Añadiré únicamente otro caso ilustrativo de un hombre extremadamente postrado por el terror. Un atroz asesino de dos personas fue llevado a un hospital bajo la impresión errónea de que se había envenenado a sí mismo, y el Dr. W. Ogle lo observó con detenimiento a la mañana siguiente, cuando era maniatado y conducido por la policía. Su palidez era extrema, y su postración tan grande que casi no pudo vestirse por sí mismo. Su piel transpiraba, y los párpados y la cabeza estaban tan caídos que era imposible vislumbrar siquiera sus ojos. La mandíbula inferior le colgaba. No tenía contraído ningún músculo facial y el Dr. Ogle está casi seguro de que no se le había erizado el pelo, ya que lo observó muy de cerca pues se lo había teñido a modo de disfraz.

Por lo que respecta al miedo y a cómo se manifiesta en las diversas razas humanas, mis informantes están de acuerdo en que los síntomas son los mismos que entre los europeos. Se manifiestan de un modo exagerado en los hindúes y los nativos de Ceilán. Mr. Geach ha visto malayos que cuando estaban aterrorizados palidecían y temblaban, y Mr. Brough Smyth afirma que un nativo australiano, "estando en cierta ocasión muy asustado, mostraba una tez casi igual a lo que nosotros denominamos palidez, hasta donde pueda concebirse en el caso de un hombre muy negro". Mr. Dyson Lacy ha visto cómo se manifestaba un miedo extremo en un australiano mediante crispaciones nerviosas de las manos, pies y labios y por la transpiración continua en la piel. Muchos salvajes no reprimen los signos de miedo tanto como los europeos y tiemblan a menudo intensamente. Respecto a los cafres, Gaika, en su inglés un tanto pintoresco, afirma que el temblor "del cuerpo se experimenta mucho y los ojos están ampliamente abiertos". Entre los salvajes, los músculos del esfínter se relajan con frecuencia, exactamente igual a lo que puede observarse en muchos perros asustados y tal como yo he visto en monos cuando se espantan al ser capturados.

Erizamiento del pelo

Algunos síntomas del miedo merecen algo más de atención. Los poetas hablan continuamente de los pelos de punta. Bruto dice al espíritu de César "que le hiela la sangre y le eriza los cabellos" [Shakespeare, *Julio César*, IV, 3], y el cardenal Beaufort exclama tras el asesinato de Gloucester: "Péinale los cabellos; ¡mira, mira!, están de punta" [Shakespeare, *Enrique VI*, II, 3,3]. Como yo no estaba seguro de que los literatos no hubiesen aplicado al hombre lo que puede verse con frecuencia en los animales, rogué al Dr. Crichton Browne que me informara respecto a los dementes. En su respuesta afirma haber visto en repetidas ocasiones cómo se erizaba el cabello bajo la influencia de un terror extremo y repentino. Por ejemplo, suele ser necesario de vez en cuando inyectar morfina a una mujer demente que tiene mucho miedo a esa intervención, aunque le produce muy poco daño, pues piensa que le están introduciendo veneno en el organismo, que sus huesos se van a reblandecer y que su carne se convertirá en polvo. En esos casos, la mujer adquiere una palidez mortal, sus extremidades se ponen rígidas por una especie de pasmo tetánico y su pelo se eriza parcialmente en la zona anterior de la cabeza.

El Dr. Browne añade la observación de que el erizamiento del cabello, tan común en los dementes, no va siempre asociado al terror. Quizá se observa más frecuentemente en los maníacos crónicos, que deliran de modo incoherente y tienen impulsos destructores, pero cuando dicho erizamiento se observa mejor es durante sus ataques de violencia. El hecho de que el pelo se erice bajo la influencia tanto de la rabia como del miedo encaja perfectamente en lo que hemos visto en los animales inferiores. El Dr. Browne aduce varios casos como prueba. Por ejemplo, en un hombre que se encuentra ahora en el sanatorio, "el cabello de su frente se levanta como las crines de un pony de Shetland" antes de cada ataque maníaco. Me ha enviado fotografías de dos mujeres, tomadas en los intervalos entre sus ataques, y añade respecto a una de ellas que "el estado de su pelo es un criterio seguro y práctico de su condición mental". He hecho copia de una de esas fotografías y el grabado (figura 19) proporciona, si se mira a cierta distancia, una fiel representación del original, con la excepción de que el pelo parece demasiado tosco y ensortijado. La condición anómala del cabello en el demente se debe no sólo a su erección sino a su sequedad y aspereza, provocadas por el hecho de que las glándulas sub-

Figura 19. Dibujo de una fotografía de una demente para mostrar el estado de su pelo.

cutáneas dejan de actuar. El Dr. Bucknill ha afirmado[20] que un demente "es un demente hasta la punta de los dedos", y podría haber añadido: y frecuentemente hasta la punta de cada uno de sus pelos.

El Dr. Browne menciona como confirmación empírica de la relación existente en el demente entre el estado del pelo y el de la mente que la mujer de un médico, que cuidaba de una señora que padecía melancolía aguda, con mucho miedo a su muerte y a la de su marido e hijos, le reprodujo de palabra a él, el día antes de recibir mi carta, lo que sigue: "Pienso que Mrs. X mejorará pronto, pues su pelo se está volviendo más suave, y siempre noto que nuestros pacientes se ponen mejor cuando su pelo deja de estar áspero e inmanejable".

El Dr. Browne atribuye en parte la aspereza persistente del pelo en muchos pacientes a que su mente se halla siempre algo trastornada, y en parte también a los efectos del hábito, es decir, a que el pelo está con frecuencia muy erizado durante sus muchos ataques periódicos. En pacientes en los que el erizamiento del cabello es extremo, la enfermedad suele ser crónica y mortal, pero en otros cuyo erizamiento es moderado, el pelo recupera la suavidad habitual tan pronto como recobran la salud mental.

En un capítulo anterior hemos visto que en los animales el pelo se eriza por la contracción de los diminutos e involuntarios músculos lisos que llegan a cada folículo individual. Mr. J. Wood ha podido comprobar claramente mediante experimentos, según me ha informado, que en el hombre, además de esta acción, los pelos de la parte frontal de la cabeza que se inclinan hacia adelante y los posteriores que se inclinan hacia atrás se levantan en direcciones opuestas por la contracción de los músculos occipitofrontales o del cuero cabelludo. Así pues, parece ser que esos músculos ayudan al erizamiento del cabello en la cabeza del hombre, del mismo modo que el homólogo *panniculus carnosus* ayuda o contribuye en gran medida a la erección de las espinas del dorso en algunos animales inferiores.

Contracción del músculo cutáneo del cuello

Este músculo se despliega a ambos lados del cuello extendiéndose por abajo hasta un poco más allá de las clavículas y por arriba hasta la parte inferior de las mejillas. Una parte, denominada risorio, está representada por la letra M en la figura 2. La contracción de este músculo tensa las extremidades de la boca y la parte inferior de las mejillas hacia abajo y hacia atrás. Al mismo tiempo, produce en los niños arrugas abultadas, divergentes y longitudinales, a los lados del cuello, y en las personas mayores arrugas finas y transversales. A veces se dice que este músculo no está bajo el control de la voluntad, pero casi siempre que uno pretende dirigir los ángulos de la boca hacia atrás y hacia abajo con gran fuerza, lo hace entrar en acción. De todos modos, he oído de un hombre que podía activarlo de forma voluntaria en cada uno de los lados del cuello por separado.

Sir C. Bell[21] y otros han defendido que este músculo se contrae con fuerza bajo la influencia del miedo, y el Dr. Duchenne insiste con tanta vehemencia acerca de su importancia en la expresión de esta emoción que lo denomina el *músculo del espanto*[22]. Sin embargo, admite que su contracción es por completo inexpresiva si no está asociada a una gran apertura de los ojos y la boca. Ha publicado una fotografía, copiada y reducida en el grabado que se acompaña (figura 20), del mismo hombre mayor que en anteriores ocasiones, con las cejas fuertemente levantadas, la boca abierta y el músculo cutáneo contraído, todo ello por medio de corrientes galvánicas. La fotografía original fue mostrada a 24 personas y a cada uno por separado se le preguntó, sin dar orientación alguna, qué expresión pretendía mostrar: 20 respondieron al instante que "temor intenso" u "horror", tres dijeron que dolor y una que un malestar extremo. El Dr. Duchenne ha obtenido otra fotografía del mismo hombre con el músculo cutáneo contraído, la boca

Figura 19. Terror. De una fotografía del Dr. Duchenne.

y los ojos abiertos y las cejas oblicuas mediante corrientes galvánicas. La expresión así producida es impresionante (véase la imagen 2 de la lámina VII), la oblicuidad de las cejas da la apariencia de un fuerte trastorno mental. El original se mostró a 15 personas, 12 respondieron que se trataba de terror u horror y tres de angustia o gran sufrimiento. A partir de estos casos y del examen de otras fotografías proporcionadas por el Dr. Duchenne, junto con sus observaciones, pienso que no pueden caber muchas dudas de que la contracción del músculo cutáneo participa en gran medida en la expresión de miedo. De todos modos, difícilmente cabría llamar a este músculo el del espanto, ya que su contracción desde luego no acompaña necesariamente a ese estado de ánimo.

Un hombre puede mostrar terror extremo de la manera más clara por una palidez mortal, por gotas de sudor en la piel y por la máxima postración, con todos los músculos del cuerpo, incluido el cutáneo, relajados por completo. Aunque el Dr. Browne ha visto a menudo cómo ese músculo temblaba y se contraía en personas dementes, no ha sido capaz de relacionar dicha acción con un estado emocional, aun cuando ha prestado cuidadosa atención a pacientes que sufrían grandes miedos. Por otro lado, Mr. Nicol ha estudiado tres casos en los cuales este músculo parecía estar más o menos contraído permanentemente bajo la influencia de la melancolía asociada con gran temor, aunque en uno de estos casos otros músculos en torno al cuello y la cabeza estaban sometidos a contracciones espasmódicas.

En un hospital de Londres, el Dr. Ogle observó a petición mía a unos 30 pacientes momentos antes de ser sometidos a los efectos del cloroformo para operarles. Mostraron un ligero azoramiento pero no gran terror. Tan sólo en cuatro casos pudo verse contraído el músculo cutáneo, y no empezó a contraerse hasta que los pacientes se pusieron a gritar. El músculo parecía contraerse en el momento mismo de realizar cada inspiración profunda, de modo que resulta muy dudoso discernir si su contracción depende o no de la emoción de miedo. En un quinto caso, en que el paciente no recibió cloroformo, éste se aterrorizó mucho más y el músculo cutáneo se contrajo con mucha mayor fuerza y persistencia que en los

1

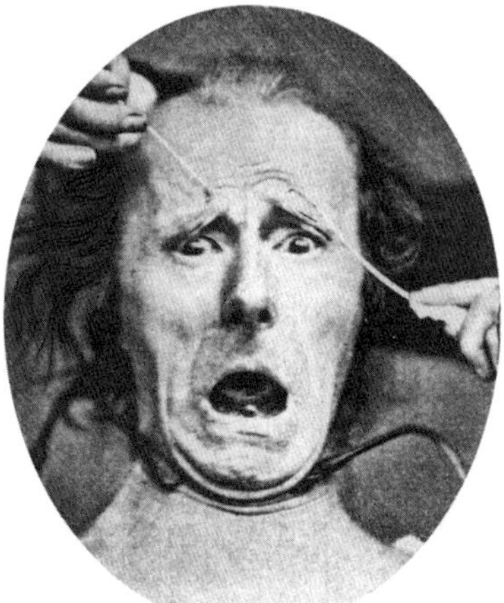

2

Lámina VII

demás casos. Pero incluso aquí hay lugar para la duda, pues, según el Dr. Ogle, este músculo, que parecía estar más desarrollado de lo normal, se contraía cuando el hombre separaba la cabeza de la almohada una vez terminada la operación.

Como me sentía muy perplejo, en cualquier caso, por el motivo de que un músculo superficial del cuello pudiera estar especialmente afectado por el miedo, recurrí a mis muchos y amables corresponsales para recabar información sobre su contracción en distintas circunstancias. Sería superfluo reproducir todas las respuestas recibidas. Muestran que este músculo actúa en condiciones muy diferentes. Se contrae con violencia en la hidrofobia y en algo menor medida en el tétanos, y a veces lo hace de modo muy señalado durante la insensibilidad producida por el cloroformo. El Dr. Ogle observó a dos pacientes varones que padecían tal dificultad para respirar que hubo que perforarles la tráquea, y en ambos casos el músculo cutáneo se contrajo fuertemente. Uno de esos hombres escuchó a medias la conversación de los médicos que le rodeaban, y cuando fue capaz de hablar declaró que no se había asustado. En algunos casos de extrema dificultad para respirar, aun cuando no requirieron la traqueotomía, el músculo cutáneo no se contrajo, según observaron los doctores Ogle y Langstaff.

Mr. J. Wood, que ha estudiado con gran meticulosidad los músculos del cuerpo humano, tal como puede comprobarse por sus variadas publicaciones, ha visto con frecuencia cómo se contraía el músculo cutáneo en los vómitos, náuseas y sensaciones de desagrado, así como en niños y adultos bajo la influencia del enojo, por ejemplo en mujeres irlandesas que discutían y peleaban con gestos de enfado. Es posible que ello se debiera a la emisión de tonos agudos y airados, pues conozco una señora, cantante excelente, que contrae siempre el músculo cutáneo al interpretar ciertas notas agudas. Según he observado yo mismo, también ocurre así en un joven cuando toca ciertas notas en la flauta. Mr. J. Wood me informa de que ha descubierto que el músculo cutáneo está más desarrollado en personas con el cuello y los hombros anchos, y que en las familias que heredan estas peculiaridades su desarrollo suele ir asociado a una gran capacidad de control voluntario sobre un músculo homólogo, el occipitofrontal, mediante el cual se puede mover el cuero cabelludo.

Ninguno de los casos que acabo de mencionar puede arrojar demasiada luz sobre el problema de la contracción del músculo cutáneo a causa del miedo, pero creo que no ocurre lo mismo en los casos siguientes. Se ha comprobado que el caballero a quien me he referido antes, capaz de activar a voluntad ese músculo en cualquiera de los dos lados del cuello por separado, contrae los dos cuando se sobresalta. Ya he ofrecido pruebas para demostrar que ese músculo se contrae a veces, quizá con el fin de abrir mucho la boca, cuando la respiración se hace difícil por una enfermedad o durante las inspiraciones profundas por accesos de llanto antes de una operación. Ahora bien, cuando una persona se asusta por alguna visión o sonido repentinos, efectúa al instante una inspiración profunda, y por ello es posible que la contracción del músculo cutáneo se haya llegado a asociar con el sentimiento de miedo. Pero creo que hay una conexión más eficaz. La primera sensación de miedo o la imaginación de algo temible provocan normalmente un escalofrío. Yo mismo me he sorprendido experimentando un escalofrío ligero e involuntario ante un pensamiento doloroso y he notado con claridad que el músculo cutáneo se contraía, y también me ocurre así si simulo un escalofrío. He pedido a otros que hicieran otro tanto y en algunos el músculo se contrajo pero en otros no. Uno de mis hijos se estremeció de frío al salir de la cama, y como se daba la circunstancia de que tenía la mano puesta en el cuello, sintió claramente que el músculo se contraía con fuerza. Entonces se estremeció igual que antes pero voluntariamente, aunque en esa circunstancia el músculo cutáneo no se vio afectado. Mr. J. Wood ha observado también en varias ocasiones cómo ese músculo se contraía en sus pacientes cuando se desnudaban para ser reconocidos, y que no estaban asustados pero temblaban ligeramente a causa del frío. Desgraciadamente no he sido capaz de comprobar con seguridad si el músculo cutáneo se contrae cuando todo el cuerpo tiembla, como en los momentos de frío producidos por un acceso febril. Pero como es indudable que se contrae frecuentemente durante los estremecimientos, y como un escalofrío o temblor suele acompañar a las sensaciones iniciales de miedo, creo que ello da una pista de su acción en este último caso[23]. Sin embargo, su contracción no acompaña invariablemente al miedo, pues es probable que no actúe nunca bajo la influencia de un terror extremo o paralizante.

Dilatación de las pupilas

Gratiolet insiste repetidamente[24] en que las pupilas se dilatan enormemente cuando se siente terror. No tengo razones para dudar de la fiabilidad de esta observación, pero no he conseguido obtener pruebas confirmatorias, exceptuando un ejemplo, que ya utilicé antes, de una mujer demente que padecía grandes miedos. Cuando los escritores de ficción hablan de que los ojos se dilatan mucho, supongo que se refieren a los párpados. La afirmación de Munro[25] de que en los loros el iris es muy sensible a las pasiones con independencia de la cantidad de luz, parece relacionarse con esta cuestión; pero el profesor Donders me dice que ha observado a menudo movimientos de las pupilas en estas aves y que cree que pueden estar relacionados con su poder de acomodación a la distancia, poco más o menos del mismo modo en que nuestras pupilas se contraen cuando nuestros ojos convergen debido a la visión cercana. Gratiolet señala que las pupilas dilatadas parece como si estuvieran mirando dentro de una oscuridad profunda. Sin duda los miedos del hombre han sido provocados con frecuencia por la oscuridad, pero es difícil que pueda haber ocurrido tan a menudo o de forma tan exclusiva como para explicar que haya surgido así un hábito tan rígido y tan asociado a ello. Suponiendo que la afirmación de Gratiolet sea correcta, parece más probable que el cerebro se vea afectado de un modo directo por la poderosa emoción del miedo y que reaccione sobre las pupilas, pero el profesor Donders me ha informado de que se trata de una cuestión extremadamente compleja. Como quizá puedo iluminar la cuestión, deseo añadir que el Dr. Fyffe, del Hospital de Netley, ha notado en dos pacientes que las pupilas se dilataban claramente durante los estados de frío producidos por un acceso febril. El profesor Donders ha observado también a menudo una dilatación de las pupilas en personas que iban a desmayarse.

Horror

El estado de ánimo expresado por esa palabra implica terror y en algunos casos es casi sinónimo de él. Antes del bendito descubrimiento del cloroformo, muchos hombres deben de haber sentido gran horror ante la idea de una operación quirúrgica difícil. Quien tema a un hombre o lo odie sentirá horror hacia él, según el uso que hace Milton de esa palabra. Sentimos horror si vemos a alguien, por ejemplo a un niño, expuesto a algún peligro instantáneo y fulminante. Casi todos experimentaríamos el mismo sentimiento en su forma más extrema al ver a un hombre al que se está torturando o al que se va a torturar. En estos casos no existe peligro para nosotros mismos, pero por la fuerza de la imaginación y la empatía nos ponemos en el lugar del que sufre y sentimos algo similar al miedo.

Sir C. Bell señala[26] que "el horror está lleno de energía, el cuerpo se halla en su máxima tensión, no debilitado por el miedo". Así pues, es probable que el horror pueda venir acompañado generalmente por una fuerte contracción del ceño, pero como el miedo es uno de los elementos en cuestión, los ojos y la boca estarán abiertos y las cejas levantadas en la medida en que la acción antagonista de los superciliares permita ese movimiento. Duchenne ha publicado una fotografía[27] (figura 21) del mismo hombre mayor de antes, con la mirada bastante fija, las cejas parcialmente elevadas y, al mismo tiempo, fuertemente contraídas, la boca abierta y el músculo cutáneo en actividad, todo ello provocado por medio de corrientes galvánicas. Considera que la expresión así producida manifiesta un terror extremo con un dolor o tortura horribles. Es probable que un hombre torturado hasta el límite en

Figura 21. Horror y angustia. De una fotografía del Dr. Duchenne.

que el sufrimiento le permita experimentar aún algún temor por el futuro manifieste horror en un grado extremo. He mostrado el original de esta fotografía a 23 personas de ambos sexos y de varias edades: trece de ellas contestaron enseguida "horror", "gran dolor", "tortura" o "angustia" y tres respondieron "gran sobresalto". Así pues, 16 respondieron casi según la idea de Duchenne pero seis respondieron "cólera", fijándose sin duda en la intensa contracción del ceño y sin considerar la peculiar apertura de la boca. Una respondió "de-sagrado". En conjunto, las respuestas indican que nos hallamos ante una representación bastante buena del horror y la angustia. La fotografía a que antes me he referido (imagen 2 de la lámina VII) muestra también horror, pero en ella la oblicuidad de las cejas indica un gran desequilibrio mental en lugar de energía.

El horror va acompañado generalmente de varios gestos que difieren según los individuos. A juzgar por las obras pictóricas, a menudo todo el cuerpo se vuelve hacia atrás o se encoge, o bien los brazos se echan con fuerza hacia adelante como para empujar lejos algún objeto temible. El gesto más frecuente, por lo que puede deducirse de la acción en personas que pretenden expresar una escena de horror imaginada intensamente, es el levantamiento de los dos hombros, con los brazos doblados y pegados a ambos lados o al pecho. Estos movimientos son casi los mismos que acostumbramos hacer cuando sentimos mucho frío, y generalmente van acompañados por un estremecimiento, así como por una profunda espiración o bien por una inspiración, según que el pecho esté distendido o contraído en ese momento. Los sonidos que se producen entonces se expresan por palabras como *uf* o *ag*[28]. Sin embargo, no resulta obvio por qué presionamos los brazos contra el cuerpo, elevamos los hombros y nos estremecemos cuando sentimos frío o expresamos un sentimiento de horror.

Conclusión

He intentado describir aquí las diversas expresiones del miedo en su desarrollo gradual desde la simple atención por un susto o sorpresa hasta el terror u horror extremos. Algunos síntomas pueden explicarse mediante los principios del hábito, la asociación y la herencia, como en el caso de la acción de abrir mucho la boca y los ojos, con las cejas levantadas para poder ver con la mayor rapidez posible todo lo que nos rodea y oír con nitidez cualquier sonido que pueda llegar a nuestros oídos. Porque es así como nos hemos preparado habitualmente para descubrir o afrontar cualquier peligro. Algunos de los restantes signos de miedo pueden explicarse también, al menos en parte, mediante estos mismos principios. A lo largo de innumerables generaciones, el hombre ha procurado escapar de sus enemigos o peligros mediante huidas precipitadas o por enfrentamientos violentos con ellos, y tales esfuerzos intensos deben de haber provocado que el corazón lata rápidamente, la respiración se acelere, el pecho se distienda y las ventanas de la nariz se dilaten. Como esos esfuerzos se han prolongado con frecuencia hasta el límite, el resultado final debe de haber sido una postración total, palidez, transpiración, temblor de todos los músculos o relajación completa. Y ahora, cuando se siente intensamente la emoción del miedo, aunque tal vez no lleve a hacer esfuerzo alguno, tienden a reaparecer los mismos resultados por la fuerza de la herencia y la asociación.

Sin embargo, es probable que muchos o la mayoría de los anteriores síntomas de terror, como los latidos del corazón, el temblor de los músculos, el sudor frío, etc., sean debidos, en gran parte y de forma directa, a que se altera o interrumpe la transmisión de fuerza nerviosa desde el sistema cerebro-espinal hasta las diversas partes del cuerpo puesto que la mente ha sido afectada poderosamente. Podemos confiar en esta causa, independientemente del hábito y la asociación, en casos como la modificación de las secreciones del canal intestinal y en la falta de actividad de determinadas glándulas. Por lo que se refiere al erizamiento involuntario del cabello, hay buenas razones para creer que en el caso de los animales esta acción, sea cual fuere su origen, sirve junto con ciertos movimientos voluntarios para presentar un aspecto terrible frente al enemigo. Puesto que los animales más estrechamente emparentados con el hombre ejecutan las mismas acciones voluntarias e involuntarias, nos vemos inducidos a creer que el hombre ha conservado una reliquia de ellas a través de la herencia, aunque en la actualidad se hayan vuelto inútiles. Desde luego, es un hecho notable que se hayan conservado hasta nuestros días los diminutos músculos lisos por medio de los cuales se eriza el pelo disperso y escaso existente sobre el cuerpo casi desnudo del hombre, y que aún se contraigan bajo las mismas emociones, es decir, el terror y la cólera, que hacen que los pelos se pongan de punta en los representantes más inferiores del orden al que pertenece el ser humano.

Capítulo 13
Atención a uno mismo, vergüenza, timidez, modestia, sonrojo

Naturaleza del rubor. Herencia. Partes de cuerpo más afectadas. El sonrojo en las diversas razas humanas. Gestos acompañantes. Mente confusa. Causas del rubor. La atención a uno mismo como factor fundamental. Timidez. Vergüenza por la trasgresión de leyes morales o convenciones sociales. Modestia. Teoría del sonrojo. Recapitulación.

El rubor es la más característica y humana de todas las expresiones. Los monos enrojecen de cólera, pero se requeriría una cantidad abrumadora de pruebas para convencernos de que algún animal es capaz de sonrojarse. El enrojecimiento del rostro por el rubor se produce por la relajación del recubrimiento muscular de las arterias menores, a partir de las cuales los capilares se llenan de sangre, y de ello se deriva que resulte afectado el propio centro vasomotor. Si al mismo tiempo se produce una gran agitación mental, toda la circulación se verá ciertamente afectada, pero no será a causa de la actividad del corazón si la red de diminutos vasos que cubre la cara se llega a inundar de sangre por un sentimiento de vergüenza. Podemos provocar risas cosquilleando la piel, llanto o enfado con un puñetazo, temblor por el miedo al dolor y muchas más cosas. Pero no podemos producir rubor, como señala el Dr. Burgess[1], por ningún medio físico, es decir, por ninguna acción sobre el cuerpo. Para ello debe ser afectada la mente. El sonrojo no sólo es involuntario sino que el deseo de evitarlo, al centrar la atención en uno mismo, no hace realmente más que aumentar la tendencia.

Los jóvenes se ruborizan mucho más fácilmente que los adultos, aunque no ocurre lo mismo en la infancia [2], lo cual es digno de ser tenido en consideración pues, como sabemos, los niños enrojecen de cólera muy precozmente. He recibido informes fiables de dos niñas pequeñas que se sonrojaban entre los dos y tres años, y de otro niño muy sensible, un año mayor, que se sonrojaba cuando le reprendían por una falta. Muchos niños se ruborizan de un modo muy notable a edades algo más avanzadas. Parece ser que las facultades mentales de los niños muy pequeños no están aún lo suficientemente desarrolladas como para permitir que se ruboricen. De ahí también el hecho de que los idiotas raramente se ruboricen. El Dr. Crichton Browne observó, a petición mía, a los que están a su cuidado, pero nunca presenció un rubor genuino, aunque ha visto cómo sus rostros enrojecían, al parecer de contento, cuando se les servía la comida, y también de ira. De todos modos, algunos que no están degradados por completo son capaces de sonrojarse. Por ejemplo, el Dr. Behn ha descrito [3] a un idiota microcefálico de 13 años cuyos ojos brillaban ligeramente cuando estaba contento o entretenido, y que se ruborizaba y se volvía de espaldas cuando estaba desnudo para ser examinado por el médico.

Las mujeres se ruborizan mucho más que los hombres. Es raro ver a un hombre mayor sonrojado, pero no es tan raro observarlo en una mujer adulta. Los ciegos no se libran de ello. Laura Bridgman, que nació sin vista, además de sorda, también se ruboriza [4]. El reverendo R. H. Blair, director del Worcester College, me dice que tres niños que nacieron ciegos se ruborizan con gran facilidad, además de los siete u ocho que había ya antes en el asilo. Los ciegos no son conscientes, en principio, de que son observados y, según me ha contado Mr. Blair, uno de los aspectos más importantes de su educación es grabar ese conocimiento en su mente. Una vez que se ha conseguido fijar esa idea, la propensión al sonrojo puede verse muy consolidada al fortalecerse el hábito de centrar la atención en uno mismo.

La propensión al sonrojo es hereditaria. El Dr. Burgess expone el caso [5] de una familia compuesta por el padre, la madre y diez hijos, todos los cuales son propensos sin excepción al sonrojo hasta extremos muy incómodos. Los niños se hicieron mayores y "algunos fueron enviados de viaje para ver si se libraban de esa sensibilidad enfermiza, pero nada sirvió en lo más mínimo". Incluso las particularidades que puede haber en el rubor parecen ser hereditarias. Sir James Paget se sorprendió, mientras examinaba la espina dorsal de una muchacha, por su singular manera de sonrojarse: apareció primero una gran mancha roja en una mejilla, y después otras repartidas por la cara y el cuello. Posteriormente preguntó a la madre si su hija se sonrojaba siempre de ese modo tan característico y recibió esta respuesta: "Sí, lo ha sacado de mí". Sir J. Paget notó entonces que al hacer esta pregunta había provocado el rubor de la madre, la cual manifestó la misma peculiaridad que su hija.

En muchos casos, la cara, las orejas y el cuello son las únicas zonas que enrojecen, pero muchas personas notan calor y hormigueo por todo el cuerpo cuando se ruborizan intensamente, lo cual prueba que toda la superficie debe de resultar afectada de alguna manera. A veces se dice que el sonrojo empieza en la frente, pero es más normal que comience en las mejillas y se extienda después por las orejas y el cuello[6]. En dos albinos examinados por el Dr. Burgess, el rubor comenzó por una pequeña mancha delimitada en las mejillas, sobre el plexo del nervio parótido, y después se extendió en círculo; entre ese círculo sonrojado y el rubor del cuello había una clara línea de demarcación, aunque ambas surgieron simultáneamente. La retina, que normalmente es roja en los albinos, se ponía siempre aún más roja en esos momentos[7]. Todo el mundo debe de haber notado la facilidad con que se suceden uno tras otro los sonrojos en el rostro tras haberse producido el primero. El sonrojo va precedido de una sensación especial en la piel. Según el Dr. Burgess, al enrojecimiento de la piel suele sucederle una ligera palidez, lo cual muestra que los vasos capilares se contraen después de dilatarse. En algunos casos raros, y en condiciones que por lo general provocan rubor, se produce palidez en lugar de enrojecimiento. Una joven me dijo, por ejemplo, que en una fiesta concurrida su pelo se enganchó con tal fuerza en el botón de un criado que pasaba que se necesitó bastante tiempo para desenredarlo;

a juzgar por sus propias sensaciones imaginó que se había puesto roja como la grana, pero un amigo suyo le aseguró que se había vuelto extremadamente pálida.

Me sentía deseoso de saber hasta qué zonas del cuerpo podía extenderse el rubor, y sir J. Paget, quien por su profesión tiene frecuentes oportunidades para observarlo, aceptó amablemente prestar atención durante dos o tres años a requerimiento mío. Descubrió que en las mujeres cuya cara, orejas y nuca o cuello se sonrojan con intensidad, el rubor no suele extenderse muy hacia abajo del cuerpo. Es difícil que se manifieste por debajo de las clavículas y los omoplatos, y nunca vio por sí mismo ni un sólo ejemplo en que se extendiera por debajo de la parte superior del pecho. También observó que el rubor se diluye a veces hacia abajo no de forma gradual y suave sino mediante manchas rosadas irregulares. El Dr. Langstaff ha observado, también a petición mía, a varias mujeres cuyo cuerpo no enrojeció lo más mínimo mientras su rostro se ruborizaba como la grana. En los dementes, algunos de los cuales son especialmente propensos al sonrojo, el Dr. J. Crichton Browne ha visto varias veces cómo el rubor se extendía hasta por debajo de las clavículas, y en dos ejemplos hasta los senos. Me ha transmitido el caso de una mujer casada de 27 años que sufría de epilepsia. A la mañana siguiente de su llegada al sanatorio, el Dr. Browne y sus asistentes la visitaron mientras estaba en la cama. En el momento en que se acercaban, un intenso rubor cubrió sus mejillas y sienes, y el sonrojo se extendió enseguida a las orejas. Estaba muy agitada y temblorosa. Se desabrochó el cuello de la camisa para examinar el estado de sus pulmones, y entonces un intenso enrojecimiento avanzó sobre su pecho en una línea arqueada por el tercio superior de cada seno, extendiéndose hacia abajo entre los senos hasta cerca del cartílago ensiforme del esternón. Este caso es interesante pues la extensión del rubor hacia abajo sólo se produjo cuando se intensificó por haber dirigido su atención hacia esas zonas de su persona. Según avanzaba la exploración, se fue serenando y el rubor desapareció, pero en varias ocasiones posteriores se pudo observar el mismo fenómeno.

Los hechos que acabo de mencionar muestran que, en general, en las mujeres inglesas el sonrojo no se extiende por debajo del cuello y de la parte superior del pecho. Sin embargo, sir J. Paget me ha informado de que hace poco ha oído de un caso de total credibilidad en el que una muchachita quedó impresionada por algo que juzgó poco delicado y se le sonrojó todo el abdomen y la parte superior de las piernas. Moreau cuenta también[8], basándose en la autoridad de un famoso pintor, cómo enrojecieron el pecho, los hombros, los brazos y todo el cuerpo de una muchacha tras quitarse la ropa después de haber aceptado a regañadientes servir de modelo.

Es un problema curioso saber por qué en muchos casos sólo enrojecen la cara, las orejas y el cuello, pues a veces toda la superficie del cuerpo se tiñe y acalora. Ello parece depender, principalmente, de la cara y partes adyacentes de la piel, que habitualmente han estado expuestas al aire, a la luz y a las alteraciones de la temperatura, por lo cual las pequeñas arterias no sólo han adquirido el hábito de dilatarse y contraerse con facilidad, sino que, al parecer, han llegado a desarrollarse más de lo normal en comparación con otras partes del cuerpo[9]. Según han señalado Mr. Moreau y el Dr. Burgess, es probable que, debido a esa misma causa, la cara sea tan propensa a enrojecer en circunstancias muy variadas, como un acceso de fiebre, un calor normal, un ejercicio violento, un acceso de cólera, un ligero golpe, etc., y que, por otro lado, sea propensa a palidecer de frío y miedo y a estar descolorida durante el embarazo. La cara es también especialmente propensa a sufrir problemas cutáneos, viruelas, erisipelas, etc. Este punto de vista se basa igualmente en el hecho de que los hombres de determinadas razas, que habitualmente van casi desnudos, enrojecen a menudo en los brazos y el pecho e incluso por debajo de la cintura. El Dr. Crichton Browne me cuenta que una señora que se sonroja mucho, se ruboriza por toda la cara, cuello, muñecas y manos, es decir, por todas las partes expuestas de la piel cuando se siente avergonzada o está agitada. Sin embargo, cabe poner en entredicho que la exposición habitual de la piel de la cara y el cuello, y su consiguiente capacidad de reacción ante todo tipo de estímulos, basten por sí solas para explicar la tendencia tan fuerte a que se sonrojen esas zonas más que otras en las mujeres inglesas. Las manos están muy bien dotadas de pequeños nervios y vasos, y están tan expuestas al aire como la cara y el cuello y, sin embargo, es raro que se sonrojen. Vamos a ver enseguida que el hecho de que la atención de la mente haya sido dirigida con mucha mayor frecuencia y naturalidad hacia el rostro que hacia cualquier otra parte del cuerpo proporciona probablemente una explicación suficiente.

El sonrojo en las distintas razas humanas

Los pequeños vasos de la cara se llenan de sangre en casi todas las razas humanas debido a la emoción de la vergüenza, aunque en las razas muy oscuras no se pueden percibir cambios de color nítidos. El sonrojo es evidente en todas las naciones arias de Europa y en cierta medida en las de la India. Sin embargo, Mr. Erskine nunca ha observado que el cuello de los hindúes resulte claramente afectado. En los lepchas del Sikim, Mr. Scott ha observado con frecuencia un suave rubor en las mejillas, la base de las orejas y los lados del cuello, unido a una caída de ojos y un abatimiento de la cabeza. Así ha sucedido cuando se les ha descubierto en una mentira o se les ha acusado de ingratitud. La tez pálida y cetrina de esos hombres hace el sonrojo mucho más visible que en la mayoría de los nativos de la India. Según Mr. Scott, en estos últimos la vergüenza (aunque quizá se trate en parte de miedo) se expresa mucho más claramente desviando o flexionando hacia abajo la cabeza, con los ojos vacilantes o vueltos de soslayo, que por un cambio de color en la piel.

Las razas semíticas se sonrojan con facilidad, tal como podría esperarse por su similitud general con los arios. Así se dice de los judíos en el libro de Jeremías (6,15): "Ni se avergüenzan ni conocen el sonrojo". La señora de Asa Gray vio a un árabe manejando con torpeza su barca por el Nilo, y cuando sus compañeros se rieron de él "se sonrojó prácticamente hasta el cogote". Lady Duff Gordon señala que un joven árabe se ruborizó al llegar a su presencia[10].

Mr. Swinhoe ha visto sonrojarse a los chinos, pero piensa que es raro; sin embargo, usan la expresión "enrojecer de vergüenza". Mr. Geach me dice que tanto los chinos asentados en Malaca como los malayos nativos del interior se sonrojan. Algunas de estas gentes van casi desnudas y observó en particular hasta dónde se extendía el rubor. Omitiendo los casos en los cuales sólo vio enrojecer la cara, Mr. Geach observó cómo la cara, brazos y pecho de un hombre chino de 24 años se ponían rojos de vergüenza, y en otro chino a quien se preguntó por qué no había hecho mejor su trabajo, el cuerpo entero resultó afectado de manera similar. En dos malayos vio[11] cómo se les sonrojaban la cara, el cuello, el pecho y los brazos, y en un tercer malayo (un bugis) el sonrojo se extendió hasta por debajo de la cintura.

Los polinesios se ruborizan sin problema y el reverendo Mr. Stack ha observado centenares de casos entre los neozelandeses. El ejemplo siguiente merece la pena ser relatado, ya que se refiere a un hombre mayor cuyo color era más oscuro de lo común y estaba en parte tatuado. Tras arrendar su tierra a un inglés por una pequeña cantidad anual, se apoderó de él un intenso deseo de comprar un pequeño coche de caballos, lo que últimamente se ha puesto de moda entre los maoríes. Para ello quería cobrar la renta de cuatro años a su arrendatario y consultó a Mr. Stack si podía hacerlo así. El hombre era mayor, tosco, pobre y harapiento, y la idea de verle exhibiéndose conduciendo su propio carruaje le resultó tan divertida a Mr. Stack que no pudo reprimir una carcajada; entonces "el viejo se sonrojó hasta la raíz de los cabellos". Foster dice que "se puede distinguir con facilidad cómo se extiende el rubor" por las mejillas de las mujeres más hermosas de Tahití[12]. También se ha visto cómo se ruborizan los nativos de algunos otros archipiélagos del Pacífico.

Mr. Washington Matthews ha visto con frecuencia el rubor en el rostro de jóvenes mujeres indias pertenecientes a varias tribus de indios salvajes de América del Norte. Según Mr. Bridges, en el extremo opuesto del continente, en Tierra de Fuego, los nativos "se sonrojan mucho, pero sobre todo cuando se hallan en presencia de mujeres, aunque desde luego se sonrojan también a causa de su propio aspecto personal". Esta última afirmación encaja con el recuerdo que guardo del fueguino Jemmy Button, quien se ruborizaba cuando era objeto de chanzas acerca del cuidado que se tomaba en limpiarse los zapatos y acicalarse. Con respecto a los indios aymará de la altiplanicie boliviana, Mr. Forbes dice[13] que, dado el color de la piel, es imposible que su sonrojo sea tan claramente visible como en las razas blancas; aunque en circunstancias en que nosotros nos ruborizaríamos, "puede verse siempre la misma expresión de modestia o confusión, e incluso en la oscuridad puede notarse una subida de la temperatura de la piel de la cara, exactamente igual que entre los europeos". En los indios que habitan las zonas cálidas, llanas y húmedas de Sudamérica, la piel no responde al parecer a las excitaciones de la mente con tanta facilidad como en los nativos de las zonas norte y sur del continente, los cuales han estado expuestos por mucho tiempo a grandes vicisitudes climáticas, pues Humboldt cita sin crítica el desdén del hispano: "¿Cómo podemos confiar en quienes no saben ruborizarse[14]?" Von Spix y Martius, hablando de los aborígenes de Brasil, afirman que no puede decirse propiamente que se sonrojen: "Fue sólo tras una larga relación con los blancos y tras recibir alguna educación cuando pudimos percibir en los indios un cambio de color que expresa las emociones de su mente"[15]. Sin embargo, es increíble que la capacidad para el sonrojo se haya originado de este modo, aunque el hábito de la atención hacia uno mismo como consecuencia de la educación y el nuevo estilo de vida podrían haber incrementado mucho cualquier tendencia innata al sonrojo.

Varios observadores fiables me han asegurado haber visto en la cara de los negros algo parecido al rubor en circunstancias que lo habrían provocado en nosotros, aun cuando su piel era de un tono negro ébano. Algunos lo describen como un enrojecimiento oscuro, pero muchos dicen que la negrura se torna más visible. Un aumento en el aporte de sangre a la piel parece intensificar de algún modo esa negrura, y así, en los negros ciertas enfermedades exantemáticas hacen que las zonas afectadas aparezcan más negras, en vez de enrojecer como ocurre entre nosotros [16]. Al ponerse más tensa cuando se llenan los capilares, la piel podría reflejar, quizás, un tono ligeramente distinto del que tenía antes. Podemos estar seguros de que los capilares de la cara de los negros se llenan de sangre bajo la emoción de la vergüenza, pues una negra albina muy característica que describió Buffon [17] mostró un suave tono carmesí en las mejillas cuando se exhibió desnuda. En los negros, las cicatrices de la piel se mantienen blancas durante mucho tiempo y el Dr. Burgess, que ha tenido numerosas oportunidades de observar cicatrices de este tipo en la cara de los negros, notó claramente que "en cuanto se les hablaba con brusquedad o se les hacía cualquier ofensa por ligera que fuese, enrojecían siempre" [18]. Podía notarse cómo surgía el rubor por todo el borde exterior de la cicatriz hacia el medio, pero sin alcanzar el centro. Los mulatos suelen ruborizarse mucho, y en la cara se sucede un enrojecimiento tras otro. A juzgar por estos hechos, no puede dudarse de que los negros se sonrojan, aunque no se detecte rojez en la piel.

Gaika y Mrs. Barber me han asegurado que los cafres de África del sur nunca se sonrojan, pero esto podría significar solamente que no se puede distinguir ningún cambio de color. Gaika añade que bajo circunstancias que harían sonrojar a un europeo, sus compatriotas "parecen avergonzarse de mantener la cabeza alta".

Cuatro de mis informantes me han asegurado que los australianos, que son casi tan oscuros como los negros, nunca se sonrojan. Un quinto da una respuesta dudosa, observando que, considerado el estado tan sucio de su piel, sólo podría verse un rubor muy intenso. Tres observadores afirman que no se sonrojan [19], y Mr. S. Wilson añade que el sonrojo sólo puede advertirse cuando la emoción es intensa y la piel no es demasiado oscura debido a una larga exposición a la intemperie y por falta de limpieza. Mr. Lang responde: "He notado que la vergüenza provoca casi siempre sonrojo, que se extiende muchas veces hasta el cuello". Añade que la vergüenza también se manifiesta "mediante el giro de los ojos de un lado a otro". Como Mr. Lang fue maestro en una escuela de nativos, es probable que haya observado principalmente a niños, y sabemos que éstos se sonrojan más que los adultos. Mr. G. Taplin ha observado ruborizarse a mestizos, y dice que los aborígenes tienen una palabra para expresar la vergüenza. Mr. Hagenauer, uno de los que no ha visto nunca sonrojarse a los australianos, dice que ha observado cómo "bajaban la mirada hacia el suelo a causa de la vergüenza", y el misionero Mr. Bulmer señala que, aunque "no he sido capaz de detectar nada parecido a la vergüenza en los aborígenes adultos, he notado que los ojos de los niños, cuando se avergüenzan, muestran una apariencia inquieta y acuosa, como si no supieran a dónde mirar".

Los hechos que acabo de relatar muestran que el sonrojo, vaya acompañado o no de un cambio visible de color, es común a muchas razas humanas, probablemente a todas.

Movimientos y gestos que acompañan al sonrojo

Bajo un sentimiento agudo de vergüenza se produce un fuerte deseo de esconderse[20]. Giramos todo el cuerpo, y especialmente la cara, con la idea de ocultarnos de alguna manera. Una persona avergonzada difícilmente puede sostener la mirada de los presentes, de modo que baja los ojos casi siempre o mira de soslayo. Como en ese momento se produce generalmente un fuerte deseo de evitar que se note la vergüenza, se hace el intento, aunque inútil, de mirar directamente a la persona que provoca ese sentimiento, y el antagonismo entre esas tendencias opuestas desemboca en un movimiento incesante de los ojos. En dos señoras observé que habían adquirido, al parecer, la manía de parpadear de un modo incesante y con extraordinaria rapidez mientras se ruborizaban, cosa a la que eran muy propensas. Un rubor intenso viene acompañado a veces de una ligera secreción de lágrimas[21], lo cual se debe, según supongo, a que las glándulas lacrimales participan del aumento en el aporte de sangre que irrumpe, como sabemos, en los capilares de las zonas adyacentes, incluida la retina.

Muchos autores, antiguos y modernos, se han dado cuenta de los movimientos mencionados, y ya he mostrado cómo los aborígenes de diversas partes del mundo manifiestan muy a menudo su vergüenza mirando hacia abajo o de soslayo o mediante movimientos incesantes de los ojos. Esdras exclama (9,6): "¡Oh, Dios mío, estoy avergonzado y me sonrojo al elevar mi rostro hacia ti, mi Dios!" En Isaías (1,6) nos encontramos las palabras: "No oculto la vergüenza de mi rostro". Séneca observa (*Epist.*, XI, 11) que "los actores romanos dejan caer la cabeza, fijan los ojos en el suelo y los mantienen bajos, pero son incapaces de sonrojarse para simular vergüenza". Según Macrobio, que vivió en el siglo V (*Saturnalia*, VII, 11): "Los filósofos de la naturaleza aseguran que, al ser conmovida por la vergüenza, la naturaleza extiende ante sí misma la sangre como un velo, tal como vemos que hace normalmente una persona cuando se avergüenza, que coloca las manos delante de la cara". Shakespeare hace que Marco le diga a su sobrina: "¡Ah!, cómo giras la cara de vergüenza" (*Tito Andrónico*, II, 5). Una señora me ha contado que se encontró en el Lock Hospital con una muchacha a quien conocía de antes y que ahora estaba hundida en la miseria, y la pobre criatura, al acercarse ella, ocultó su rostro bajo las sábanas y nadie pudo convencerla para que se destapase. A menudo vemos que cuando los niños pequeños se asustan o se avergüenzan, se giran y, de pie, hunden el rostro en los vestidos de la madre o se arrojan sobre su regazo con la cabeza baja.

Mente confusa

La mayoría de las personas tienen las capacidades mentales confusas en los momentos de rubor intenso. Esto puede reconocerse en expresiones tan comunes como "estaba profundamente confundida". Las personas que se hallan en ese estado pierden su presencia de ánimo y hacen comentarios singularmente inapropiados. Es frecuente que estén muy turbadas, tartamudeen y hagan movimientos torpes o muecas extrañas. En ciertos casos, pueden observarse contracciones involuntarias de algunos de los músculos faciales. He sido informado por una joven que se sonroja en exceso de que en esas situaciones ni siquiera sabe qué está diciendo. Cuando se le sugirió que podría ser debido a la turbación derivada de ser consciente de que se le notaba el sonrojo, contestó que no podía ser por eso "ya que a veces había tenido la misma sensación de estupidez al ruborizarse por algún pensamiento en su propia habitación".

Voy a dar un ejemplo de la máxima turbación de ánimo a la que son propensos algunos hombres sensibles. Un caballero en quien puedo confiar me aseguró que había sido testigo ocular de la siguiente escena: se ofrecía un pequeño banquete en honor de un hombre extremadamente tímido quien, al levantarse para manifestar su agradecimiento, recitó un discurso (que evidentemente tenía aprendido de memoria) en absoluto silencio, y sin emitir ni una sola palabra actuó como si estuviese hablando con mucho énfasis. Sus amigos, viendo lo que ocurría, aplaudieron con fuerza los imaginarios arranques de elocuencia cuando sus gestos indicaban una pausa, y el hombre nunca descubrió que había estado todo el tiempo completamente callado. Al contrario, posteriormente le confesó a mi amigo, con gran satisfacción, que creía haberlo hecho excepcionalmente bien.

Cuando una persona está muy avergonzada o es muy tímida y se sonroja intensamente, su corazón late con rapidez y su respiración se altera. Ello difícilmente dejará de afectar a la circulación de la sangre en el cerebro, y quizá también a las facultades mentales. Sin embargo, a juzgar por el poder de influencia aún mayor que tienen la ira y el miedo sobre la circulación, parece dudoso que podamos dar con ello una explicación satisfactoria del confuso estado mental de las personas cuando se sonrojan intensamente.

La explicación auténtica se basa, al parecer, en la estrecha relación existente entre la circulación capilar de la superficie de la cabeza y la cara con la del cerebro. Tras haber solicitado información al Dr. Crichton Browne, me ha proporcionado varios datos relativos a este tema. Cuando el nervio simpático se ramifica hacia un lado de la cabeza, los capilares de ese lado se relajan y se llenan de sangre, causando el enrojecimiento de la piel y el aumento de calor, al tiempo que se eleva la temperatura interna del cráneo en ese lado. La inflamación de las membranas del cerebro conduce a la congestión sanguínea de la cara, las orejas y los ojos. La fase inicial de un ataque epiléptico parece ser la contracción de los vasos del cerebro, y la primera manifestación externa es la extremada palidez del semblante. La erisipela de la cabeza suele producir delirio. Supongo incluso que el alivio que se consigue durante un fuerte dolor de cabeza calentando mucho la piel con una loción fuerte depende del mismo principio.

El Dr. Browne ha administrado a menudo vapores de nitrito de amilo[22] a sus pacientes, y dicho producto tiene la singular propiedad de producir un vivo enrojecimiento de la cara al cabo de unos 30 a 60 segundos. Este enrojecimiento se parece al sonrojo en casi todos los detalles: se inicia en varios puntos diferentes de la cara y se extiende hasta que cubre toda la superficie de la cabeza, cuello y parte anterior del pecho, y en tan sólo un caso se ha observado que llegara hasta el abdomen. Las arterias de la retina se ensanchan, los ojos brillan y en un caso se produjo una ligera producción de lágrimas. Al principio los pacientes sienten una agradable estimulación, pero a medida que aumenta el enrojecimiento se muestran confusos y aturdidos. Una mujer a quien se le administraban esos vapores con frecuencia aseguró que, a medida que subía el calor, se iba atontando. Cuando una persona empieza a sonrojarse, parece como si hubiesen sido estimuladas de alguna manera sus facultades mentales, a juzgar por el brillo de sus ojos y lo vivaz de su comportamiento. Su mente sólo cae en un estado de confusión cuando el rubor es excesivo. Así pues, parece como si resultasen afectados los capilares de la cara, tanto durante la inhalación del nitrito de amilo como durante el enrojecimiento, antes de verse afectada aquella parte del cerebro de la que dependen las facultades mentales.

Por el contrario, cuando el cerebro es el primer afectado, la circulación de la piel lo es de manera secundaria. El Dr. Browne me informa de que ha observado con frecuencia manchas rojas dispersas y moteadas en el pecho de pacientes epilépticos. En esos casos, si se rasca suavemente la piel del tórax o del abdomen con un lápiz u otro objeto, o tocando sin más con el dedo (en los casos más serios), la superficie se llena en menos de medio minuto de manchas rojas que se extienden hasta cierta distancia a los lados del punto tocado y persisten durante varios minutos. Se trata de las máculas cerebrales de Trousseau, las cuales indican, según el Dr. Crichton Browne, que el sistema muscular cutáneo se halla notablemente alterado. Si existe, como parece fuera de duda, una estrecha relación entre la circulación capilar en la parte del cerebro de la que dependen nuestras facultades mentales, y la piel de la cara, entonces no es sorprendente que las causas morales que generan un intenso sonrojo provoquen también una gran confusión en la mente, independientemente de su propia influencia perturbadora.

Naturaleza de los estados mentales que provocan rubor

Estos estados mentales son la timidez, la vergüenza y la modestia, siendo el componente esencial de todos ellos la atención a uno mismo. Pueden indicarse muchas razones para creer que la causa provocadora fue originalmente la atención a uno mismo dirigida a la propia apariencia, atendiendo a la opinión de los demás; más tarde, y debido a la fuerza de la asociación, se produjeron los mismos efectos al centrar la atención en uno mismo en relación al comportamiento moral. Lo que provoca el sonrojo no es el simple acto de reflexionar sobre nuestro propio aspecto sino imaginar qué es lo que otros pensarán de nosotros. En completa soledad, la persona más sensible sería por completo indiferente a su propio aspecto. Sentimos con mayor agudeza el reproche o la desaprobación que la aprobación y, por consiguiente, las apreciaciones despectivas o las que nos dejan en ridículo, tanto sobre nuestro aspecto como sobre nuestro comportamiento, nos causan rubor con mucha más facilidad que los elogios. Pero los elogios son, sin duda, de gran eficacia: una muchacha hermosa se sonroja cuando un hombre la mira con insistencia, aunque sabe perfectamente bien que no la está menospreciando. Muchos niños, al igual que muchas personas mayores sensibles, se ruborizan cuando reciben grandes elogios. A continuación trataré la cuestión de cómo se ha producido el hecho de que el ser conscientes de que otros se están fijando en nuestro aspecto personal puede haber conducido a que se llenen de sangre los capilares, especialmente los de la cara.

Voy a dar mis razones para creer que la atención dirigida al aspecto personal, y no al comportamiento moral, ha sido el factor más importante en la adquisición del hábito de sonrojarse. Tomadas por separado, esas razones son débiles, pero combinadas me parece que tienen un peso considerable. Es notorio que nada hace sonrojarse tanto a una persona tímida como cualquier observación, aunque sea ligera, sobre su aspecto personal. No se puede siquiera hacer una mención acerca del vestido de una mujer muy propensa al sonrojo sin que su cara se vuelva grana. Como observa Coleridge, basta con mantener la mirada en algunas personas para hacerlas enrojecer, y "que lo explique quien pueda"[23].

En los dos albinos estudiados por el Dr. Burgess[24], "el más leve intento de examinar sus características peculiares provocaba "siempre" en ellos un intenso rubor. Las mujeres son mucho más sensibles a su propio aspecto personal que los hombres, sobre todo las mujeres mayores en comparación con los hombres de esa misma edad, y se ruborizan mucho más fácilmente. Los jóvenes de ambos sexos son mucho más sensibles en este sentido que los mayores, y también se ruborizan con mucha mayor facilidad que ellos. A edades muy tempranas los niños no se ruborizan, ni muestran los otros signos de conciencia de sí mismos que generalmente acompañan al rubor, y éste es uno de sus mayores encantos, que no tengan en cuenta para nada lo que otros piensen de ellos. En esa tierna edad fijan la mirada sin parpadear en un extraño como si se tratase de un objeto inanimado, de una manera que los mayores ya no podemos imitar.

Resulta claro para todo el mundo que los hombres y mujeres jóvenes son muy sensibles a la opinión de otros referente a su aspecto personal, y que se ruborizan incomparablemente más en presencia del sexo opuesto que ante el suyo propio[25]. Un muchacho joven que no sea muy propenso al sonrojo se ruborizará con intensidad por cualquier insignificante rasgo ridículo de su aspecto frente a una muchacha cuya opinión sobre alguna cosa importante le traería sin cuidado. Ninguna pareja feliz de enamorados que valore la admiración y el amor mutuo más que nada en el mundo se habrá cortejado sin que se hayan producido probablemente muchos sonrojos. De acuerdo con Mr. Bridges, incluso los bárbaros de Tierra de Fuego se ruborizan, "principalmente frente a las mujeres, pero también a causa de su propio aspecto personal".

De todas las partes del cuerpo, la cara es lo que más se mira y más se tiene en cuenta, como es natural, al ser la principal base de expresión y fuente de la voz. Es también la principal base de la belleza y la fealdad, y lo que más se adorna[26] en todas las partes del mundo. Así pues, la cara debe haber estado sujeta durante muchas generaciones a la más estrecha y seria atención hacia uno mismo, más que cualquier otra zona del cuerpo; según el principio ya adelantado aquí, esto nos permite comprender por qué la cara es lo más propenso a sonrojarse. Aunque la exposición a los cambios de temperatura, etc., ha reforzado probablemente mucho la capacidad de dilatación y contracción de los capilares de la cara y zonas adyacentes, ello difícilmente puede explicar por sí solo que esas zonas se sonrojen mucho más que el resto del cuerpo, ya que no explica que las manos se sonrojan raramente. En los europeos todo el cuerpo se tiñe ligeramente de color cuando la cara se sonroja con intensidad, y en las razas humanas que habitualmente van casi desnudas se extiende sobre una superficie mucho más amplia que en nosotros. Estos hechos son hasta cierto punto comprensibles, ya que la atención a uno mismo en los hombres primitivos, así como en las razas actuales que aún van desnudas, no debe de haber estado tan limitada exclusivamente a la cara, como ocurre entre gente que actualmente va vestida.

Hemos visto que las personas que sienten vergüenza por alguna falta moral son propensas en todas partes del mundo a retirar, inclinar hacia abajo o esconder la cara, independientemente de cualquier pensamiento sobre su aspecto personal. Es difícil que su propósito sea ocultar el rubor, ya que en ese caso la cara se retira o se oculta bajo circunstancias que excluyen cualquier deseo de ocultar la vergüenza, como cuando se reconoce por completo la culpabilidad y el arrepentimiento. Sin embargo, es probable que el hombre primitivo, antes de haber adquirido mucha sensibilidad moral, fuese muy sensible a su aspecto personal, al menos en relación con el sexo contrario, y consecuentemente hubiese sentido desasosiego frente a cualquier observación despectiva sobre su aspecto, lo cual es una forma de vergüenza. Y puesto que la cara es la parte del cuerpo más mirada, es comprensible que alguien avergonzado por su aspecto personal desee ocultar esa parte del cuerpo. Habiéndose adquirido así ese hábito, pudo haber sido transferido de manera natural a los momentos en que la vergüenza se sentía sólo por causas morales; y no es fácil entender de otro modo por qué bajo tales circunstancias puede existir el deseo de ocultar la cara más que cualquier otra parte del cuerpo.

El hábito de girarse o bajar los ojos o moverlos sin descanso de un lado a otro, tan general en quienquiera que se sienta avergonzado, deriva probablemente de cada mirada dirigida a los presentes, que da pie a la convicción de que nos miran fijamente; por eso intentamos escapar al momento de esa incómoda convicción no mirando a quienes se hallan delante, y especialmente a los ojos.

Timidez

Este estado de ánimo característico denominado a menudo modestia, falsa vergüenza o *mauvaise honte* parece ser una de las causas que producen sonrojo de modo más eficaz. La timidez se reconoce sobre todo por la cara enrojecida, porque la mirada se aparta o los ojos se bajan y por los movimientos torpes y nerviosos del cuerpo. Muchas mujeres se sonrojan por esa causa cien o quizá mil veces más de lo que se ruborizan por haber hecho algo reprochable de lo que están verdaderamente avergonzadas. La timidez parece depender de la sensibilidad a la opinión de los demás, sea buena o mala, en especial en lo que se refiere al aspecto externo. Los extraños no conocen nuestro comportamiento o nuestro carácter, ni les preocupa, pero pueden criticar (y a menudo lo hacen) nuestro aspecto, de ahí que las personas tímidas sean especialmente propensas a sentirse apocadas y ruborizarse en presencia de extraños. La conciencia de algo peculiar, o incluso de algo nuevo, en el vestido, o algún ligero defecto en una persona y sobre todo en la cara —puntos que suelen atraer la atención de los extraños— hace que el tímido lo sea intolerablemente. Por otro lado, cuando se trata del comportamiento y no del aspecto personal, somos mucho más propensos a ser tímidos en presencia de conocidos, cuyo juicio valoramos en alguna medida, que en presencia de extraños. Un médico me contó que un hombre joven, un duque bastante rico con quien había viajado como médico a su servicio, se ruborizaba como una muchacha cuando le pagaba sus honorarios, aunque es probable que ese joven no se hubiese sonrojado ni sentido timidez al pagar la cuenta a un tendero. Algunas personas son tan sensibles, sin embargo, que el mero acto de hablar casi con cualquiera es suficiente para despertar su autoconciencia, con el resultado de un ligero rubor.

Teniendo en cuenta nuestra sensibilidad en este sentido, la desaprobación o el ridículo provocan timidez y rubor con mucha mayor facilidad que la aprobación, aunque esta última es muy eficaz en algunas personas. Los engreídos rara vez son tímidos, pues se valoran a sí mismos demasiado como para esperar un desprecio. No es nada obvio por qué un hombre orgulloso puede mostrarse tímido a menudo, según suele ocurrir, a menos que se deba a que, a pesar de toda la confianza en sí mismo, le preocupe mucho el qué dirán, aunque sea con una actitud desdeñosa. Las personas tímidas en exceso rara vez lo son en presencia de aquellos con quienes están familiarizadas y cuya buena opinión y simpatía tienen completamente asegurada, como por ejemplo una muchacha en presencia de su madre. En mi cuestionario impreso no pensé en incluir la pregunta sobre si la timidez puede detectarse en las distintas razas humanas, pero un caballero hindú aseguró a Mr. Erskine que es reconocible en sus compatriotas.

Tal como indica la etimología de la palabra en varias lenguas[27], la timidez está muy relacionada con el miedo, aunque es diferente de él en el sentido ordinario del término. Sin duda, un hombre tímido se siente incómodo ante extraños pero difícilmente puede decirse que les tenga miedo; puede ser tan valiente como un héroe en una batalla y, sin embargo, no tener confianza en sí mismo en cuestiones triviales cuando se halla en presencia de extraños. Casi todo el mundo se pone extremadamente nervioso cuando se dirige por primera vez a un gran público, y muchas personas conservan esa actitud durante toda su vida, pero ello parece depender de ser consciente de la inminencia de un gran esfuerzo, con todos los efectos asociados sobre el organismo, y no de la propia timidez[28], aunque en tales ocasiones un hombre apocado o tímido sufre sin duda infinitamente más que otros. En los niños muy pequeños es difícil distinguir entre miedo y timidez, aunque me ha parecido a menudo que en ellos este último sentimiento tiene algo que ver con el carácter montaraz de un animal no domesticado. La timidez comienza a una edad muy temprana. En uno de mis hijos, cuando tenía dos años y tres meses, observé un indicio de algo que parecía timidez hacia mí tras una ausencia de casa de sólo una semana. No se manifestó con rubor sino por desviar los ojos de mí durante algunos minutos. En otras ocasiones he notado que la timidez o modestia y la auténtica vergüenza se manifiestan en los ojos de los niños pequeños antes de que hayan adquirido la capacidad de sonrojarse.

Puesto que la timidez parece depender de la atención hacia uno mismo, podemos reconocer lo acertados que están quienes mantienen que reprender a los niños por su timidez es perjudicial y no beneficioso, ya que suscita una atención aún mayor sobre sí mismos. Se ha argumentado con razón que “nada hace más daño a la gente joven que percibir cómo vigilan sus sentimientos continuamente, cómo escrutan su semblante y cómo el ojo supervisor de un despiadado espectador mide sus niveles de sensibilidad. Bajo la presión de tal examen, no pueden dejar de pensar que los están observando ni sentir otra cosa que vergüenza y aprensión”[29].

Causas morales: culpabilidad

En lo que se refiere al sonrojo por causas estrictamente morales, nos hallamos de nuevo con el mismo principio fundamental ya mencionado, es decir, la preocupación por el qué dirán. No es la conciencia lo que produce rubor, pues un hombre puede lamentar sinceramente haber cometido una ligera falta sin testigos, o sufrir el más profundo remordimiento por un delito que no ha sido descubierto y, sin embargo, no sonrojarse. "Me sonrojo —dice el Dr. Burgess[30]— en presencia de mis acusadores". No es el sentimiento de culpa lo que hace enrojecer la cara sino el pensamiento de que otros piensen o sepan que somos culpables. Un hombre puede sentirse profundamente atormentado por haber dicho una pequeña mentira, pero sin ruborizarse; sin embargo, si llega a sospechar que ha sido descubierto, se ruborizará de inmediato, especialmente si ha sido descubierto por alguien a quien respeta.

Por otro lado, un hombre puede estar convencido de que Dios es testigo de todas sus acciones y ser profundamente consciente de haber cometido alguna falta y suplicar perdón; sin embargo, como dice una señora muy propensa al rubor, eso nunca le producirá sonrojo. Supongo que la explicación de la diferencia entre que sea Dios o el hombre el conocedor de nuestras acciones se basa en que la desaprobación del comportamiento inmoral de un hombre es de naturaleza similar a su desprecio por nuestro aspecto personal, de modo que por efecto de la asociación ambas conducen a resultados similares, mientras que la desaprobación divina no conlleva esa asociación.

Muchas personas se han sonrojado intensamente al ser acusadas de algún delito, aunque fueran absolutamente inocentes. Como me hizo observar la señora a la que me he referido antes, la propia idea de que otros piensen que hemos comentado algo poco amable o estúpido es más que suficiente para provocar el sonrojo, aunque seamos conscientes durante todo el rato de que hemos sido totalmente malinterpretados. Una acción puede ser meritoria o de naturaleza indiferente, pero si una persona sensible sospecha que otros la han juzgado de manera distinta, se ruborizará. Por ejemplo, una señora puede dar una limosna a un mendigo sin ningún signo de rubor estando sola, pero si hay otras personas presentes y duda de que lo aprueben o sospecha que piensan que lo hace por exhibirse, se ruborizará. Y lo mismo ocurrirá si se ofrece para sacar de apuros a una señora venida a menos, sobre todo si la ha conocido en mejores circunstancias, ya que entonces no puede sentirse segura de cómo se interpretará su comportamiento. Sin embargo, casos como éstos podrían sumarse a los de timidez.

Transgresión de la etiqueta

Las normas de etiqueta se refieren siempre a comportamientos en presencia de otros o para con ellos. No se hallan necesariamente vinculados al sentimiento moral y a menudo carecen de sentido. Sin embargo, como dependen de una costumbre establecida por nuestros iguales y superiores, cuya opinión tenemos en muy alta estima, se consideran casi tan preceptivas como las leyes de honor de un caballero. En consecuencia, la transgresión de las normas de etiqueta, es decir, cualquier falta de educación o *gaucherie*, cualquier impertinencia o un comentario inadecuado, aunque sean más bien accidentales, provocarán el más intenso sonrojo del que es capaz un hombre. Incluso el recuerdo de tal acto tras un intervalo de muchos años hará teñirse de color todo el cuerpo. Igualmente, la capacidad de simpatía es tan fuerte que, tal como me aseguraba una señora, una persona sensible se ruborizará a veces ante una transgresión flagrante de la etiqueta llevada a cabo por un completo extraño aunque la acción no tenga nada que ver con ella.

Modestia

Éste es otro poderoso agente generador de sonrojo, aunque la palabra *modestia* incluye estados de ánimo muy diferentes. Implica humildad, y con frecuencia juzgamos así a personas que se sienten muy contentas y se ruborizan ante el menor elogio, o se sienten incómodas por alabanzas que juzgan excesivas para la humilde condición que consideran tener. Aquí el sonrojo tiene el significado habitual de preocupación por el qué dirán. Pero la modestia se relaciona muchas veces con actos de falta de delicadeza, y la falta de delicadeza es una cuestión de etiqueta, como vemos claramente en aquellos pueblos que van desnudos o casi desnudos. Quien es modesto y se sonroja con facilidad ante acciones de esta índole lo hace por tratarse de transgresiones de una etiqueta asentada sabia y firmemente. Así lo demuestra, por cierto, la etimología de la palabra modestia, derivada de *modus*, una medida o canon del comportamiento. Un rubor debido a esta forma de modestia es, además, proclive a manifestarse intensamente, ya que se relaciona en general con el sexo opuesto, y ya hemos visto cómo en esas situaciones aumenta nuestra propensión al sonrojo. Al parecer, aplicamos el término *modesto* a aquellos que tienen una opinión humilde de sí mismos y a los que son extremadamente sensibles a las palabras groseras o a las groserías en general, por la sencilla razón de que en ambos casos el rubor se produce fácilmente, pues estos dos estados de ánimo no tienen nada más en común. Además, y también por esta causa, la timidez suele confundirse con la modestia entendida como humildad.

Según he podido observar, y por lo que me han asegurado, algunas personas enrojecen por algún recuerdo repentino y desagradable. La causa más corriente parece ser el recuerdo súbito de no haber cumplido con lo prometido a alguien. En ese caso puede suceder que un pensamiento pase de manera semiinconsciente por nuestra mente ("¿qué pensará de mí?"), y en tal caso el rubor sería de la misma naturaleza que un auténtico sonrojo. Sin embargo, es dudoso que tal enrojecimiento se deba en muchas ocasiones a un efecto sobre la circulación de los capilares, pues debemos recordar que casi todas las emociones fuertes, como la rabia o una gran alegría, actúan sobre el corazón y hacen que enrojezca la cara.

El hecho de que el sonrojo pueda producirse en la más completa soledad parece contradecir la opinión mantenida aquí, a saber, que el hábito surge en principio por el pensamiento sobre el qué dirán. Varias señoras muy propensas al sonrojo han sido unánimes respecto a la circunstancia de soledad y algunas creen que se han ruborizado en la oscuridad. A juzgar por lo que afirma Mr. Forbes sobre los aymarás, y a partir de mis propias sensaciones, no me cabe duda de que esta última afirmación es correcta. Por tanto, Shakespeare se equivocó cuando hizo que Julieta, que ni siquiera estaba sola, le dijese a Romeo (II, 2):

> Tú sabes que el velo de la noche cubre mi rostro;
> si así no fuera, un rubor virginal verías teñir mis mejillas
> por lo que me oíste pronunciar esta noche.

Pero cuando el sonrojo se produce en soledad, la causa está casi siempre relacionada con qué dirán los otros, por actos realizados en su presencia o sospechados por ellos, o también cuando reflexionamos sobre lo que otros pensarían de nosotros si conocieran nuestra acción. Sin embargo, uno o dos de mis informantes creen haberse sonrojado de vergüenza por actos sin ninguna relación con otras personas. Si ello es así, deberíamos atribuir el resultado a la fuerza inveterada del hábito y la asociación, cuando se produce un estado de ánimo estrechamente análogo al que de ordinario provoca el rubor. Tampoco debemos sorprendernos de ello, pues, como acabamos de ver, incluso la simpatía por una persona que comete una flagrante violación de la etiqueta puede producirnos a veces sonrojo.

En definitiva, podemos concluir que el sonrojo (sea o no debido a la timidez, a la vergüenza por un delito real, a la vergüenza por haber transgredido las reglas de la etiqueta, a la modestia por humildad o a la modestia por una impertinencia) depende en todos los casos del mismo principio. Este principio es el sentimiento de preocupación por las opiniones de los demás, particularmente por las despectivas; en primer lugar, en relación con nuestro aspecto personal, especialmente respecto al rostro, y en segundo lugar, por la actuación de la fuerza de asociación y del hábito en relación con el qué dirán sobre nuestro comportamiento.

Teoría del sonrojo

Debemos considerar ahora por qué lo que otros piensen de nosotros afecta a la circulación de nuestros capilares. Sir C. Bell insiste[31] en que el sonrojo es "un recurso expresivo, como puede deducirse del hecho de que el color se extiende sólo por la superficie de la cara, el cuello y el pecho, que son las partes más visibles. No es adquirido sino genuino". El Dr. Burgess considera que fue dispuesto así por el Creador "a fin de que el alma pudiese tener la facultad soberana de exhibir en las mejillas las diversas emociones internas de los sentimientos morales" y servirnos también para nuestro propio control, y como una señal hacia los demás de que estamos violando reglas cuyo acatamiento debería ser sagrado. Gratiolet señala simplemente: "Pero como está en el orden de la naturaleza que el ser social más inteligente sea también el más inteligible, esta capacidad de enrojecer y palidecer que distingue al hombre es un signo natural de su gran perfección".

La creencia de que el sonrojo fue especialmente diseñado por el Creador se opone a la teoría general de la evolución, tan ampliamente aceptada en la actualidad; de todos modos, no forma parte de mi cometido argumentar aquí acerca de un tema tan general. A quienes crean que existe un diseño les resultará difícil explicar por qué la timidez es la causa más frecuente y eficaz de rubor, ya que hace sufrir a quien se sonroja e incomoda al espectador, sin que sea de la menor utilidad para ninguno de los dos. Les resultará difícil explicar también por qué se sonrojan los negros y otras razas de piel oscura, pues el cambio de color en su piel resulta casi invisible o no se ve en absoluto.

Un ligero rubor realza indudablemente la belleza de una muchacha; de ahí que en el serrallo del sultán[32] las mujeres circasianas capaces de ruborizarse alcancen siempre un precio más alto que las menos capaces. Pero ni el más firme partidario de la eficacia de la selección sexual supondrá que el sonrojo fue adquirido como un adorno sexual. Este punto de vista se opondría también a lo que acabo de decir sobre el sonrojo invisible en las razas de piel oscura.

La hipótesis que considero más probable, aunque a primera vista pueda parecer muy osada, es que la atención dirigida fijamente hacia cualquier parte del cuerpo tiende a interferir con la contracción tónica usual de las pequeñas arterias de esa parte. En consecuencia, esos vasos se relajan más o menos y se llenan al instante de sangre arterial. Esa tendencia debe de haberse acentuado mucho si se ha prestado una atención frecuente a una misma zona durante muchas generaciones, debido a que la fuerza nerviosa discurre con facilidad por los canales habituales y a la poderosa acción de la herencia. Cuando pensamos que otros nos menosprecian o, sencillamente, tienen en cuenta nuestro aspecto personal, nuestra atención se centrará intensamente en las partes exteriores y visibles de nuestro cuerpo, y de entre todas ellas en aquella de la que somos más sensibles: es decir, en nuestro rostro, como ha sucedido sin duda durante muchas generaciones. Así pues, si asumimos de momento que los vasos capilares pueden ser activados por una atención concentrada, los del rostro se habrán vuelto con mucho los más capaces. Los mismos efectos tenderán a producirse mediante la fuerza de asociación cuando creamos que otros están sopesando o censurando nuestras acciones o nuestro carácter.

Como la base de esta teoría reside en el hecho de que la atención mental tiene capacidad de influir sobre la circulación capilar, será necesario aportar un número considerable de detalles que se refieran más o menos directamente al asunto. Varios observadores[33], cuya amplia experiencia y conocimientos les hace muy capacitados para emitir un juicio solvente, están convencidos de que la atención, o la conciencia (término este último que sir H. Holland considera más explícito), concentrada sobre casi cualquier parte del cuerpo produce un efecto físico directo sobre la parte en cuestión. Ello se aplica tanto a los movimientos de los músculos involuntarios como a los de los músculos voluntarios cuando actúan involuntariamente, a la secreción de las glándulas, a la actividad de los sentidos y a las sensaciones e incluso la nutrición de cada parte.

Es bien sabido que los movimientos involuntarios del corazón resultan afectados cuando se concentra la atención sobre ellos. Gratiolet[34] cuenta el caso de un hombre que estaba siempre pendiente del pulso o midiéndoselo y que al final llegó a suprimir un latido de cada seis. Por otro lado, mi padre me contó que un observador muy meticuloso, que padecía una enfermedad cardíaca y murió de ella, había comprobado sin lugar a dudas que su pulso era, en condiciones normales, totalmente irregular; sin embargo, para gran decepción suya, se volvía regular cuando mi padre entraba en su habitación. Sir H. Holland señala[35] que "el efecto que tiene sobre la circulación de una zona el hecho de fijar repentinamente la atención sobre ella es a menudo muy claro e inmediato". El profesor Laycock, que ha prestado especial atención a fenómenos de este tipo[36], insiste en que "cuando se dirige la atención hacia una parte del cuerpo, la inervación y circulación locales aumentan y se incrementa la actividad funcional de esa parte".

En general, se cree que el hecho de centrar la atención sobre los movimientos peristálticos de los intestinos influye en ellos en períodos regulares y recurrentes, aunque esos movimientos dependen de la contracción de músculos lisos e involuntarios. Se sabe que la expectativa de un ataque y la visión de otros pacientes afectados influye de forma similar[37] en la actividad anómala de los músculos voluntarios en la epilepsia, corea e histeria. Lo mismo sucede con las acciones involuntarias de bostezar y reír.

Determinadas glándulas resultan muy afectadas por el hecho de pensar en ellas o en las condiciones bajo las cuales suelen excitarse. Lo entenderá muy fácilmente cualquiera que piense en casos como el aumento de la salivación que se produce cuando, por ejemplo, nos viene a la mente el recuerdo de un fruto muy ácido[38]. En el capítulo 6 mostré lo eficaz que resulta un deseo fuerte y continuo de reprimir o aumentar la secreción de las glándulas lacrimales. Se han registrado algunos casos curiosos relativos a mujeres respecto al poder de la mente sobre las glándulas mamarias, y casos aún más notables sobre las funciones uterinas[39].

Cuando centramos toda nuestra atención en un sentido cualquiera se incrementa su agudeza[40], y el hábito continuo de concentrar la atención parece aumentar de forma permanente el sentido en cuestión, como ocurre en los ciegos respecto al oído y en los ciegos y sordos respecto al tacto. A juzgar por las capacidades de las diferentes razas humanas, hay razones también para creer que los efectos son hereditarios. Volviendo a las sensaciones comunes, es bien sabido que el dolor aumenta si se le presta atención, y sir B. Brodie va aún más lejos al creer que el dolor puede sentirse en cualquier punto del cuerpo en que se concentre la atención[41]. Sir H. Holland señala asimismo que cuando concentramos nuestra atención en una parte del cuerpo, no sólo tomamos conciencia de su existencia sino que experimentamos en ella varias sensaciones características, como peso, calor, frío, hormigueo o picor[42].

Finalmente, algunos fisiólogos sostienen que la mente puede influir en la nutrición de cada parte del cuerpo. Sir J. Paget ha dado un curioso ejemplo de esa facultad, no realmente de la mente sino del sistema nervioso, en relación con el pelo. Una dama "que está sometida a ataques de lo que suele llamarse jaqueca nerviosa descubre que, cuando ha sufrido uno de ellos, a la mañana siguiente tiene algunos mechones del pelo blancos, como si estuvieran espolvoreados con almidón. El cambio se produce en una noche y a los pocos días los cabellos recobran gradualmente su color moreno oscuro"[43].

Así pues, vemos que la atención concentrada influye, desde luego, sobre diversas zonas y órganos que no se hallan sometidos propiamente al control de la voluntad. Pero los medios por los que actúa lo que denominamos atención —quizá el poder más maravilloso de todas las asombrosas facultades de la mente— constituyen una cuestión extremadamente oscura. Según Müller[44], el proceso por el cual las células sensoriales del cerebro son capaces, por medio de la voluntad, de recibir impresiones más intensas y claras es estrechamente similar al proceso por el que las células motoras son inducidas a enviar energía nerviosa a los músculos voluntarios. Hay muchos puntos de similitud entre la acción de las células nerviosas sensoriales y las motoras; por ejemplo, el hecho corriente de concentrar la atención sobre algún sentido produce fatiga, como el esfuerzo prolongado de cualquier músculo[45]. Así pues, cuando concentramos deliberadamente nuestra atención sobre alguna parte del cuerpo, es probable que las células del cerebro que reciben impresiones o sensaciones de esa parte sean estimuladas para entrar en actividad de alguna forma desconocida. Ello puede explicar, sin que haya ningún cambio local en la zona a la que se dirige concienzudamente nuestra atención, que se note o se incremente un dolor u otras sensaciones peculiares en esa zona.

No obstante, si la zona está dotada de músculos, no podemos estar seguros, según me ha señalado el Dr. Michael Foster, de que no se esté enviando de forma inconsciente algún ligero impulso a esos músculos, lo cual podría causar una sensación confusa en dicha zona.

En un gran número de casos, como en las glándulas lacrimales y salivares, en el conducto intestinal, etc., el poder de la atención parece residir principal o, como creen algunos fisiólogos, exclusivamente en el sistema vasomotor, al ser afectado de tal manera que permite la llegada de más sangre a los capilares de la zona en cuestión. Este incremento de la acción de los capilares puede combinarse en algunos casos con un incremento simultáneo de la actividad del sensorio.

La manera por la que la mente afecta al sistema vasomotor se puede concebir del siguiente modo. Cuando probamos un fruto ácido, se transmite una impresión a través de los nervios gustativos hasta determinada zona del sensorio; éste envía energía nerviosa a los centros vasomotores, los cuales, a su vez, permiten que se relaje la cubierta muscular de las pequeñas arterias que se internan en las glándulas salivares. De ahí que penetre más sangre en las glándulas y que éstas segreguen un copioso aporte de saliva. Ahora bien, no parece una suposición improbable que, cuando reflexionamos concienzudamente sobre una sensación, la misma parte del sensorio, o una parte muy conectada con él, entre en estado de actividad igual que cuando percibimos realmente la sensación. Si es así, ante un recuerdo muy intenso de un sabor ácido se excitarán las mismas células del cerebro que lo harían si lo percibiésemos realmente, aunque quizá en un grado menor, y tanto en un caso como en otro transmitirán energía nerviosa al centro vasomotor produciéndose idénticos resultados.

Veamos otro ejemplo ilustrativo, más apropiado en ciertos aspectos. Si un hombre se halla frente al fuego su cara enrojece. Según me ha informado el Dr. Michael Foster, ello parece deberse en parte a la acción local del calor, y en parte a la acción refleja de los centros vasomotores[46]. En este último caso, el calor afecta a los nervios de la cara, que transmiten una impresión a las células sensoriales del cerebro, las cuales actúan sobre el centro vasomotor y éste sobre las pequeñas arterias de la cara, relajándolas y permitiendo que se llenen de sangre. Una vez más, tampoco parece improbable en este caso que, si concentrásemos concienzuda y repetidamente nuestra atención en el recuerdo de nuestra cara caliente, la misma parte del sensorio que nos proporciona la conciencia del calor real podría verse estimulada en alguna ligera medida, y en consecuencia tendería a transmitir algo de fuerza nerviosa a los centros vasomotores haciendo que se relajasen los capilares de la cara. Ahora bien, como el hombre ha dirigido frecuente y concienzudamente su atención a su apariencia personal, y sobre todo al rostro, durante innumerables generaciones, cualquier tendencia incipiente de los capilares faciales a verse afectados debe de haberse reforzado mucho con el tiempo mediante los principios a los que me he referido, a saber: la fuerza nerviosa que discurre eficazmente por los canales habituales y la herencia del hábito. Creo que con ello se proporciona una explicación plausible de los fenómenos más importantes relacionados con el sonrojo.

Recapitulación

Los hombres y mujeres, especialmente cuando son jóvenes, han valorado siempre en muy alto grado su aspecto personal, y en el mismo sentido han observado el aspecto de los demás. La cara ha sido el principal objeto de atención, aunque cuando, en sus orígenes, el hombre iba desnudo debió de ser escrutada toda la superficie del cuerpo. La atención hacia uno mismo es algo provocado casi exclusivamente por el qué dirán, pues ninguna persona que vi-

viese en absoluta soledad se preocuparía por su aspecto. Todo el mundo siente con mayor agudeza las críticas que las alabanzas. Ahora bien, cuando sabemos o suponemos que otros menosprecian nuestro aspecto personal, nuestra atención se dirige poderosamente hacia nosotros mismos, y más especialmente hacia nuestra cara. Tal como acabo de explicar, la consecuencia probable será hacer entrar en acción aquella parte del sensorio que recibe impulsos de los nervios sensoriales de la cara, y ello actuará sobre los capilares faciales a través del sistema vasomotor. Por repetición frecuente durante innumerables generaciones, el proceso (asociado a la creencia de que otros están pensando en nosotros) se habrá hecho tan habitual que incluso una sospecha de menosprecio bastará para relajar los capilares sin que se produzca ningún pensamiento consciente acerca de nuestra cara. En algunas personas sensibles basta incluso la percepción de algún detalle del vestido para que se produzca el mismo efecto. Debido también a la fuerza de la asociación y la herencia, nuestros capilares se relajan cuando sabemos o imaginamos que alguien critica, aunque sea en silencio, nuestras acciones, ideas o carácter, así como cuando recibimos grandes elogios.

Basándonos en esta hipótesis, podemos comprender por qué la cara se sonroja mucho más que cualquier otra parte del cuerpo, aunque toda la superficie corporal resulte afectada de algún modo, especialmente en aquellas razas que aún van casi desnudas. No es sorprendente en absoluto que las razas de color oscuro se sonrojen, aunque no resulte visible ningún cambio de color en su piel. En función del principio de la herencia, tampoco sorprende que se sonrojen las personas ciegas de nacimiento. Podemos comprender por qué los jóvenes resultan mucho más afectados que los mayores, y más las mujeres que los hombres, y por qué los sexos contrarios tienen una capacidad especial para provocarse sonrojo recíprocamente. Es obvio por qué los comentarios personales son particularmente eficaces para producir rubor, y por qué la más poderosa de todas las causas es la timidez, ya que está relacionada con la presencia y opinión de los demás y los tímidos están siempre más o menos pendientes de sí mismos. Respecto a la auténtica vergüenza por trasgresiones morales, podemos comprender por qué no es la propia culpa la que produce el rubor sino el pensamiento de que otros nos crean culpables. Un hombre que reflexiona a solas sobre un delito cometido y que se halla atormentado por su conciencia no se sonroja, pero sí lo hará ante un vivo recuerdo de una falta descubierta o cometida en presencia de otros, y el grado de rubor guardará proporción con el sentimiento de respeto hacia aquellos que han descubierto, presenciado o sospechado dicha falta. La transgresión de las reglas convencionales de comportamiento, si son rígidamente impuestas por nuestros iguales o superiores, provoca a menudo un sonrojo incluso más intenso que el que suscitaría un delito descubierto; y un acto realmente delictivo, si no es reprochado por nuestros iguales, difícilmente tiñe de color nuestras mejillas. La modestia por humildad o ante una grosería provoca un sonrojo intenso, y en ambas situaciones se relacionan con el juicio o las costumbres fijadas por terceros.

Teniendo en cuenta la estrecha afinidad existente entre la circulación capilar de la superficie de la cabeza y la del cerebro, siempre que se produzca un sonrojo intenso la mente experimentará una confusión considerable. Esto suele ir acompañado de movimientos torpes y a veces de contracciones involuntarias de determinados músculos.

Según esta hipótesis, puesto que el sonrojo es un resultado indirecto de la atención dirigida originalmente hacia nuestro propio aspecto, es decir, a la superficie del cuerpo, y muy especialmente a la cara, podemos comprender el significado de los gestos que acompañan al rubor en todas partes del mundo. Consisten en ocultar el rostro o inclinarlo hacia el suelo o a un lado. Por lo general, los ojos se retiran o están inquietos, ya que mirar a la persona que nos provoca el sentimiento de vergüenza o timidez conduce a la convicción inmediata e intolerable de que su mirada se dirige hacia nosotros. Mediante el principio del hábito asociado se realizan los mismos movimientos de la cara y los ojos, y es realmente difícil que puedan evitarse en aquellas situaciones en que sabemos o creemos que otros están censurando o elogiando con vehemencia nuestro comportamiento moral.

Capítulo 14
Observaciones finales y resumen

Los tres principios rectores que han determinado los movimientos expresivos más importantes. Su herencia. Sobre la parte que ha jugado la voluntad y la intención en la adquisición de varias expresiones. Reconocimiento instintivo de la expresión. Conexión de este tema con la unidad específica de las razas humanas. Sobre la adquisición sucesiva de varias expresiones por los antepasados del hombre. Importancia de la expresión. Conclusión.

Hasta aquí he descrito lo mejor que he podido las principales acciones expresivas en el hombre y unos pocos animales inferiores. También he intentado explicar el origen o desarrollo de estas acciones mediante los tres principios enunciados en el primer capítulo. El primero de tales principios es que, si se repiten a menudo, los movimientos útiles para satisfacer algún deseo o aliviar alguna sensación se vuelven tan habituales que, sean o no de utilidad, se realizan cuando se siente el mismo deseo o sensación, aunque sea a un nivel muy débil.

Nuestro segundo principio es el de la antítesis. El hábito de realizar voluntariamente movimientos opuestos bajo impulsos opuestos ha llegado a establecerse en nosotros firmemente mediante una práctica ejercida durante toda la vida. De ahí que, si ciertas acciones se han realizado con regularidad de acuerdo con nuestro primer principio y bajo un cierto estado de ánimo, habrá una tendencia fuerte e involuntaria a realizar acciones exactamente opuestas bajo la excitación de un estado de ánimo opuesto, sean o no de utilidad.

Nuestro tercer principio es el de la acción directa del sistema nervioso excitado sobre el cuerpo, independientemente de la voluntad y, en buena medida, del hábito. La experiencia muestra que cuando se excita el sistema cerebroespinal, se genera y libera fuerza nerviosa. La dirección que sigue esta fuerza nerviosa está determinada necesariamente por las vías de conexión de las células nerviosas entre sí y con diversas partes del cuerpo. Pero el hábito influye también mucho en la dirección, ya que la fuerza nerviosa discurre eficazmente por los canales habituales.

Las acciones frenéticas y sin sentido de un hombre que ha montado en cólera pueden atribuirse en parte a un flujo de fuerza nerviosa sin dirección, y en parte a los efectos del hábito, pues esas acciones se parecen vagamente a la acción de golpear. Así pasan a ser gestos que caen bajo nuestro primer principio, como cuando un hombre indignado se ve arrastrado inconscientemente a adoptar una actitud apropiada para atacar a su oponente, aunque no tenga intención alguna de efectuar un ataque real. También vemos la influencia del hábito en todas aquellas emociones y sensaciones denominadas *estimulantes*, pues han asumido ese carácter porque conducen normalmente a una acción enérgica, que afecta de modo indirecto a los sistemas respiratorio y circulatorio, y este último actúa sobre el cerebro. Cuando sentimos esas emociones o sensaciones, aunque sea con escasa intensidad y a pesar de que no conduzcan en ese momento a la realización de ningún esfuerzo, todo nuestro sistema se altera por la fuerza del hábito y la asociación. Otras emociones y sensaciones se denominan *depresoras* porque no suelen conducir a acciones enérgicas excepto en el momento inicial, como en el caso del dolor, el miedo y la pena extremos, pero que al final producen un gran agotamiento; debido a ello, se expresan principalmente por gestos negativos y postración. Hay también otras emociones, como el afecto, que no acostumbran a llevar a ningún tipo de acción y, en consecuencia, no se exteriorizan por signos particularmente especiales. Al ser una sensación placentera, el afecto provoca los síntomas típicos del placer.

Por otro lado, muchos de los efectos debidos a la excitación del sistema nervioso parecen bastante independientes del flujo de fuerza nerviosa, el cual discurre por canales que los esfuerzos de la voluntad han llegado a hacer habituales. Tales efectos, que revelan a menudo el estado de ánimo de la persona afectada, siguen sin poder ser explicados actualmente: por ejemplo, el cambio de color en el pelo debido a terror o pena extremos, el sudor frío y el temblor de los músculos debido al miedo, la modificación de las secreciones del conducto intestinal y el fallo funcional de determinadas glándulas.

A pesar de que muchos aspectos del tema que nos ocupa siguen siendo ininteligibles, son tantos los movimientos expresivos y las acciones que pueden explicarse bastante bien mediante los tres principios anteriores que podemos esperar llegar a explicarlos todos mediante esos principios u otros muy análogos.

Cualquier tipo de acción se reconoce inmediatamente como expresiva si acompaña de manera regular a un determinado estado de ánimo. Puede consistir en movimientos de cualquier zona del cuerpo, como la oscilación de la cola en un perro, el encogimiento de hombros en el hombre, el erizamiento del pelo, la acción de sudar, el estado de la circulación capilar, la respiración trabajosa y el uso de sonidos vocales o producidos por otros medios. Incluso los insectos expresan furia, terror, celos y amor en su estridulación. En el hombre, los órganos respiratorios son de especial importancia para la expresión, no sólo de manera directa sino mucho más aún de manera indirecta.

Pocos aspectos del problema que nos ocupa son tan interesantes como la cadena de hechos extraordinariamente compleja que conduce a determinados movimientos expresivos. Tomemos como ejemplo las cejas oblicuas de una persona que sufre pena o ansiedad. Cuando los niños pequeños lloran chillando con fuerza por el hambre o el dolor, la circulación se ve afectada y los ojos tienden a inundarse de sangre; en consecuencia, los músculos que rodean los ojos se contraen con fuerza como protección. En el curso de muchas generaciones, esa acción ha llegado a fijarse con firmeza y a heredarse, pero aun cuando, con el avance de los años y de la cultura, el hábito de llorar a voz en grito se reprime parcialmente, los músculos que rodean los ojos tienden todavía a contraerse cuando sentimos una molestia, aunque sea ligera. De entre esos músculos, los piramidales de la nariz están menos sometidos al control de la voluntad que los restantes, y su contracción sólo puede ser controlada por el fascículo central del músculo frontal; este último fascículo tensa hacia arriba las extremidades internas de las cejas y arruga la frente de una manera peculiar, que reconocemos inmediatamente como expresión de pena o ansiedad. Movimientos tan ligeros como los que acabamos de describir, o el apenas perceptible empuje hacia abajo de los músculos de la boca, son los últimos vestigios o rudimentos de movimientos muy acusados e inteligibles. Para nosotros están tan llenos de significado en lo que se refiere a la expresión como lo están para los naturalistas los vestigios ordinarios a efectos de la clasificación y la genealogía de los seres orgánicos.

Todo el mundo admite que las principales acciones expresivas que muestran el hombre y los animales inferiores son actualmente innatas o heredadas, es decir, no han sido aprendidas por el individuo. Varias de ellas tienen tan poco que ver con el aprendizaje o la imitación que están fuera del alcance de nuestro control desde los primeros días y a lo largo de toda la vida: por ejemplo, la relajación de las arterias de la piel en el sonrojo y el aumento de la actividad del corazón en la cólera. Podemos ver a niños con sólo dos o tres años, y que incluso han nacido ciegos, que se sonrojan de vergüenza; también vemos enrojecer de enfado la cabeza pelada de un niño muy pequeño. Los niños lloran a gritos por el dolor inmediatamente después de nacer y todas sus facciones adoptan la forma con que lo harán en años posteriores. Estos hechos son suficientes por sí solos para probar que muchas de nuestras expresiones más importantes no han sido aprendidas; aunque es un hecho notable que algunas que son desde luego innatas requieren práctica por parte del individuo antes de poder realizarse de manera completa, como por ejemplo el llanto y la risa. La herencia de muchas de nuestras acciones expresivas explica el hecho de que los ciegos de nacimiento, según he oído al reverendo R. H. Blair, las manifiesten tan bien como los dotados de visión. Así pues, podemos comprender igualmente el hecho de que jóvenes y viejos de muy distintas razas, tanto en el hombre como en los animales, expresen un mismo estado de ánimo con movimientos idénticos.

Estamos tan familiarizados con el hecho de que animales jóvenes y viejos expresen sus sentimientos de la misma manera que apenas percibimos lo notable de que un perrito menee la cola cuando está contento, baje las orejas y descubra los caninos cuando quiere mostrarse feroz, exactamente igual que un perro adulto; o que un gatito arquee su pequeño lomo y erice el pelo cuando se asusta o se irrita, lo mismo que un gato más viejo. Sin embargo, cuando dirigimos la atención hacia los gestos nuestros menos comunes, aquellos que acostumbramos a considerar artificiales o convencionales (encogernos de hombros como signo de impotencia o elevar los brazos con las manos abiertas y los dedos extendidos en señal de admiración), el descubrimiento de que son innatos quizá nos sorprenda demasiado. El carácter hereditario de éstos y algunos otros gestos se puede deducir del hecho de que son realizados por niños muy pequeños, por ciegos de nacimiento y por las más diversas razas humanas. Deberíamos tener en cuenta también que, según es sabido, en algunos individuos han surgido tics nuevos y muy peculiares asociados a ciertos estados de ánimo, que se han transmitido después a su descendencia a veces por más de una generación.

Algunos otros gestos, que consideramos tan naturales que podríamos imaginar con facilidad que son innatos, parecen haber sido aprendidos, como por ejemplo las palabras de un idioma. Éste es, al parecer, el caso de unir y elevar las manos y dirigir los ojos hacia arriba en la oración. Así ocurre con el beso como signo de afecto, aunque es innato, pues depende del placer derivado del contacto con la persona querida. Las pruebas acerca de la herencia del gesto de asentir y disentir con la cabeza, como signos respectivos de afirmación y negación, son dudosas pues no son gestos universales, si bien parecen ser demasiado generales como para haber sido adquiridos de forma independiente por individuos de tantas razas.

Consideraremos ahora hasta qué punto han participado la voluntad y la conciencia en el desarrollo de los diversos movimientos expresivos. Hasta donde podemos juzgar, tan sólo algunos, como los que acabo de mencionar, son aprendidos por cada individuo, es decir, fueron realizados consciente y voluntariamente durante los primeros años de vida con alguna finalidad definida o por imitación de los demás y después se han vuelto habituales. Como hemos visto, la gran mayoría de los movimientos expresivos, y por supuesto los más importantes, son innatos o heredados y no puede decirse de ellos que dependan de la voluntad del individuo. No obstante, todos los incluidos en nuestro primer principio empezaron a realizarse de forma voluntaria para unos fines concretos, como escapar de algún peligro, aliviar alguna molestia o satisfacer algún deseo. Por ejemplo, en el caso de los animales que pelean con los dientes, apenas puede dudarse de que el hábito de echar hacia atrás las orejas al enfurecerse, pegándolas a la cabeza, lo han adquirido de sus antepasados, los cuales actuarían así deliberadamente para evitar que sus contrincantes se las desgarren, ya que aquellos animales que no pelean con los dientes no expresan de ese modo un estado de ánimo enfurecido. Podemos deducir como algo muy probable que nosotros mismos hemos adquirido de nuestros antepasados el hábito de contraer los músculos que rodean los ojos cuando lloramos silenciosamente, es decir, sin emitir ningún sonido fuerte, pues nuestros antepasados habrían experimentado, sobre todo durante la infancia, cuando lloraban a gritos, una sensación desagradable en los globos oculares. Vemos así de nuevo que algunos de los movimientos más expresivos derivan del intento de controlar o impedir otros movimientos expresivos: por ejemplo, la oblicuidad de las cejas y la tensión hacia abajo de los ángulos de la boca tienen su origen en el intento de impedir un arranque inminente de llanto a gritos o de controlarlo tras haberlo iniciado. En estas situaciones es obvio que la conciencia y la voluntad deben de haber desempeñado un papel al principio y no lo es que, en estos y otros casos, seamos más conscientes de los músculos que entran en acción que cuando realizamos los movimientos más corrientes.

Respecto a los movimientos expresivos derivados del principio de antítesis, es obvio que ha intervenido la voluntad aunque sea de un modo remoto o indirecto. Lo mismo ocurre con los movimientos que caen bajo nuestro tercer principio: en la medida en que dependen de la fuerza nerviosa que discurre por los canales habituales, éstos han sido determinados por esfuerzos de la voluntad anteriores y repetidos. Los efectos derivados indirectamente de este último fenómeno se combinan a menudo de un modo complejo, mediante la fuerza del hábito y la asociación, con los efectos directamente resultantes de la excitación del sistema cerebroespinal. Éste parece ser el caso del incremento de actividad del corazón bajo la influencia de cualquier emoción fuerte. Cuando un animal eriza el pelo y adopta una actitud amenazadora emitiendo feroces alaridos con el fin de aterrorizar a su enemigo, vemos una curiosa combinación de elementos que originalmente eran voluntarios con otros involuntarios. Sin embargo, es posible que incluso las acciones estrictamente involuntarias, tales como el erizamiento del pelo, puedan haberse visto afectadas por el enigmático poder de la voluntad.

Algunos movimientos expresivos pueden haber surgido espontáneamente en asociación con ciertos estados de ánimo (como los tics a que me he referido hace poco), y, después, haberse vuelto hereditarios. Pero no tengo pruebas que apoyen la probabilidad de este punto de vista.

La capacidad de comunicación entre los miembros de una misma tribu por medio del lenguaje ha sido de la máxima importancia en el desarrollo del hombre, y los movimientos expresivos de la cara y del cuerpo apoyan considerablemente la fuerza del lenguaje. Lo percibimos inmediatamente cuando conversamos sobre un tema importante con una persona que esconde la cara. No obstante, por lo que yo he podido descubrir, no hay base para creer que algún músculo se haya desarrollado o siquiera modificado con el fin exclusivo de servir a la expresión. Los órganos vocales y otros órganos productores de sonidos, con los cuales se producen varios ruidos expresivos, parecen ser en parte una excepción, pero ya he intentado mostrar en otro lugar que esos órganos se desarrollaron originalmente con fines sexuales, para que un sexo pudiese atraer o seducir al otro. Tampoco he podido hallar argumentos para creer que algún movimiento hereditario que ahora sirve como medio de expresión fuese realizado inicialmente de forma voluntaria y consciente con esa intención concreta, como algunos de los gestos y el lenguaje de las manos utilizados por los sordomudos. Por el contrario, todo movimiento expresivo verdadero o hereditario parece haber tenido un origen natural e independiente. Sin embargo, una vez adquiridos, esos movimientos pueden ser empleados voluntaria y conscientemente como medios de comunicación. Incluso en los niños pequeños, si los observamos con atención, podemos ver cómo descubren muy precozmente que sus chillidos de llanto les alivian y no tardan en producirlos de forma voluntaria. Podemos ver con frecuencia cómo una persona levanta voluntariamente las cejas para expresar sorpresa, o sonreír para simular satisfacción o mostrar acuerdo. Las personas desean a menudo hacer determinados gestos visibles o demostrativos; para mostrar asombro elevarán los brazos extendidos, con los dedos muy abiertos, por encima de la cabeza, o bien levantarán los hombros hasta las orejas para mostrar que no pueden o no quieren hacer algo. La tendencia a realizar tales movimientos se reforzará o aumentará gracias a esta ejecución repetida o voluntaria, y los efectos pueden llegar a ser hereditarios.

Quizá valga la pena considerar si ciertos movimientos utilizados inicialmente por unos pocos individuos para expresar un determinado estado de ánimo no pueden haberse extendido en ocasiones a otros y haberse vuelto finalmente universales por la fuerza de la imitación consciente o inconsciente. En el hombre existe ciertamente una gran tendencia a la imitación que no depende de la voluntad consciente. Esto se manifiesta de la manera más extraordinaria en algunas enfermedades mentales, sobre todo al iniciarse el reblandecimiento inflamatorio del cerebro conocido como "síntoma del eco". Los pacientes afectados imitan, sin comprenderlo, cada gesto absurdo que se realiza y cada palabra que se pronuncia ante ellos, incluso en un idioma extranjero[1]. En el caso de los animales, el chacal y el lobo en cautividad han aprendido a imitar los ladridos del perro. Ignoro cómo aprendió originalmente el perro a ladrar, acción que utiliza ahora para expresar diversas emociones y deseos, que tiene un gran interés por haberla adquirido desde que fue domesticado y por el hecho de ser hereditario en grados diferentes según las distintas razas. Pero, ¿no podemos imaginar que la imitación ha tenido algo que ver en su adquisición, dado que los perros han vivido durante mucho tiempo en estrecha asociación con un animal tan locuaz como el hombre?

En las observaciones precedentes y a lo largo de este libro he tenido a menudo grandes dificultades para usar de forma adecuada los términos *voluntad*, *conciencia* e *intención*. Acciones que fueron voluntarias en sus comienzos se vuelven pronto habituales y finalmente se convierten en hereditarias, y entonces pueden ser realizadas incluso en contra de la voluntad. A pesar de que muchas veces revelan el estado de la mente, dicho resultado no fue inicialmente pretendido ni esperado. Incluso frases tales como "ciertos movimientos sirven como medio de expresión" pueden inducir a engaño, pues suponen que su intención primera o su finalidad eran ésas. Sin embargo, parece ser que raras veces, o quizá nunca, ha sido así ya que dichos movimientos tuvieron inicialmente un uso directo o eran un efecto indirecto del sensorio en estado excitado. Un niño puede llorar a gritos, deliberadamente o por instinto, para manifestar que quiere comer, pero no tiene ni el deseo ni la intención de disponer las facciones de la forma peculiar que indica claramente aflicción, aunque algunas de las expresiones más características mostradas por el hombre derivan del acto de llorar a gritos, tal como he explicado.

Como todo el mundo admite, aunque muchas de nuestras acciones expresivas son innatas o instintivas, saber si poseemos alguna facultad instintiva para reconocerlas es otra cuestión. En general se acepta que es así, pero dicha aceptación ha sido rechazada contundentemente por M. Lemoine[2]. Los monos aprenden enseguida a distinguir no sólo los tonos de voz de sus amos sino también la expresión de su cara, según ha afirmado un concienzudo observador[3]. Los perros conocen bien la diferencia entre gestos o tonos cariñosos y amenazadores, y parecen reconocer un tono de compasión. Pero a juzgar por lo que yo he podido observar tras repetidos intentos, no comprenden ningún movimiento restringido a las facciones, excepto una sonrisa o una risa, lo cual sí parecen reconocer, al menos en algunos casos. Esta limitada amplitud de conocimiento ha sido obtenida probablemente tanto por los perros como por los monos al identificar un tratamiento arisco o amable en nuestras acciones, conocimiento que desde luego no es instintivo. No hay duda de que los niños aprenden pronto de sus mayores los movimientos expresivos, de la misma manera que los animales aprenden del hombre. Además, cuando un niño llora o ríe, sabe generalmente lo que está haciendo y lo que siente, de modo que un ligero esfuerzo de raciocinio podría decirle qué significa llorar o reír en los demás. Pero la cuestión es la siguiente: ¿nuestros niños adquieren el conocimiento de la expresión solamente por la experiencia, mediante el poder de la asociación y el razonamiento?

Puesto que muchos de los movimientos expresivos deben de haberse adquirido gradualmente, volviéndose después instintivos, parece existir cierta posibilidad *a priori* de que su reconocimiento pueda haberse vuelto también instintivo. Al menos, eso no es más difícil de creer que admitir que, cuando la hembra de alguna especie de cuadrúpedo tiene una primera cría, entiende el llanto de malestar de la misma, o que muchos animales reconocen y temen instintivamente a sus enemigos; se trata de dos afirmaciones sobre las que no caben dudas razonables. Sin embargo, es extremadamente difícil demostrar que nuestros niños reconocen instintivamente alguna expresión. Me ocupé de este punto al tener mi primer hijo, quien no podía haber aprendido nada gracias a la asociación con otros niños, y me convencí de que entendió una sonrisa, y de que le resultó placentero verla y respondió con otra, a una edad demasiado precoz como para haber aprendido nada por experiencia. Cuando el niño tenía unos cuatro meses, hice muchos ruidos raros y muecas extrañas en su presencia e intenté adoptar un aire fiero, pero si los ruidos no eran demasiado fuertes, y lo mismo las muecas, se lo tomaba todo como un juego divertido, lo que en aquel momento atribuí a que todo había venido precedido o acompañado de sonrisas. Cuando tenía cinco meses pareció entender una expresión y un tono de voz compungidos. Pocos días después de haber cumplido seis, su niñera simuló que lloraba y vi cómo su rostro adquiría al instante una expresión de melancolía, con los ángulos de la boca dirigidos acusadamente hacia abajo; aunque es difícil que ese niño hubiera visto llorar a otro niño, nunca vio llorar a ninguna persona adulta y dudo de que a una edad tan temprana pudiese haber razonado sobre el tema. Así pues, me parece que un sentimiento innato debe haberle dicho que el llanto simulado de su niñera expresaba pena, y ello provocó pena en él gracias al instinto de empatía.

M. Lemoine alega que si el hombre tuviera un conocimiento innato de la expresión, a los escritores y artistas no les habría resultado tan difícil, como sucede claramente, describir y pintar los signos típicos de cada estado de ánimo concreto. Pero este argumento no me parece válido. Podemos seguir realmente los cambios expresivos de un hombre o un animal de manera inconfundible y, sin embargo, ser más bien incapaces de analizar la naturaleza del cambio, según sé por experiencia. En las dos fotografías presentadas por Duchenne del mismo hombre mayor (imágenes 5 y 6 de la lámina III), casi todos reconocieron que una de ellas representaba una sonrisa verdadera, y la otra una falsa, pero me ha sido muy difícil determinar en qué consisten exactamente las diferencias. Me ha sorprendido a menudo el hecho curioso de que se reconozcan al instante tantos matices expresivos sin que haya mediado ningún proceso de análisis consciente por nuestra parte. Creo que nadie puede describir con claridad una expresión sombría o maliciosa, y sin embargo muchos observadores están de acuerdo en que esas expresiones pueden reconocerse en las diversas razas humanas. Casi todas las personas a quienes mostré la fotografía de Duchenne de un joven con las cejas casi oblicuas (imagen 2 de la lámina II) declararon inmediatamente que expresaba pena o algún sentimiento similar, y sin embargo es probable que ninguna de ellas, o acaso una entre mil, pudiese haber dicho de entrada algo preciso sobre la oblicuidad de las cejas con sus extremidades interiores abultadas o sobre los pliegues rectangulares de la frente. Lo mismo ocurre con muchas otras expresiones, de lo cual he tenido una experiencia práctica cuando he debido cumplir con el requisito de instruir a otros sobre qué aspectos debían observar. Por tanto, si la evidente ignorancia de los detalles no nos impide reconocer con certeza y prontitud varias expresiones, no veo cómo puede usarse esa ignorancia como argumento para mostrar que nuestro conocimiento, aunque vago y general, no es innato.

He querido mostrar de forma muy detallada que las principales expresiones mostradas por el hombre son iguales en todo el mundo. Este hecho es ya interesante por sí sólo, pues aporta un nuevo argumento en favor de que las diferentes razas descienden de un mismo tronco ancestral, el cual debió ser casi totalmente humano en su estructura y en gran medida en su mente, antes del período en que las razas divergieron entre sí. Es frecuente, desde luego, que haya estructuras similares, adaptadas a los mismos fines, que han sido adquiridas independientemente por especies distintas mediante la variación y la selección natural, pero este punto de vista no explica la estrecha similitud entre especies distintas respecto a muchos detalles irrelevantes. Ahora bien, si consideramos los numerosos rasgos de estructura que no tienen relación con la expresión, en los que coinciden exactamente todas las razas humanas, y añadimos a ello la cantidad de aspectos, algunos de gran importancia y muchos de valor irrelevante, de los cuales dependen directa o indirectamente los movimientos expresivos, me parece sumamente improbable que tanto parecido o, más bien, tanta identidad de estructura pueda haber sido adquirida de manera independiente. Sin embargo, debería haber sido así si las razas humanas descendieran de varias especies originalmente diferentes. Es mucho más probable que los múltiples aspectos de estrecha similitud entre las distintas razas sean debidos a la herencia a partir de una misma forma parental, la cual tendría ya un carácter humano.

Una especulación curiosa, aunque tal vez ociosa, es pensar en qué fecha temprana fueron adquiridos sucesivamente en el curso de la larga progenie de nuestros antepasados los diversos movimientos expresivos que muestra ahora el hombre. Las siguientes observaciones servirán al menos para recordar algunos de los puntos principales tratados en este libro. Podemos creer con total confianza que la risa, como todo síntoma de placer o goce, fue practicada por nuestros antepasados mucho antes de que merecieran el calificativo de humanos, pues muchos tipos de monos profieren, cuando están contentos, un sonido reiterado claramente análogo a nuestra risa y que suele ir acompañado por movimientos vibratorios de las mandíbulas o los labios, mostrando los ángulos de la boca dirigidos hacia atrás y hacia arriba y las mejillas arrugadas e incluso los ojos brillantes.

Podemos deducir asimismo que, desde un período extremadamente remoto, el miedo se expresaba casi de la misma manera a como lo hace hoy en el hombre, es decir, mediante de temblor, erizamiento del pelo, sudor frío, palidez, ojos muy abiertos, relajación de la mayoría de los músculos y por agachar el cuerpo o mantenerlo inmóvil.

El sufrimiento, si es grande, debe de haber provocado desde un principio la emisión de chillidos o gruñidos, contorsiones del cuerpo y castañeteo de dientes. Pero nuestros antepasados no debieron de mostrar esos movimientos tan expresivos de las facciones que acompañan a los llantos y chillidos hasta que sus órganos respiratorios y circulatorios, así como los músculos que rodean los ojos, no adquirieron su estructura actual. La producción de lágrimas parece haberse originado por acción refleja a partir de la contracción espasmódica de los párpados, unida quizá a la irrupción de sangre a los globos oculares durante la acción de chillar. Así pues, es probable que el llanto fuera más bien tardío en el curso de nuestros antepasados, conclusión que coincide con el hecho de que nuestros parientes más cercanos, los monos antropomorfos, no lloran. Pero debemos imponer ciertas precauciones pues algunos monos no relacionados con el hombre lloran, y dicho hábito podría haberse desarrollado hace mucho tiempo en una rama secundaria del grupo del que deriva el ser humano. Nuestros antepasados más antiguos no habrían puesto las cejas oblicuas o los ángulos de la boca hacia abajo cuando sentían pena o ansiedad hasta no haber adquirido el hábito de pretender refrenar los chillidos. Así pues, la expresión de pena o ansiedad es eminentemente humana.

La furia debe de haberse expresado desde épocas muy tempranas mediante gestos amenazadores o frenéticos, por el enrojecimiento de la piel y el centelleo de los ojos pero no por el ceño fruncido. El hábito de fruncir el ceño parece haberse adquirido sobre todo en virtud de que los superciliares son los primeros músculos que se contraen en torno a los ojos cuando se siente dolor, cólera o malestar durante la infancia, y en consecuencia se produce una vía hacia el llanto a gritos, y en parte porque fruncir el ceño sirve como pantalla en casos de una visión difícil y atenta. Parece probable que esta acción de dar sombra no se haya convertido en habitual hasta que el hombre adoptó una postura totalmente erguida, pues los monos no fruncen el ceño cuando están expuestos a una luz deslumbrante. Cuando nuestros primeros antepasados se encolerizaban, enseñaban probablemente los dientes con más facilidad que el hombre actual, incluso cuando éste desata toda su cólera como un demente. También podemos creer con certeza casi total que deben haber proyectado los labios hacia afuera cuando estaban huraños o se sentían frustrados, y que lo hacían en un grado nuestros propios hijos o incluso los niños de las razas salvajes ahora existentes.

Nuestros ancestros más antiguos, cuando se sentían indignados o algo enfadados, no debieron de mantener la cabeza erguida, el pecho descubierto, los hombros cuadrados y los puños apretados hasta que no adquirieron el porte normal y la postura erguida del hombre y aprendieron a luchar con los puños o a palos. Hasta que no se alcanzó este período no debió de desarrollarse el gesto antitético de encoger los hombros como señal de impotencia o paciencia. Por la misma razón, el asombro no debió de expresarse levantando los brazos con las manos abiertas y los dedos extendidos. Ni debieron de mostrar asombro, a juzgar por las acciones de los monos, mediante una amplia apertura de la boca, aunque sí abriendo mucho los ojos y arqueando las cejas. El disgusto debe de haberse manifestado en un período muy temprano por movimientos de la zona en torno a la boca, como los del vómito, siempre y cuando el punto de vista que he sugerido respecto a las fuentes de la expresión sea correcto, a saber, que nuestros antepasados tenían la capacidad, y la utilizaban, de arrojar voluntaria y rápidamente de su estómago cualquier alimento que les desagradase. Pero la manera más refinada de mostrar desprecio o desdén, bajando los párpados o girando los ojos y la cara como si la persona menospreciada no fuese digna de ser mirada, no fue adquirida probablemente hasta una época mucho más tardía.

De todas las expresiones, el rubor parece ser la más típicamente humana ya que es común a todas o casi todas las razas humanas, sean o no visibles los cambios de color en la piel. La relajación de las pequeñas arterias de la superficie corporal, de la cual depende el sonrojo, parece haber sido inicialmente el resultado de la concienzuda atención centrada en el aspecto de nuestra propia persona, especialmente de nuestra cara, ayudada por la costumbre, la herencia y el flujo eficaz de fuerza nerviosa que discurre por los canales habituales. Después, por el poder de asociación, se extendió a la atención sobre uno mismo centrada en la conducta moral. No hay duda de que muchos animales son capaces de apreciar colores e incluso formas bellas, como lo demuestra el esfuerzo que hacen los individuos de un sexo para exhibir su belleza ante el sexo opuesto. Pero no parece posible que un animal que no haya desarrollado sus capacidades mentales hasta un grado casi igual al del hombre pueda haber considerado seriamente su propio aspecto personal y haber sido sensible a él. Así pues, podemos concluir que el sonrojo se originó en un período muy tardío en el largo curso de nuestros antepasados.

De los diversos hechos que acabo de señalar y que se han aportado a lo largo de este libro se deduce que si la estructura de nuestros órganos respiratorios y circulatorios hubiese diferido siquiera muy ligeramente de su estado actual, muchas de nuestras expresiones habrían sido sorprendentemente diferentes. Un cambio muy pequeño en el trazado de las arterias y de las venas que se dirigen a la cabeza habría impedido probablemente que la sangre se acumulase en los globos oculares durante la espiración violenta, algo que ocurre en poquísimos cuadrúpedos. En ese caso, no habríamos podido exhibir algunas de nuestras expresiones más características. Si el hombre hubiese respirado agua con la ayuda de branquias externas (aunque la idea es difícilmente concebible) en vez de aire a través de la boca y los orificios nasales, sus facciones no hubiesen podido expresar sus sentimientos más eficazmente de lo que ahora lo hacen las manos o las extremidades. Sin embargo, la rabia y el disgusto podrían haberse manifestado mediante movimientos en torno a los labios y la boca, y los ojos podrían haberse vuelto más brillantes o apagados, según el estado de la circulación. Si nuestras orejas hubiesen seguido siendo móviles, sus movimientos podrían haber sido altamente expresivos, como en todos los animales que pelean con los dientes, y de ahí podemos deducir que nuestros primeros antepasados peleaban así ya que nosotros aún exhibimos el diente canino de uno de los lados cuando despreciamos o desafiamos a alguien, y mostramos todos los dientes cuando estamos furiosamente encolerizados.

Los movimientos de la expresión en la cara y el cuerpo, cualquiera que sea su origen, son en sí mismos de suma importancia para nuestro bienestar. Sirven como los primeros sistemas de comunicación entre la madre y su hijo: al sonreír con aprobación estimula a su hijo a seguir el camino correcto; de lo contrario frunce el ceño en señal de desaprobación. Por las expresiones de los demás percibimos enseguida su simpatía; así, nuestros sufrimientos se mitigan y nuestras satisfacciones aumentan, y de ese modo se refuerzan los buenos sentimientos mutuos. Los movimientos expresivos aportan viveza y energía a nuestras palabras. Revelan los pensamientos e intenciones de los demás con mayor autenticidad que las palabras, que pueden ser falsas. Sea cual fuere el nivel de verdad que pueda contener la denominada ciencia de la fisionomía, parece depender, como dijo Haller hace bastante tiempo[4], de que las diferentes personas pongan en acción con frecuencia diferentes músculos faciales según su estado de ánimo, incrementándose quizá así el desa-rrollo de esos músculos y haciéndose más profundas y visibles las líneas o arrugas del rostro debido a la frecuente contracción. La expresión espontánea de una emoción mediante signos externos la intensifica. Por el contrario, la represión de todos los síntomas externos, en la medida en que ello es posible, debilita nuestras emociones[5]. Quien se deje llevar por gestos violentos incrementará su rabia, quien no controle los síntomas del miedo experimentará un miedo aún mayor, y quien permanezca pasivo cuando está abrumado por la pesadumbre perderá su mejor baza para recuperar la flexibilidad mental. Estos resultados derivan parcialmente de la íntima relación existente entre casi todas las emociones y sus manifestaciones externas, y en parte de la influencia directa del esfuerzo sobre el corazón y, por tanto, sobre el cerebro. Incluso la simulación de una emoción tiende a hacerla surgir en nuestra mente. Shakespeare, quien podría ser un juez excelente dado su maravilloso conocimiento del alma humana, dice:

> ¿No es tremendo que ese cómico,
> no más que en ficción pura, en sueño de pasión,
> pueda subyugar así su alma a su propio antojo,
> hasta el punto de que por la acción de ella palidezca su rostro,
> salten lágrimas de sus ojos, altere la angustia su semblante,
> se le corte la voz, y su naturaleza entera
> se adapte en su exterior a su pensamiento? ¡Y todo por nada!
> (*Hamlet*, II, 2)

Hemos visto que el estudio de la teoría de la expresión confirma hasta cierto punto la conclusión de que el hombre proviene de alguna forma animal inferior, y apoya la creencia en la unidad específica o subespecífica de las diferentes razas, aunque, hasta donde alcanza mi juicio, esa confirmación casi no era necesaria. Hemos visto también que la expresión o el lenguaje de las emociones, como a veces se ha denominado, es ciertamente importante para el bienestar del género humano. Comprender hasta dónde nos sea posible la fuente u origen de las diversas expresiones que pueden verse en todo momento en el rostro de los hombres que nos rodean, por no mencionar a nuestros animales domésticos, debería ser de gran interés para nosotros. Por todas estas razones podemos concluir que la filosofía de nuestro objeto de estudio ha merecido la atención de varios y excelentes observadores pero aún merece una atención mayor, especialmente por parte de fisiólogos competentes.

Notas

Introducción

1. J. Parsons, en su artículo publicado en el apéndice de las *Philosophical Transactions* de 1746, pág. 41, proporciona una lista de 41 autores antiguos que han tratado sobre la expresión.
2. *Conférences sur l'Expression des différentes Caractères des Passions*, París, 4º, 1667. Hago mis citas a partir de las *Conférences* vueltas a publicar en la edición de Lavater realizada por Moreau, que apareció en 1820, vol. IX, pág. 257.
3. *Discours par Pierre Camper sur le moyen de réprésenter les diverses Passions*, etc. 1792.
4. Mis citas son de la tercera edición, 1844, que fue publicada después de la muerte de sir C. Bell y lleva sus últimas correcciones. La primera edición, de 1806, es menos valiosa y no contiene algunos de sus puntos de vista más importantes.
5. *De la Physionomie et de la Parole*, por M. Lemoine, 1865, pág. 101.
6. *L'Art de connaître les Hommes*, etc., por G. Lavater. En la primera edición de esta obra, a la cual se alude en el prefacio de la edición de 1820 en diez tomos, con las observaciones de M. Moreau, se dice que fue publicada en 1807, y no dudo de que esto sea correcto pues la "Notice sur Lavater" que aparece al principio de la obra está fechada el 13 de abril de 1806. Sin embargo, en algunos trabajos bibliográficos aparece la fecha de 1805-1809, pero me parece imposible que el año 1805 sea correcto. El Dr. Duchenne (*Mécanisme de la Physionomie humaine*, 8ª ed., 1862, pág. 5, y *Archives Générales de Médecine*, enero y febrero de 1862) señala que M. Moreau "ha escrito para su obra un artículo importante", etc., en 1805; y en el vol. I de la edición de 1820 he hallado un pasaje con fecha de 12 de diciembre de 1805 y otro del 5 de enero de 1806, junto al del 13 de abril de 1806 ya mencionado. En función del hecho de que algunos de esos pasajes habrían sido compuestos en 1805, el Dr. Duchenne asigna la prioridad a M. Moreau en detrimento de sir C. Bell, cuyo libro fue

publicado, según hemos visto, en 1806. Se trata de una manera muy poco usual de determinar la prioridad de un trabajo científico, pero estas cosas tienen una importancia muy pequeña en comparación con sus méritos relativos. Los pasajes de M. Moreau y de Le Brun citados han sido tomados, en éste y en otros casos, de la edición de Lavater, vol., IV, pág. 228, y vol. IX, pág. 279.

7. *Handbuch der systematischen Anatomie des Menschen*, vol. I, 3ª parte, 1858.
8. *The Senses and the Intellect*, 2ª ed., 1864, págs. 96 y 288. El prólogo de la primera edición lleva fecha de julio de 1855. Véase también la 2ª edición de la obra *Emotions and Will* de Mr. Bain.
9. *The Anatomy of Expression*, 3ª ed., pág. 121.
10. *Essays, Scientific, Political, and Speculative*, segunda serie, 1863, pág. 111. La primera serie de ensayos contiene un tratamiento sobre la risa que me parece de muy escaso valor.
11. Desde la publicación del ensayo al que acabo de referirme, Mr. Spencer ha publicado otro sobre "Morals and Moral Sentiments", *Fortnightly Review*, 1 de abril de 1871, pág. 426. Además ha publicado sus conclusiones finales en el vol. II de la 2ª edición de los *Principles of Psychology*, 1872, pág. 539. Para que no se me acuse de ingerencia en el terreno de Mr. Spencer, diré que en mi libro *El origen del hombre* anuncié que por entonces había escrito ya una parte del presente libro: mis primeras notas manuscritas sobre el tema de la expresión datan de 1838.
12. *The Anatomy of Expression*, 3ª ed., págs. 98, 121 y 131.
13. El profesor Owen afirma en concreto (*Proceedings of the Zoological Society*, 1830, pág. 28) que ése es el caso del orangután, y especifica los músculos más importantes, que son bien conocidos por servir al hombre para la expresión de sus sentimientos. Véase también la descripción de algunos músculos faciales del chimpancé publicada por el profesor Macalister en *Annals and Magazine of Natural History*, vol. VII, mayo de 1871, pág. 342.
14. *The Anatomy of Expression*, 3ª ed., págs. 121 y 138.
15. *De la Physionomie*, págs. 12 y 73.
16. *Mécanisme de la Physionomie humaine*, 8ª ed., pág. 31.
17. *Elements of Physiology*, edición inglesa, vol. II, pág. 934.
18. *The Anatomy of Expression*, 3ª ed., pág. 198.
19. Véanse las observaciones en este sentido en la obra *Laocoonte* de Lessing, traducida [al inglés] por W. Ross, pág. 19.
20. Mr. Partridge en la *Cyclopædia of Anatomy and Physiology* de Todd, vol. II, pág. 227.
21. *La Physionomie*, de G. Lavater, vol. IV, 1820, pág. 274. Sobre el número de músculos faciales, véase el vol. IV, págs. 209-211.
22. *Mimik und Physiognomik*, 1867, pág. 91.

Capítulo 1.
Principios generales de la expresión

1. Mr. Herbert Spencer (*Essays*, segunda serie, 1863, pág. 138) ha establecido una clara distinción entre emociones y sensaciones, definiendo estas últimas como "generadas en nuestro contexto corporal". Califica de sentimientos tanto las emociones como las sensaciones.
2. Müller, *Elements of Physiology*, edición inglesa, vol. II, pág. 939. Véanse también las interesantes especulaciones de Mr. Spencer sobre este mismo tema y sobre la génesis de los nervios en sus *Principles of Biology*, vol. II, pág. 346, y en sus *Principles of Physiology*, 2ª ed., págs. 511-557.
3. Una observación prácticamente igual fue hecha hace mucho tiempo por Hipócrates y por el ilustre Harvey; ambos afirman que los animales jóvenes olvidan el arte de mamar en el curso de unos pocos días y no pueden adquirirlo de nuevo sin cierta dificultad. Baso estas aserciones en la autoridad del Dr. Erasmus Darwin, *Zoonomia*, 1794, vol. I, pág. 140.
4. Respecto a mis autores de referencia y a varios hechos análogos, véase *La variación en animales y plantas domésticos*, 1868, vol. II, pág. 304.
5. *The Senses and the Intellect*, 2ª ed., 1864, pág. 332. El profesor Huxley señala (*Elementary Lessons in Physiology*, 5ª ed., 1872, pág. 306) que "puede establecerse como regla que si dos estados mentales cualesquiera son suscitados juntos o sucesivamente con la frecuencia e intensidad apropiadas, la producción subsiguiente de uno de ellos bastará para que se manifieste el otro, lo deseemos o no".
6. Gratiolet (*De la Physionomie*, pág. 324) aporta muchos ejemplos análogos al tratar este tema. Véase la pág. 42 sobre el abrir y cerrar de ojos. Menciona a Engel (pág. 323) acerca del cambio de paso en el hombre y sus cambios de pensamiento asociados.
7. *Mécanisme de la Physionomie humaine*, 1862, pág. 17.
8. *La variación en animales y plantas domésticos*, 1868, vol. II, pág. 6. La heredabilidad de determinados gestos habituales es tan importante para nosotros que me complace agradecer a Mr. F. Galton su permiso para referir el siguiente caso notable con sus propias palabras: "El informe que sigue sobre un hábito que se ha producido en individuos de tres generaciones sucesivas tiene un interés especial, ya que se manifiesta solamente durante el sueño profundo y, por tanto, no puede deberse a la imitación sino que debe ser absolutamente natural. Los detalles son de toda confianza pues he investigado a fondo sobre ellos y son una prueba abundante e independiente. La esposa de un caballero de alta posición descubrió que éste, cuando dormía profundamente echado en la cama boca arriba, hacía un curioso gesto consistente en alzar su brazo derecho lentamente frente a su cara, por encima de la frente, para dejarlo caer después de repente, de modo que la muñeca se desplomaba con un golpe sobre el puente de la nariz. Este gesto curioso no se producía cada noche sino sólo en ocasiones y era independiente de cualquier causa conocida. Algunas

veces lo repetía durante una hora o más. La nariz del caballero era prominente y el puente quedaba a menudo dolorido por los golpes recibidos. En una ocasión llegó a producírsele una molesta llaga, que tardó en cicatrizar debido a la recurrencia, noche tras noche, de los golpes que inicialmente la causaron. Su esposa tuvo que quitarle el botón de la bocamanga del pijama, ya que le producía serias rozaduras, y también intentó sujetarle el brazo por diversos medios. Muchos años después de su muerte, su hijo se casó con una mujer que nunca había oído hablar de este incidente familiar. Sin embargo, observó exactamente la misma particularidad en su marido, aunque su nariz, al no ser especialmente prominente, nunca sufrió por los golpes".

9. El profesor Huxley señala (*Elementary Physiology*, 5ª ed., pág. 305) que las acciones reflejas propias de la espina dorsal son naturales, pero con la ayuda del cerebro, es decir, mediante el hábito, puede adquirirse una infinidad de acciones reflejas artificiales. Virchow admite ("Über das Rückenmark", *Sammlung wissenschaft. Vorträge*, etc., 1871, págs. 24 y 31) que algunas acciones reflejas difícilmente pueden distinguirse de lo que serían instintos, y acerca de estos últimos podría añadirse que algunos son indistinguibles de los hábitos hereditarios.
10. Dr. Maudsley, *Body and Mind*, 1870, pág. 8.
11. Véase el interesantísimo tratamiento de este tema en Claude Bernard, *Tissus vivants*, 1866, págs. 353-356.
12. *Chapters on Mental Physiology*, 1858, pág. 85.
13. Müller señala (*Elements of Physiology*, edición inglesa, vol. II, pág 1.311) que el sobresalto va siempre acompañado por el cierre de los párpados.
14. El Dr. Maudsley señala (*Body and Mind*, pág. 10) que "los movimientos reflejos que normalmente sirven para una finalidad útil pueden causar gran daño en una situación de enfermedad, pudiendo conducir a sufrimientos violentos y a una muerte muy dolorosa".
15. Véase el relato de Mr. F. H. Salvin sobre un chacal domesticado en *Land and Water*, octubre de 1869.
16. Véase *Zoonomia*, del Dr. Erasmus Darwin, 1794, vol. I, pág. 160. El hecho de que los gatos estiren las patas cuando están satisfechos se halla también registrado en el mismo volumen de *Zoonomia*, pág. 151.
17. Carpenter, *Principles of Comparative Physiology*, 1854, pág. 690, y Müller, *Elements of Physiology*, edición inglesa, vol. II, pág. 936.
18. Mowbray, *Poultry*, 6ª ed., 1830, pág. 54.
19. Véase el relato proporcionado por este excelente observador en *Wild Sports of the Highlands*, 1846, pág. 142.
20. *Philosophical Transactions*, 1823, pág. 182.

Capítulo 2.
Principios generales de la expresión (continuación)

1. *Naturgeschichte der Säugerthiere von Paraguay*, 1830, pág. 55.
2. Mr. Tylor estudia el lenguaje de gestos de los cistercienses en su *Early History of Mankind* (2ª ed., 1870, pág. 40) y hace algunas observaciones sobre el principio de oposición en los gestos.
3. Sobre este tema, véase el interesante trabajo del Dr. W. R. Scott, *The Deaf and Dumb*, 2ª ed., 1870, pág. 12. En él dice que "el hecho de comprimir los gestos naturales en gestos mucho más cortos de lo que requiere la expresión natural es muy común entre los sordomudos. Esta compresión del gesto es con frecuencia tan acusada que pierde casi cualquier parecido con el gesto natural, aunque para el sordomudo que lo utiliza tenga todavía toda la fuerza de la expresión original".

Capítulo 3.
Principios generales de la expresión (conclusión)

1. Véanse los interesante casos recogidos por M. G. Pouchet en la *Revue des Deux Mondes*, 1 de enero de 1872, pág. 79. Hace algunos años se presentó un ejemplo ante la British Association de Belfast.
2. Müller señala (*Elements of Physiology*, edición inglesa, vol. II, pág. 934) que, cuando los sentimientos son muy intensos, "todos los nervios de la espina dorsal quedan afectados, hasta el punto de producirse una parálisis incompleta o una excitación o temblor de todo el cuerpo".
3. *Leçons sur les propriétés des tissus vivants*, 1866, págs. 457-466.
4. Mr. Bartlett, "Notes on the Birth of a Hippopotamus", *Proc. Zool. Soc.*, 1871, pág. 255.
5. Véase, sobre este tema, Claude Bernard, *Tissus vivants*, 1866, págs. 316, 337 y 358. Virchow manifiesta casi exactamente el mismo efecto en su ensayo "Über das Rückenmark" (*Sammlung wissenschaft. Vorträge*, 1871, pág. 28).
6. Müller (*Elements of Physiology*, edición inglesa, vol. II, pág. 932) dice, hablando de los nervios, que "cualquier cambio de condición repentino de cualquier tipo pone en acción el principio nervioso". Véanse las explicaciones sobre el mismo tema en las obras de Virchow y Bernard citadas en mi anterior nota a pie de página.
7. H. Spencer, *Essays, Scientific, Political*, etc., 2ª serie, 1863, págs. 109 y 111.
8. Sir H. Holland, hablando de ese curioso estado del cuerpo denominado *inquietud*, señala que parece deberse a "una acumulación de alguna causa de irritación que requiere acción muscular para ser aliviado" (*Medical Notes and Reflexions*, 1839, pág. 328).

9. Estoy muy en deuda con Mr. A. H. Garrod por haberme informado del trabajo de M. Lorain sobre el pulso, que incluye el esfigmograma de una mujer encolerizada, que muestra grandes diferencias de ritmo y otras características respecto al de la misma mujer en estado normal.
10. Por los raros casos conocidos de intoxicación psíquica, se conoce muy bien lo enérgicamente que excita al cerebro la alegría intensa, y la reacción de éste sobre todo el cuerpo. El Dr. Crichton Browne (*Medical Mirror*, 1865) recoge el caso de un joven de gran temperamento nervioso, quien al enterarse por un telegrama de que había heredado una fortuna, se puso pálido, después se exaltó y enseguida se alegró mucho, aunque se mantuvo sonrojado e inquieto. Después dio un paseo con un amigo con el fin de tranquilizarse, pero volvió dando saltos bullicioso, riéndose provocadoramente, hablando incesantemente y cantando a gritos por la calle. Se pudo comprobar sin lugar a dudas que no había bebido ningún licor destilado, aunque todo el mundo pensó que sufría una intoxicación alcohólica. Al cabo de un rato vomitó, lo cual permitió examinar el contenido estomacal, a medio digerir, comprobándose que no olía a alcohol. Después se durmió profundamente, y al despertarse estaba bien, aunque tenía dolor de cabeza, náuseas y debilidad general.
11. Dr. Erasmus Darwin, *Zoonomia*, 1794, vol. I, pág. 148.
12. Mrs. Oliphant en su novela *Miss Marjoribanks*, pág. 362.

Capítulo 4.
Los medios de expresión en los animales

1. Véase la prueba de ello en mi obra *La variación en animales y plantas domésticos*, vol. I, pág. 27. Sobre el arrullo de las palomas, vol. I, págs. 154-155.
2. "The Origin and Function of Music", *Essays, Scientific, Political, and Speculative*, 1858, pág. 359.
3. *El origen del hombre*, 1870, vol. II, pág. 332. Las palabras citadas textualmente son del profesor Owen. Recientemente ha mostrado que algunos cuadrúpedos situados mucho más abajo que los monos en la escala animal, como algunos roedores, son capaces de producir tonos musicales correctos. Véase la descripción de un *Hesperomys cantor* que ha publicado el reverendo S. Lockwood en *American Naturalist*, vol. V, diciembre de 1871, pág. 761.
4. Mr. Tylor (*Primitive Culture*, 1871, vol. I, pág. 16) alude al quejido del perro en su tratamiento de este tema [hay trad. cast.: *Cultura primitiva,* Madrid, 1977].
5. *Naturgeschichte der Säugethiere von Paraguay*, 1830, pág. 46.
6. Mencionado por Gratiolet, *De la Physionomie*, 1865, pág. 115.
7. *Théorie Physiologique de la Musique*, París, 1868, pág. 146. En este profundo trabajo, Helmholtz ha analizado también ampliamente la relación entre la forma de la cavidad bucal y la producción de sonidos vocales.
8. He dado algunos detalles sobre este asunto en mi libro *El origen del hombre*, 2ª ed., vol. I, págs. 434 y 468.

9. Tal como menciona Huxley en su libro *Man's Place in Nature*, 1863, pág. 52.
10. *Illust. Thierleben*, 1864, vol. I, pág. 130.
11. El honorable J. Caton, *Ottawa Academy of Natural Sciences*, mayo de 1868, págs. 36 y 40. Respecto a la *Capra ægagrus*, véase *Land and Water*, 1867, pág. 37.
12. *Land and Water*, 20 de julio de 1867, pág. 659.
13. *Phæton rubricauda*: *Ibis*, vol. III, 1861, pág. 180.
14. Sobre *Strix flammea*, véase Audubon, *Ornithological Biography*, 1864, vol. II, pág. 407. Yo mismo he observado otros casos en el Parque Zoológico.
15. *Melopsittacus undulatus*. Véase la descripción de sus hábitos dada por Gould en *Handbook of Birds in Australia*, 1865, vol. II, pág. 82.
16. Véase, por ejemplo, la descripción que yo mismo he ofrecido (*El origen del hombre*, 2ª ed., vol. II, pág. 36) sobre un Anolis y un Draco.
17. Esos músculos se hallan descritos con gran detalle en sus famosos trabajos. Estoy en deuda con este distinguido observador por haberme proporcionado información sobre este mismo asunto en una carta.
18. *Lehrbuch der Histologie des Menschen*, 1857, pág. 82. Estoy en deuda con el profesor W. Turner por su amabilidad al haberme proporcionado un extracto de esta obra.
19. *Quarterly Journal of Microscopical Science*, 1853, vol. I, pág. 262.
20. *Lehrbuch der Histologie des Menschen*, 1857, pág. 82.
21. *Dictionary of English Etymology*, pág. 403.
22. Véase la descripción del Dr. Cooper sobre los hábitos de este animal, reproducida en *Nature*, 27 de abril de 1871, pág. 512.
23. Dr. Günther, *Reptiles of British India*, pág. 262.
24. Mr. J. Mansel Weale, *Nature*, 27 de abril de 1871, pág. 508.
25. *Journal of Researches during the Voyage of the Beagle*, 1845, pág. 96. En ese lugar comparé el sonido producido con el de la serpiente de cascabel.
26. Véase la descripción hecha por el Dr. Anderson, *Proc. Zool. Soc.*, 1871, pág. 196.
27. En *The American Naturalist*, enero de 1872, pág. 32. Lamento no poder compartir la opinión del profesor Shaler, que considera que el sonido de la serpiente de cascabel se ha desarrollado por selección natural para producir un sonido que engañe y atraiga a pájaros que sirvan de presa para la serpiente. No quiero poner en duda que esos sonidos pueden servir secundariamente para ese fin en alguna ocasión. Pero la conclusión a la que he llegado, es decir, que el sonido de la serpiente de cascabel sirve para advertir a los que podrían devorarla, me parece mucho más probable, dado que conecta entre sí varios hechos distintos. Si la serpiente de cascabel hubiese adquirido su característico sonido, y el hábito de producirlo, con el fin de atraer a las presas, no me parece probable que usase tanto ese instrumento como cuando está irritada o molesta. El profesor Shaler sigue prácticamente mi punto de vista respecto a la manera de desarrollar el sonido de la serpiente de cascabel, y siempre he mantenido esa opinión desde que observé a las Trigonocephalus en Sudamérica.

28. En función de las observaciones recogidas últimamente por Mrs. Barber, aparecidas en el *Journal of the Linnean Society*, y de las descripciones publicadas por varios autores, por ejemplo Lawson, sobre la serpiente de cascabel en Norteamérica, no parece improbable que su aspecto terrorífico y los sonidos que producen puedan servir igualmente para procurarse presas, paralizando o, como se dice a veces, fascinando, pequeños animales.
29. Véase la descripción del Dr. R. Brown en *Proc. Zool. Soc.*, 1871, pág. 39. Dice que tan pronto como un cerdo ve una serpiente se abalanza sobre ella y que las serpientes desaparecen inmediatamente en presencia de un cerdo.
30. El Dr. Gunther trata sobre la destrucción de cobras por mangostas y de cobras jóvenes por gallos silvícolas (*Reptiles of British India*, pág. 340). Es bien sabido que el pavo real mata serpientes con facilidad.
31. El profesor Cope enumera una serie de tipos en "Method of Creation of Organic Types", leída ante la American Philosophical Society, 15 de diciembre de 1871, pág. 20. El profesor Cope sigue el mismo punto de vista que yo sobre el uso de gestos y sonidos en las serpientes. En la última edición de mi *Origen de las especies*, aludí brevemente a este tema. Desde que esos textos se imprimieron, he tenido la satisfacción de ver que Mr. Henderson (*The American Naturalist*, mayo de 1872, pág. 260) sigue un punto de vista similar sobre el uso del sonido de la serpiente de cascabel, a saber, "para prevenir un ataque".
32. Mr. des Vœux en los *Proceedings of the Zoological Society*, 1871, pág. 3.
33. *The Sportsman and Naturalist in Canada*, 1866, pág. 53.
34. *The Nile Tributaries of Abyssinia*, 1867, pág. 443.

Capítulo 5.
Expresiones especiales en algunos animales

1. *The Anatomy of Expression*, 1844, pág. 190.
2. *De la Physionomie*, 1865, págs. 187 y 218.
3. *The Anatomy of Expression*, 1844, pág. 140.
4. Gueldenstädt aporta muchos detalles en su relato sobre el chacal en *Nov. Comm. Acad. Sc. Imp. Petrop.*, 1775, vol. XX, pág. 449. Véase asimismo una descripción excelente sobre el comportamiento de este animal y sus juegos en *Land and Water*, octubre de 1869. El teniente Annesley, R. A., me ha comunicado también algunos detalles sobre el chacal. Por mi parte, he hecho pesquisas sobre lobos y chacales en el Parque Zoológico, además de haberlos observado personalmente.
5. *Land and Water*, 6 de noviembre de 1869.
6. Azara, *Quadrupèdes du Paraguay*, 1801, vol. I, pág. 136.
7. *Land and Water*, 1867, pág. 657. Véase también los comentarios de Azara sobre el puma, en la obra citada más arriba.
8. Sir C. Bell, *The Anatomy of Expression*, 3ª ed., pág. 123. Véase también la pág.

126, que trata de caballos que no respiran por la boca y hace referencia a sus ollares dilatados.

9. *Land and Water*, 1869, pág. 152.
10. Sobre este tema, véase *El origen del hombre*, nota suplementaria reproducida en *Nature*, 1876, pág. 18.
11. *Natural History of Mammalia*, 1841, vol. I, págs. 383 y 410.
12. Rengger (*Säugethiere von Paraguay*, 1830, pág. 46) mantuvo esos monos en cautividad durante siete años en Paraguay, su país nativo.
13. Rengger, *ibid.*, pág. 46. Humboldt, *Personal Narrative*, edición inglesa, vol. IV, pág. 527.
14. *Natural History of Mammalia*, 1841, pág. 351.
15. Brehm, *Thierleben*, vol. I, pág. 84. Acerca de los babuinos que golpean el suelo, pág. 61.
16. Brehm señala (*Thierleben*, pág. 68) que las cejas del *Inuus ecaudatus* se mueven frecuentemente arriba y abajo cuando el animal es molestado.
17. G. Bennet, *Wanderings in New South Wales*, etc., vol. II, 1834, pág. 153.
18. W. L. Martin, *Natural History of Mammalian Animals*, 1841, pág. 405.
19. El Profesor Owen sobre el orangután: *Proceedings of the Zoological Society*, 1830, pág. 28. Sobre el chimpancé, véase el trabajo del profesor Macalister en *Annals and Magazine of Natural History*, vol. VII, 1871, pág. 342, quien afirma que el *corrugator supercilii* es inseparable del *orbicularis palpebrarum*.
20. *Boston Journal of Natural History*, vol. V, 1845-1847, pág. 423. Sobre el chimpancé, *ibid.*, vol. VI, 1843-1844, pág. 365.
21. Acerca de este tema, véase *El origen del hombre*, 2ª ed., vol. I, pág. 18.
22. *El origen del hombre*, 2ª ed., vol. I, pág. 108.
23. *The Anatomy of Expression*, 3ª ed., págs. 121 y 138.

Capítulo 6. Expresiones especiales del hombre: sufrimiento y llanto

1. Las mejores fotografías de mi colección han sido realizadas por Mr. Rejlander, de Victoria Street, Londres, y por Mr. Kindermann, de Hamburgo. Las imágenes 1, 3, 4 y 6 son del primero de ellos, y las 2 y 5 del segundo. La imagen 6 se ha escogido para mostrar un llanto moderado de un niño algo mayor.
2. Henle (*Handbuch der Syst. Anat.*, 1858, vol. I, pág. 139) está de acuerdo con Duchenne en que se trata del efecto de la contracción del *piramidalis nasi*.
3. Se trata del *levator labii superioris alæque nasi*, el *levator labii proprius*, el *malaris* y el *zygomaticus minor* o cigomático menor. Este último músculo discurre paralelo y por encima del cigomático mayor y está conectado a la parte externa del labio superior. Se halla representado en la figura 2, pero no en las figuras 1 y 3 [pág. 45]. El Dr. Duchenne (*Mécanisme de la Physionomie humaine*, Album, 1862, pág. 39) fue el primero en mostrar la importancia de la con-

tracción de este músculo en relación con el aspecto que adquieren los rasgos en el llanto. Henle considera los músculos arriba citados (exceptuando el *malaris*) como subdivisiones del *quadratus labii superioris*.

4. A pesar de que el Dr. Duchenne ha estudiado cuidadosamente la contracción de los diferentes músculos durante el acto de llorar, y las consiguientes arrugas que se producen, parece haber algo incompleto en su descripción, aunque no sabría decir de qué se trata. Muestra una figura (Album, fig. 48) en la cual la mitad de la cara está lograda para sonreír por galvanización de los músculos adecuados, mientras que la otra mitad consigue un inicio de llanto por el mismo procedimiento. Casi todas las personas (19 de 20) a quienes mostré la mitad sonriente de la cara reconocieron la expresión, pero respecto a la otra mitad solamente seis de 21 fueron capaces de reconocerla, y eso si aceptamos como correctos términos tales como "pena", "desdicha" y "fastidio", mientras que 15 cometieron cómicas equivocaciones; algunas de ellas dijeron que la cara expresaba "diversión", "satisfacción", "cautela", "disgusto", etc. A partir de aquí podemos deducir que hay algo equivocado en la expresión. De todos modos, a algunas de las 15 personas les puede haber confundido el hecho de no esperar ver llorar a un hombre mayor, y sin derramamiento de lágrimas. Respecto a la otra figura del Dr. Duchenne (fig. 49), en la cual están galvanizados los músculos de la mitad de la cara para representar a un hombre que empieza a llorar, con la ceja de ese mismo lado oblicua, según es característico de la aflicción, la expresión fue reconocida por un número proporcionalmente mayor de personas. De 23, 14 respondieron bien: "pesar", "zozobra", "pena", "está a punto de llorar", "dolor persistente", etc. Por otro lado, nueve personas respondieron que no podían formarse una opinión o se equivocaron respondiendo "mueca de precaución", "jovial", "mirando una luz intensa", "mirando hacia un objeto distante", etc.
5. Mrs. Gaskell, *Mary Barton*, nueva edición, pág. 84.
6. *Mimik und Physiognomik*, 1867, pág. 102. Duchenne, *Mécanisme de la Physiologie humaine*, Album, pág. 34.
7. Observación realizada por el Dr. Duchenne, *ibid.*, pág. 39.
8. *The Origin of Civilization*, 1870, pág. 355.
9. Véase, por ejemplo, el informe del Dr. Marshall sobre un idiota en las *Philosophical Transactions*, 1864, pág. 526. Respecto a los cretinos, véanse las notas del Dr. Piderit, *Mimik und Physiognomik*, 1867, pág. 61.
10. *New Zealand and its Inhabitants*, 1855, pág. 175.
11. *De la Physionomie*, 1865, pág. 126.
12. *The Anatomy of Expression*, 1844, pág. 106. Véase también su trabajo publicado en las *Philosophical Transactions*, 1822, pág. 284. *Ibid.*, 1823, págs. 166 y 289. También *The Nervous System of the Human Body*, 3ª ed., 1836, pág. 175.
13. Véase la descripción del Dr. Brinton sobre la acción de vomitar en la *Cyclopædia of Anatomy and Physiology* de Todd, 1859, vol. V, suplemento, pág. 318.
14. Estoy muy agradecido al Dr. Bowman por haberme presentado al profesor

Donders y por su ayuda para convencer a este gran fisiólogo de que emprendiera la investigación del presente tema. También estoy muy agradecido a Mr. Bowman por haberme proporcionado muy gentilmente información sobre muchos aspectos.

15. Esta memoria apareció primeramente en el *Nederlandsch Archief voor Genees en Natuurkunde*, deel 5, 1870. El Dr. W. D. Moore la ha traducido con el título "On the action of the Eyelids in determination of Blood from expiratory Effort", *Archives of Medicine*, editado por el Dr. L. S. Beale, 1870, vol. V, pág. 20.
16. El Prof. Donders (*ibid.*, pág. 28) señala: "Después de haberse producido una herida en un ojo, después de una operación, y en algunos tipos de inflamación interna, atribuimos gran valor al hecho de poder mantener los párpados cerrados de modo uniforme, y en muchos casos lo reforzamos aplicando un vendaje. En ambos casos procuramos con todo cuidado evitar fuertes presiones espiratorias cuyos inconvenientes se conocen muy bien". Mr. Bowman me informa de que en casos de fotofobia exagerada, acompañada en los niños de la denominada oftalmia escrofulosa, la luz produce tal dolor que, durante semanas o incluso meses, se evita de forma constante cerrando los párpados con todas las fuerzas; y a menudo le ha sorprendido, cuando se abren los párpados, la palidez del ojo, que no es una palidez anómala sino que deriva de la ausencia del enrojecimiento que cabría esperar por estar la piel algo inflamada, como suele suceder; él se inclina a atribuirla a la forzada oclusión de los párpados.
17. Donders, *ibid.*, pág. 36.
18. Mr. Hensleigh Wedgwood (*Dictionary of English Etymology*, 1859, vol. I, pág. 410) dice que "el verbo *to weep* [llorar] viene del anglosajón *wop*, cuyo significado primario es simplemente el de *grito*".
19. *De la Physionomie*, 1865, pág. 217.
20. *Ceylon*, 3.ª ed., 1859, vol. II, págs. 364 y 376. Me he dirigido a Mr. Thwaites, en Ceilán, para recabar más información sobre el llanto del elefante, y como consecuencia he recibido una carta del reverendo Mr. Glenie, quien, junto con otras personas, ha tenido la amabilidad de investigar a requerimiento mío una manada de elefantes capturados. Cuando se irritaban chillaban con violencia, aunque, notablemente, nunca contraían los músculos que rodean los ojos mientras lo hacían. Tampoco derramaban lágrimas, y los cazadores nativos afirmaban que nunca habían visto llorar a los elefantes. Sin embargo, me resulta imposible dudar de los detalles tan precisos de Mr. Tennent sobre su llanto, estando como están, además, avalados por las observaciones categóricas del cuidador del Parque Zoológico. No cabe duda de que los dos elefantes del Parque contraen los músculos orbiculares cuando empiezan a barritar fuertemente. Me parece que se pueden conciliar las dos afirmaciones contrapuestas suponiendo que los elefantes recién capturados de Ceilán, por estar encolerizados o aterrorizados, querían observar a sus perseguidores y por eso no contraían los músculos orbiculares, lo que dificultaría su visión. Los

que vio llorar Mr. Tennent estaban sometidos y habían perdido todo ánimo de resistencia. Los elefantes del Parque Zoológico que barritaban obedeciendo una orden no estaban obviamente ni alarmados ni furiosos.

21. Bergeon, tal como aparece citado en el *Journal of Anatomy and Physiology*, noviembre de 1871, pág. 235.
22. Véase, por ejemplo, un caso presentado por sir C. Bell en las *Philosophical Transactions*, 1823, pág. 177.
23. Sobre estos diferentes aspectos, véase la obra del profesor Donders *On the Anomalies of Accommodation and Refraction of the Eye*, 1864, pág. 573.
24. Citado por sir J. Lubbock, *Prehistoric Times*, 1865, pág. 458.

Capítulo 7. Abatimiento, ansiedad, pena, desaliento, desesperación

1. Los comentarios descriptivos están tomados en parte de mis propias observaciones, pero sobre todo de Gratiolet (*De la Physionomie*, págs. 53 y 337; sobre el suspiro, pág. 232), quien ha tratado muy bien todo este asunto. Véase también Huschke, *Mimices et Physiognomices, Fragmentum Physiologicum*, 1821, pág. 21. Sobre el aspecto apagado de los ojos, Dr. Piderit, *Mimik und Physiognomik*, 1867, pág. 65.
2. Sobre la acción de la pena en los órganos de la respiración véase, en especial, sir C. Bell, *The Anatomy of Expression*, 3ª ed., 1844, pág. 151.
3. En las observaciones precedentes sobre cómo se ponen oblicuas las cejas, he adoptado la que parece ser la opinión general de todos los anatomistas cuya obra he consultado o con quienes he conversado directamente, y que tratan de la acción de los músculos a los que me acabo de referir. Por ello, a lo largo de este libro adoptaré un punto de vista similar sobre la acción de los músculos *corrugator supercilii*, *orbicularis*, *pyramidalis nasi* y *frontalis*. Sin embargo, el Dr. Duchenne piensa (y toda conclusión a la que él llegue merece una seria consideración) que es el *corrugator*, al cual denomina *sourcilier*, el que eleva los extremos internos de las cejas, mientras que su antagonista lo hace con la parte superior e interna del músculo orbicular así como con el *pyramidalis nasi* (véase *Mécanisme de la Physiologie humaine*, 1862, en folio, art. V, texto y figuras 19 a 29; edición en octavo, 1862, texto de pág. 43). De todos modos admite que el superciliar tira de las dos cejas a la vez, produciendo arrugas verticales por encima de la base de la nariz, es decir, un fruncimiento del ceño. Además, cree que el superciliar actúa en conjunción con el músculo orbicular superior a partir de los dos tercios externos de la ceja, y que ambos son antagónicos del músculo frontal. Por mi parte, no logro entender, basándome en los dibujos de Henle (figura 3), cómo el superciliar podría actuar del modo descrito por Duchenne. Véanse también al respecto las precisiones publicadas por el Dr. Donders en los *Archives of Medicine*, 1870, vol. V, pág. 34.

Mr. J. Wood, muy conocido por su minucioso estudio de la estructura muscular humana, me ha comunicado que juzga correcta la explicación que he dado de la acción del superciliar. Sin embargo, este punto carece de importancia en lo que se refiere a la expresión que se produce por la oblicuidad de las cejas, y tampoco la tiene mayor para la teoría sobre su origen.

4. Estoy muy agradecido al Dr. Duchenne por haberme permitido reproducir esas dos fotografías (imágenes 1 y 2) tomadas de la obra que publicó en folio por el procedimiento del heliotipo. Muchas de las observaciones precedentes sobre el plegamiento de la piel cuando las cejas se ponen oblicuas están sacadas de su excelente tratamiento del tema.
5. *Mécanisme de la Physionomie humaine*, álbum, pág. 15.
6. Henle, *Handbuch der Anat. des Menschen*, 1858, vol. I, pág. 148, figuras 68 y 69.
7. Véase la descripción de la actividad de ese músculo publicada por el Dr. Duchenne, *Mécanisme de la Physionomie humaine*, álbum, 1862, VIII, pág. 34.

Capítulo 8. Alegría, buen humor, amor, ternura, devoción

1. Herbert Spencer, *Essays, Scientific*, etc., 1858, pág. 360.
2. F. Lieber sobre los sonidos vocales de L. Bridgman, *Smithsonian Contributions*, 1851, vol. II, pág. 6.
3. Véase también el trabajo de Mr. Marshall en *Philosophical Transactions*, 1864, pág. 526.
4. Mr. Bain (*The Emotions and the Will*, 1865, pág. 247) ha publicado un extenso e interesante tratamiento sobre lo risible. La cita mencionada arriba sobre la risa de los dioses está tomada de su obra. Véase también, Mandeville, *The Fable of the Bees*, vol. II, pág. 168.
5. *The Physiology of Laughter, Essays*, 2ª serie, 1863, pág. 114.
6. J. Lister en *Quarterly Journal of Microscopical Science*, 1853, vol. I, pág. 266.
7. *De la Physionomie*, pág. 186.
8. Sir C. Bell (*The Anatomy of Expression*, pág. 147) indica algunas precisiones sobre el movimiento del diafragma durante la risa.
9. *Mécanisme de la Physionomie humaine*, álbum, pie de ilustración VI.
10. *Handbuch der System. Anat. des Menschen*, 1858, vol. I, pág. 144. Véase el grabado en el presente libro (figura 2, H).
11. Véanse también las observaciones en el mismo sentido publicadas por el Dr. Crichton Browne en el *Journal of Mental Science*, abril de 1871, pág. 149.
12. C. Vogt, *Mémoire sur les Microcéphales*, 1867, pág. 21.
13. Sir C. Bell, *The Anatomy of Expression*, pág. 133.
14. *Mimik und Physiognomik*, 1867, págs. 63-67.
15. Sir J. Reynolds señala (*Discourses*, XII, pág. 100) que "es curioso observar, y

sin duda es cierto, que los extremos de pasiones contrarias se expresan por las mismas acciones con muy poca variación". Ofrece como ejemplos la alegría frenética de las bacantes y la pena de María Magdalena.

16. El Dr. Piderit ha llegado a la misma conclusión, *ibid.*, pág. 99.
17. *La Physionomie*, por G. Lavater, edición de 1820, vol. IV, pág. 224. Véase también sir C. Bell, *The Anatomy of Expression*, pág. 172, para las citas que se dan a continuación.
18. *A Dictionary of English Etymology*, 2ª ed., 1872, introducción, pág. XLIV.
19. Crantz, citado por Tylor, *Primitive Culture*, 1871, vol. I, pág. 169.
20. F. Lieber, *Smithsonian Contributions*, 1851, vol. II, pág. 7.
21. Mr. Bain señala (*Mental and Moral Science*, 1868, pág. 239) que "la ternura es una emoción placentera estimulada de diversas maneras y cuyo empeño es empujar a los seres humanos al abrazo mutuo".
22. Sir J. Lubbock (*Prehistoric Times*, 2ª ed., 1869, pág. 552) confiere una total autoridad a esas afirmaciones. La cita de Steele está tomada de esa obra.
23. Véase un relato completo, con referencias, en E. B. Tylor, *Researches into the Early History of Mankind*, 2ª ed., 1870, pág. 51.
24. *El origen del hombre*, 2ª ed., vol. II, pág. 364.
25. El Dr. Maudsley ha publicado un estudio sobre ello en *Body and Mind*, 1870, pág. 85.
26. *The Anatomy of Expression*, pág. 103, y *Philosophical Transactions*, 1823, pág. 182.
27. *The Origin of Language*, 1866, pág. 146. Mr. Tylor (*Early History of Mankind*, 2.ª ed., 1870, pág. 48) propone un origen más complejo para la posición de las manos durante la oración.

Capítulo 9.
Reflexión, meditación, malhumor, resentimiento, determinación

1. *The Anatomy of Expression*, págs. 137 y 139. No sorprende que los superciliares hayan acabado desarrollándose mucho más en el hombre que en los monos antropomorfos, ya que el hombre los pone en acción continuamente en las más diversas circunstancias y deben de haberse reforzado y modificado mediante la herencia de los efectos producidos por el uso. Hemos visto la función tan importante que desempeñan, junto con los orbiculares, al evitar que el ojo se inunde demasiado de sangre durante los movimientos de espiración violentos. Cuando los ojos se cierran con la máxima rapidez y fuerza posibles para evitar lesiones por un golpe, los superciliares se contraen. En los salvajes o en las personas que llevan la cabeza descubierta, las cejas bajan continuamente y se contraen para hacer sombra ante una luz demasiado fuerte, acción realizada sobre todo por los superciliares. Este movimiento debe de haber sido de especial utilidad para el hombre desde que sus primeros antepasados

mantuvieron la cabeza erguida. Por último, el profesor Donders (*Archives of Medicine*, editado por L. Beale, 1870, vol. V, pág. 34) cree que los superciliares entran en acción para adelantar la acomodación del ojo en la visión cercana.

2. *Mécanisme de la Physionomie humaine*, álbum, pie de ilustración III.
3. *Mimik und Physiognomik*, pág. 46.
4. *History of the Abipones*, edición inglesa, vol. II, pág. 59, citado por Lubbock, *The Origin of Civilisation*, 1870, pág. 355.
5. *De la Physionomie*, págs. 15, 144 y 146. Mr. Herbert Spencer explica el fruncimiento del ceño exclusivamente por el hábito de contraer las cejas para dar sombra a los ojos ante una luz brillante: véase *Principles of Physiology*, 2ª ed., 1872, pág. 546. El reverendo R. H. Blair, rector del Worcester College, mantiene que los ciegos de nacimiento tienen un control escaso o nulo sobre el *corrugator supercilii* de modo que no pueden fruncir el ceño cuando se les pide, aunque lo fruncen involuntariamente. Sin embargo, pueden sonreír a voluntad.
6. Gratiolet afirma (*De la Physionomie*, pág. 35) que "cuando se fija la atención sobre alguna imagen interior, el ojo se pierde en el vacío y se asocia de forma automática a la contemplación del espíritu". Sin embargo, es difícil que este punto de vista pueda considerarse una explicación.
7. *Miles gloriosus*, II, 2.
8. La fotografía original de Mr. Kindermann es mucho más expresiva que esta copia, ya que muestra más claramente el fruncimiento de las cejas.
9. *Mécanisme de la Physionomie humaine*, álbum, pie de ilustración IV, figs. 16-18.
10. Hensleigh Wedgwood, *The Origin of Language*, 1866, pág. 78.
11. Müller, citado por Huxley, *Man's Place in Nature*, 1863, pág. 38.
12. He ofrecido varios ejemplos en *El origen del hombre*, vol. I, cap. IV.
13. *The Anatomy of Expression*, pág. 190.
14. *De la Physionomie*, págs. 118-121.
15. *Mimik und Physiognomik*, pág. 79.

Capítulo 10.
Odio y cólera

1. Véanse algunas observaciones que hace a este respecto Mr. Bain, *The Emotions and the Will*, 2ª ed., 1865, pág. 127.
2. Rengger, *Naturgesch. der Säugethiere von Paraguay*, 1830, pág. 3.
3. Sir C. Bell, *The Anatomy of Expression*, pág. 96. Por otro lado, el Dr. Burgess (*Physiology of Blushing*, 1839, pág. 31) habla de la cicatriz de una negra que se fue enrojeciendo con el tiempo, tomando el aspecto de un sonrojo.
4. Moreau y Gratiolet han tratado sobre el color de la cara bajo la influencia de un furor intenso: véase la edición de 1820 de Lavater, vol. IV, págs. 282 y 300; y Gratiolet, *De la Physionomie*, pág. 345.

5. Sir C. Bell (*The Anatomy of Expression*, págs. 91 y 107) ha estudiado en profundidad esta cuestión. Moreau señala (en la edición de 1820 de *La Physionomie* de G. Lavater, vol. IV, pág. 237), citando como referencia a Portal, que los pacientes asmáticos tienen dilatadas permanentemente las ventanas nasales a causa de la contracción habitual de los músculos que elevan las aletas de la nariz. La explicación del Dr. Piderit (*Mimik und Physiognomik*, pág. 82), a saber, que la dilatación de los orificios nasales se produce para poder respirar libremente cuando la boca está cerrada y los dientes apretados, no parece ser tan correcta como la de sir C. Bell, quien lo atribuye a la simpatía (es decir, la cooperación habitual) de todos los músculos respiratorios. Puede verse cómo se dilatan las ventanas de la nariz de una persona encolerizada aunque mantenga la boca abierta.
6. Mr. Wedgwood (*The Origin of Language,* 1866, pág. 76) observa asimismo que el sonido de la respiración fuerte se representa por la sílabas *puf, uf,* mientras que *uf* representa un arranque de mal humor.
7. Sir C. Bell (*The Anatomy of Expression*, pág. 95) hace unos excelentes comentarios sobre la expresión de la cólera.
8. *De la Physionomie*, 1865, pág. 346.
9. Sir C. Bell (*The Anatomy of Expression*, pág. 177). Gratiolet (*De la Physionomie*, pág. 369) dice que "los dientes se descubren e imitan simbólicamente la acción de desgarrar y morder". Si en vez de usar el impreciso término "simbólicamente", Gratiolet hubiese dicho que la acción es el resultado de un hábito adquirido durante los tiempos en que nuestros antepasados semihumanos luchaban con los dientes, como lo hacen hoy los gorilas y los orangutanes, la explicación habría resultado más inteligible. El Dr. Piderit (*Mimik*, etc., pág. 82) habla también de la retracción del labio superior durante la cólera. En un grabado de uno de los admirables cuadros de Hogarth, el enfurecimiento aparece claramente representado por la mirada fulgurante, el ceño fruncido y la mueca de enseñar los dientes.
10. *Oliver Twist*, vol. III, pág. 245.
11. *The Spectator*, 11 de julio de 1868, pág. 819.
12. *Body and Mind*, 1870, págs. 51-53.
13. En su conocida *Conférence sur l'Expression* (*La Physionomie* de Lavater, edición de 1820, vol. IX, pág. 268), Le Brun señala que el enfado se expresa apretando los puños. Para este mismo gesto, véase Huschke, *Mimices et Physiognomices. Fragmentum Physiologicum*, 1824, pág. 20. También sir C. Bell, *The Anatomy of Expression*, pág. 219.
14. *Transactions of the Philosophical Society*, apéndice, 1746, pág. 65.
15. *The Anatomy of Expression*, pág. 136. Sir C. Bell (pág. 131) denomina a los músculos que descubren el colmillo los *músculos del gruñido.*
16. Hensleigh Wedgwood, *Dictionary of English Etymology*, 1865, vol. III, págs. 240 y 243.
17. *El origen del hombre*, 2ª ed., vol. I, pág. 60.

Capítulo 11.
Desdén, desprecio, disgusto, culpabilidad, orgullo, impotencia, paciencia, afirmación y negación

1. *De la Physionomie et de la Parole*, 1865, pág. 89.
2. *Physionomie humaine*, álbum, pie de ilustración VII, pág. 35. Gratiolet habla también (*De la Physionomie*, 1865, pág. 52) de la desviación de los ojos y el cuerpo.
3. El Dr. Ogle, en un interesante artículo sobre el sentido del olfato (*Medico-Chirurgical Transactions*, vol. III, pág. 268), muestra que cuando queremos oler con esmero, en vez de hacer una profunda inspiración nasal, atraemos el aire con una sucesión de cortos y rápidos husmeos. Si "se observan las ventanas de la nariz durante este proceso se podrá ver que, lejos de dilatarse en cada husmeo, en realidad se contraen. La contracción no afecta a toda la apertura anterior sino solamente a la parte posterior". A continuación explica la causa de este movimiento. Por otro lado, cuando queremos evitar algún olor, supongo que la contracción afecta sólo a la parte anterior de las ventanas de la nariz.
4. *Mimik und Physiognomik*, págs. 84 y 93. Gratiolet (*ibid.*, pág. 155) adopta casi el mismo punto de vista que el Dr. Piderit respecto a la expresión de desprecio y disgusto.
5. El menosprecio representa una forma más acusada de desdén y una de las raíces de la palabra inglesa *scorn* [menosprecio] significa, según Mr. Wedgwood (*Dictionary of English Etymology*, vol. III, pág. 125) basura o suciedad. Una persona a la que se menosprecia es tratada como si estuviera sucia.
6. *Early History of Mankind*, 2ª ed., 1870, pág. 45.
7. En este sentido, véase Hensleigh Wedgwood, introducción al *Dictionary of English Etymology*, 2ª ed., 1872, pág. XXXVII.
8. Duchenne cree que en el acto de proyectar hacia afuera el labio inferior, los ángulos de la boca son empujados hacia abajo por los *depressores anguli oris*. Henle concluye que esto es ejecutado por el *musculus quadratus menti* (*Handbuch d. Anat. des Menschen*, 1858, vol. I, pág. 151).
9. Según lo cita Tylor, *Primitive Culture*, 1871, vol. I, pág. 169.
10. Ambas citas provienen del Sr. H. Wedgwood, *The Origin of Language*, 1866, pág. 75.
11. Mr. Tylor (*Early History of Mankind*, 2ª ed., 1870, pág. 52) dice que ésa es su función, y añade que "no está claro por qué habría de ser así".
12. *Principles of Psychology*, 2ª ed., 1872, pág. 552.
13. Gratiolet (*De la Physionomie*, pág. 351) hace esta observación así como algunos acertados comentarios sobre la expresión de orgullo. Véase sir C. Bell (*The Anatomy of Expression*, pág. 111) sobre la acción del *musculus superbus*.
14. *The Anatomy of Expression*, pág. 166.
15. *Journey Through Texas*, pág. 352.
16. Mrs. Oliphant, *The Brownlows*, vol. II, pág. 206.

17. *Essai sur le Langage*, 2ª ed., 1846. Estoy muy agradecido a la señorita Wedgwood por haberme proporcionado esta información con un resumen de la obra.
18. *The Origin of Language*, 1866, pág. 91.
19. F. Lieber, "On the Vocal Sounds of Laura Bridgman", *Smithsonian Contributions*, 1851, vol. II, pág. 11.
20. *Mémoire sur les Microcéphales*, 1867, pág. 27.
21. Citado por Tylor, *Early History of Mankind*, 2.ª ed., 1870, pág. 38.
22. Mr. J. B. Jukes, *Letters and Extracts*, etc., 1871, pág. 248.
23. F. Lieber, "On the Vocal Sounds, etc.", pág. 11. Tylor, *ibid.*, pág. 53.
24. Dr. King, *Edinburgh Philosophical Journal*, 1845, pág. 313.
25. Tylor, *Early History of Mankind*, 2.ª ed., 1870, pág. 53.
26. Lubbock, *The Origin of Civilization*, 1870, pág. 277. Tylor, *ibid.*, pág. 38. Lieber (*ibid.*, pág. 11) llama la atención sobre la negación en los italianos.

Capítulo 12.
Sorpresa, asombro, miedo y horror

1. *Mécanisme de la Physionomie*, álbum, 1862, pág. 42.
2. *The Polyglot News Letter*, Melbourne, diciembre de 1858, pág. 2.
3. *The Anatomy of Expression*, pág. 106.
4. *Mécanisme de la Physionomie*, álbum, pág. 6.
5. Véase, por ejemplo, el trabajo del Dr. Piderit (*Mimik und Physiognomik*, pág. 88), que incluye un buen estudio sobre la expresión de sorpresa.
6. El Dr. Murie me ha proporcionado también información que lleva a la misma conclusión, derivada en parte de la anatomía comparada.
7. *De la Physionomie*, 1865, pág. 234.
8. Sobre esta cuestión, véase Gratiolet, *ibid.*, pág. 254.
9. Lieber, "On the Vocal Sounds of Laura Bridgman", *Smithsonian Contributions*, 1851, vol. II, pág. 7.
10. Wenderholme, vol. II, pág. 91.
11. Lieber, "On the Vocal Sounds, etc.", *ibid.*, pág. 7.
12. Huschke, *Mimices et Physiognomices*, 1821, pág. 18. Gratiolet (*De la Physionomie*, pág. 255) muestra la figura de un hombre en esa actitud, la cual, sin embargo, me parece que expresa miedo combinado con asombro. Le Brun se refiere también (Lavater, vol. IX, pág. 299) a las manos abiertas de un hombre asombrado.
13. Huschke, *ibid.*, pág. 18.
14. *North American Indians*, 3ª ed., 1842, vol. I, pág. 105.
15. H. Wedgwood, *Dictionary of English Etymology*, vol. II, 1862, pág. 35. Véase también Gratiolet (*De la Physionomie*, pág. 135) para los orígenes de palabras tales como terror, horror, *rigidus*, *frigidus*, etc.
16. Mr. Bain (*The Emotions and the Will*, 1865, pág. 54) explica de la siguiente

manera el origen de la costumbre "de someter a los criminales de la India a la prueba del bocado de arroz. Se hace tomar al acusado un bocado de arroz y volverlo a arrojar después de un corto lapso de tiempo. Si el arroz está completamente seco se considera al participante culpable: su propia mala conciencia provoca la parálisis de los órganos de la salivación".

17. Sir C. Bell, *Transactions of the Royal Philosophical Society*, 1822, pág. 308. *The Anatomy of Expression*, pág. 88 y 164-169.
18. Véase Moreau sobre el giro de los ojos en la edición de 1820 de Lavater, tomo IV, pág. 263. También Gratiolet, *De la Physionomie*, pág. 17.
19. *Observations on Italy*, 1825, pág. 48, según se cita en *The Anatomy of Expression*, pág. 168.
20. Citado por el Dr. Maudsley, *Body and Mind*, 1870, pág. 41.
21. *The Anatomy of Expression*, pág. 168.
22. *Mécanisme de la Physionomie humaine*, álbum, pie de ilustración XI.
23. De hecho, Duchenne adopta este punto de vista (*ibid.*, pág. 45), ya que atribuye la contracción del cutáneo al escalofrío del miedo (*frisson de la peur*). Sin embargo, en otro lado compara esta acción con la que produce el erizamiento del pelo en los cuadrúpedos aterrorizados, lo cual difícilmente puede considerarse correcto.
24. *De la Physionomie*, págs. 51, 256 y 346.
25. Según se cita en la obra de White, *Gradation in Man*, pág. 57.
26. *The Anatomy of Expression*, pág. 169.
27. *Mécanisme de la Physionomie*, álbum, lámina 65, págs. 44 y 45.
28. Véanse los comentarios al respecto de Mr. Wedgwood en la introducción a su *Dictionary of English Etymology*, 2ª ed., 1872, pág. XXXVII.

Capítulo 13.
Atención a uno mismo, vergüenza, timidez, modestia, sonrojo

1. *The Physiology or Mechanism of Blushing*, 1839, pág. 156. Tendré frecuentes ocasiones de citar esta obra en el presente capítulo.
2. Dr. Burgess, *ibid.*, pág. 58. En la página 33 señala también que las mujeres se sonrojan con mayor facilidad que los hombres, tal como se indica más adelante.
3. Citado por Vogt, *Mémoire sur les Microcéphales*, 1867, pág. 20. El Dr. Burgess (*ibid.*, pág. 56) duda de que los idiotas se sonrojen en ningún caso.
4. Lieber, "On the vocal Sounds", etc., *Smithsonian Contributions*, 1851, vol. II, pág. 6.
5. *Ibid.*, pág. 182.
6. Moreau, en la edición de 1820 de Lavater, vol, IV, pág. 303.
7. Burgess, *ibid.*, pág. 38; sobre la palidez después del sonrojo, pág. 177.
8. Véase Lavater, edición de 1820, vol. IV, pág. 303.

9. Burgess, *ibid.*, págs. 114 y 122. Moreau, en Lavater, *ibid.*, vol. IV, pág. 293.
10. *Letters from Egypt*, 1865, pág. 66. Lady Gordon se equivoca al decir que los malayos y los mulatos nunca se ruborizan.
11. El capitán Osborn (*Quedah*, pág. 199), hablando de un malayo a quien reprochaba su crueldad, dice que vio con satisfacción cómo se sonrojaba.
12. J. R. Forster, *Observations during a Voyage round the World*, en cuarto, 1778, pág. 229. Waitz (*Introduction to Anthropology*, edición inglesa, 1863, vol. I, pág. 135) proporciona información sobre otras islas del Pacífico. Aunque no he consultado esta obra, véase también Dampier, *On the Blushing of the Tunquinese* (vol. II, pág. 40). Waitz, citando a Bergmann, dice que los calmucos no se sonrojan, pero esto puede ponerse en duda después de lo que hemos visto respecto a los chinos. También cita a Roth, quien niega que los abisinios sean capaces de sonrojarse. Desgraciadamente, el capitán Speedy, quien ha vivido tanto tiempo con los abisinios, no ha contestado a mi pregunta sobre esta cuestión. Por último, debo añadir que el rajá Brooke nunca ha observado el menor signo de rubor en los dayaks de Borneo; contrariamente, en circunstancias que en nosotros provocarían rubor, afirman "que sienten cómo la sangre se retira de la cara".
13. *Transactions of the Ethnological Society*, 1870, vol. II, pág. 16.
14. Humboldt, *Personal Narrative*, edición inglesa, vol. III, pág. 229.
15. Citado por Prichard, *Physical History of Mankind*, 4ª ed., 1851, vol. I, pág. 135.
16. Véase sobre este punto, Burgess, *ibid.*, pág. 32. También Waitz, *Introducction to Anthropology*, edición inglesa, vol. I, pág. 135. Moreau proporciona un relato detallado (Lavater, 1820, tomo IV, pág. 302) del rubor de una esclava negra de Madagascar cuando fue obligada por su brutal amo a enseñar sus senos desnudos.
17. Citado por Prichard, *Physical History of Mankind*, 4ª ed., 1851, vol. I, pág. 225.
18. Burgess, *ibid.*, pág. 31. Sobre el sonrojo de los mulatos, véase pág. 33. He recibido relatos similares referidos a mulatos.
19. Barrington dice también que los australianos de Nueva Gales del Sur se sonrojan, como cita Waitz, *ibid.*, pág. 135.
20. Mr. Wedgwood dice (*Dictionary of English Etymology*, vol. III, 1865, pág. 155) que la palabra *shame* (vergüenza) "puede muy bien haberse originado en la idea de *shade* (sombra) o *concealment* (ocultamiento), y puede ilustrarse por el término bajo germano *scheme*, que significa sombra u oscuridad". Gratiolet (*De la Physionomie*, págs. 347-362) aporta un buen estudio de los gestos que acompañan a la vergüenza, aunque algunas de sus observaciones me parecen más bien caprichosas. Sobre esta misma cuestión, véase también Burgess (*ibid.*, págs. 69 y 134).
21. Burgess, *ibid.*, págs. 181 y 182. También Boerhaave (según cita de Gratiolet, *ibid.*, pág. 361) advirtió la tendencia a la secreción de lágrimas durante un sonrojo intenso. Como ya hemos visto, Mr. Bulmer habla de los "ojos acuosos" de los niños de los aborígenes australianos cuando se sonrojan.

22. Véase también la memoria del Dr. Crichton Browne al respecto en el *Medical Report* del manicomio de West Riding, 1871, págs. 95-98.
23. En un estudio sobre el denominado magnetismo animal, *Table Talk*, vol. I.
24. *Ibid.*, pág. 40.
25. Mr. Bain (*The Emotions and the Will*, 1865, pág. 65) subraya "los ademanes tímidos que se producen entre los sexos [...] por la influencia de las miradas mutuas, por el miedo que tiene cada uno de no aparecer correctamente frente al otro".
26. Para hallar pruebas sobre esta cuestión, véase *The Descent of Man*, 2ª ed., vol. II, págs. 78 y 370.
27. H. Wedgwood, *Dictionary of English Etymology*, vol. III, 1865, pág. 184. Lo mismo sucede con la palabra latina *verecundus*.
28. Mr. Bain (*The Emotions and the Will*, pág. 64) ha tratado los sentimientos de "turbación" que se experimentan en tales ocasiones, así como el "miedo escénico" de los actores que aún no tienen tablas. Mr. Bain parece atribuir esos sentimientos a la simple aprehensión o miedo.
29. *Essays on Practical Education*, por Maria y R. L. Edgeworth, nueva edición, vol. II, 1822, pág. 38. El Dr. Burgess (*ibid.*, pág. 187) insiste vehementemente sobre este mismo efecto.
30. *Ibid.*, pág. 50.
31. Bell, *The Anatomy of Expression*, pág. 95. Burgess, según se cita más adelante, *ibid.*, pág. 49. Gratiolet, *De la Physionomie*, pág. 94.
32. Sobre la base de la autoridad de Lady Mary Wortley Montagu, véase Burgess, *ibid.*, pág. 43.
33. En Inglaterra, creo que fue sir H. Holland el primero en considerar la influencia de la atención de la mente sobre varias zonas del cuerpo en sus *Medical Notes and Reflections*, 1839, pág. 64. Dicho ensayo, muy ampliado, fue publicado de nuevo por sir H. Holland en sus *Chapters on Mental Physiology*, 1858, pág. 79, obra de la que tomo mis citas. El profesor Laycock trató el mismo tema casi al mismo tiempo, y también más tarde; véase *Edinburgh Medical and Surgical Journal*, julio de 1839, págs. 17-22. También su *Treatise on the Nervous Diseases of Women*, 1840, pág. 110, y *Mind and Brain*, vol. II, 1860, pág. 327. Los puntos de vista del Dr. Carpenter sobre el mesmerismo tienen casi la misma orientación. El gran fisiólogo Müller trató (en *Elements of Physiology*, edición inglesa, vol. II, págs. 937 y 1085) la influencia de la atención sobre los sentidos. Sir J. Paget trata de la influencia de la mente en la nutrición de zonas concretas en sus *Lectures on Surgical Pathology*, 1853, vol. I, pág. 39; mis citas están tomadas de la 3ª edición, revisada por el profesor Turner, 1870, pág. 28. Véase también Gratiolet, *De la Physionomie*, págs. 283-287.
34. *De la Physionomie*, pág. 283.
35. *Chapters on Mental Physiology*, 1858, pág. 111.
36. *Mind and Brain*, vol. II, 1860, pág. 327.
37. *Chapters on Mental Physiology*, págs. 104-106.

38. Véase al respecto, Gratiolet, *De la Physionomie*, pág. 287.
39. A partir de sus observaciones sobre dementes, el Dr. Crichton Browne está convencido de que la atención dirigida durante un largo período sobre cualquier parte del cuerpo u órgano puede acabar por afectar a su circulación capilar y su nutrición. Me ha proporcionado varios ejemplos extraordinarios, uno de los cuales, que no puedo relatar aquí en toda su extensión, se refiere a una mujer casada de 50 años que se obstinó durante mucho tiempo en la firme ilusión de que estaba embarazada. Cuando llegó el período esperado, actuó exactamente como si hubiese dado a luz a un niño dando muestras de grandes dolores, hasta el punto de que brotaba el sudor de la frente. Ese estado de cosas volvió seis años después de haber desaparecido y se mantuvo durante tres días. Mr. Braid presenta casos similares en su *Magic, Hypnotism*, etc., 1852, pág. 95, y en sus otras obras, así como otros hechos que demuestran la gran influencia de la voluntad sobre las glándulas mamarias e incluso sobre un solo pecho.
40. El Dr. Maudsley ha ofrecido (*The Physiology and Pathology of Mind*, 2ª ed., 1868, pág. 105) algunas afirmaciones curiosas, bien sustentadas, sobre la mejora del sentido del tacto mediante la práctica y la atención. Es notable que cuando este sentido se ha agudizado por esta vía en cualquier punto del cuerpo, por ejemplo en un dedo, mejora asimismo en el punto correspondiente del lado opuesto del cuerpo.
41. *The Lancet*, 1838, págs. 39-40, según cita del profesor Laycock, *Nervous Diseases of Women*, 1840, pág. 110.
42. *Chapters on Mental Physiology*, 1858, págs. 91-93.
43. *Lectures on Surgical Pathology*, 3ª ed., revisada por el profesor Turner, 1870, págs. 28 y 31.
44. *Elements of Physiology*, edición inglesa, vol. II, pág. 938.
45. El profesor Laycock ha estudiado este punto muy certeramente. Véase su *Nervous Diseases of Women*, 1840, pág. 110.
46. Sobre la acción del sistema vasomotor, véase asimismo la interesante conferencia de Mr. Michael Foster en la Royal Institution, traducida en la *Revue des Cours Scientifiques*, 25 de septiembre de 1869, pág. 683.

Capítulo 14.
Observaciones finales y resumen

1. Véanse los interesantes datos aportados por el Dr. Bateman en *Aphasia*, 1870, pág. 110.
2. *La Physionomie et la Parole*, 1865, págs. 103 y 118.
3. Rengger, *Naturgeschichte der Säugethiere von Paraguay*, 1830, pág. 55.
4. Citado por Moreau en su edición de Lavater, 1820, tomo IV, pág. 211.
5. Gratiolet (*De la Physionomie*, 1865, pág. 66) insiste en la certeza de esta conclusión.

Índice temático

Índice temático

Charles Darwin

La fecundación de las orquídeas

Biblioteca Darwin, I
Traducción de Carmen Pastor
Introducción de Martí Domínguez

«Constituye una magnífica noticia la aparición de la publicación en español de otro de sus libros, uno no tan conocido, *La fecundación de las orquídeas*, más aún si se anuncia como el primero de una Biblioteca Darwin, al que seguirán traducciones de otras obras también inéditas hasta ahora en español [...]. Disponer de él ahora en una magnífica traducción y edición en español ennoblece tanto a esta lengua como a la comunidad que la utiliza» (José Manuel Sánchez Ron, *Babelia, El País*)

«Es un privilegio disponer hoy de la versión española de los minuciosos trabajos de Darwin por mostrar cómo opera la selección natural en las orquídeas, y es de justicia aplaudir la iniciativa de la editorial Laetoli por inaugurar así la colección Biblioteca Darwin, dirigida por el irreemplazable Martí Domínguez, que aporta una estimulante introducción. Por cierto, la traducción de Carmen Pastor es excelente. No se la pierdan» (Xavier Bellés, *La Vanguardia, Cultura/s*)

Charles Darwin

Plantas carnívoras

Biblioteca Darwin, II
Traducción e introducción de Joandomènec Ros

«Una colosal obra que comienza a estar al alcance de los lectores en español» (Miguel Ángel Villena, *El País*)

«Siglo y medio después, de las 17 obras del padre de la teoría de la evolución tan sólo se han traducido cinco al castellano. Una circunstancia que se propone ahora subsanar la editorial navarra Laetoli con una edición de las obras completas de Darwin dirigida por el biólogo y escritor Martí Domínguez» (Justo Barranco, *La Vanguardia*)

«Ahora los creacionistas utilizan la idea de un 'Diseño Inteligente' —alguien, un dios, debió diseñar la vida, tan maravillosamente compleja, en especial la humana—, y argumentan que, en defensa de la libertad de pensamiento, el creacionismo debe ser enseñado en las escuelas junto al evolucionismo (¿deberíamos hacer lo mismo con la democracia y la tiranía?)» (José Manuel Sánchez Ron, *El País, Babelia*)

Charles Darwin

Autobiografía

Biblioteca Darwin, III
Traducción de José Luis Gil Aristu
Introducción de Martí Domínguez

«Tampoco es la primera vez que ve la luz en español su conmovedora y sincera *Autobiografía* —uno de mis dos textos preferidos de Darwin—, aunque no existan tantas ediciones de ella como del *Diario*. Sucede, sin embargo, que la mayoría de esas versiones seguían la primera edición inglesa (publicada cinco años después de su muerte), de la que su familia suprimió un buen número de pasajes, preocupada por lo que pudiesen pensar sus lectores. La edición que ahora publica la editorial Laetoli dentro de la Biblioteca Darwin, dirigida por Martí Domínguez, es una de las completas. Para facilitar la identificación de los pasajes suprimidos inicialmente, éstos aparecen en negritas» (José Manuel Sánchez-Ron, *El País, Babelia*)

«Un libro muy hermoso, una obra breve, concisa, esencial, pacífica, emotiva, pero en la que Darwin no hizo dejación de sostener aquello en lo que creía y en lo que no» (Miguel Sánchez-Ostiz, *Diario de Noticias*)

«Es un librito amable y modesto [...], un texto encantador» (Rosa Montero, *El País, Babelia*)

Charles Darwin

Las formas de las flores

Biblioteca Darwin, IV
Traducción de Carmen Pastor
Prólogo de Jorge Wagensberg
Introducción de Martí Domínguez

«En el Año Internacional de Darwin, la industria editorial española se ha puesto las pilas [...]. En nuestro país destaca la fuerte apuesta de la Biblioteca Darwin» (Itziar Reyero, *ABC*)

«La editorial Laetoli quiere paliar la escasez de títulos traducidos de Darwin con una biblioteca dedicada exclusivamente a su obra. Quieren ser especialmente cuidadosos a la hora de elegir traductor para las obras inéditas en España y se han puesto manos a la obra» (Inés García Albi, *Qué leer*)

«He leído con no poco asombro *Las formas de las flores* [...], adornado con una sagaz introducción de Martí Domínguez» (Luis María Ansón, *El Cultural*)

«El método de Darwin respira en cada línea» (Jorge Wagensberg)